Klassische Reisen

Reise zum Ararat

von

Dr. Friedrich Parrot,

Professor der Physik zu Dorpat, Russisch Kaiserlichem Staats-Rathe,
Ritter des Ordens der heil. Anna zweiter Classe mit der Kaiserlichen Krone
u. s. w.

unternommen

in Begleitung der Herren

Candidaten der Philosophie **Wassili Fedorov,**
Stud. der Mineralogie **Maximil. Behaghel von Adlerskron,**
Studiosen der Medicin **Julius Hehn** und **Karl Schiemann.**

Mit vier Kupfertafeln und einer Karte.

Erster Theil.

Berlin, 1834.
In der Haude und Spenerschen Buchhandlung.
(S. J. Josephy.)

Friedrich Parrot

Reise zum Ararat

Herausgegeben
und mit einem Nachwort versehen
von Marianne und Werner Stams

F. A. Brockhaus · Leipzig

Das Frontispiz zeigt: Titelblatt der
ersten deutschen Ausgabe von 1834

ISBN 3-325-00254-4

2. Auflage

Lizenz-Nr. 455/150/81/90, LSV 5009
Lektor: Rüdiger Thomas
Buchgestaltung: Hans-Jörg Sittauer
Lichtsatz: Graphischer Großbetrieb Pößneck GmbH
Druck: Grafische Werke Zwickau
Buchbinderische Weiterverarbeitung: Druckhaus »Maxim Gorki«, Altenburg
Printed in the German Democratic Republic
Redaktionsschluß: 31. 3. 1989
Bestell-Nr. 587 200 5

Inhalt

Reisevorbereitungen

In einem Zeitalter wie das gegenwärtige, das wohl mit Recht das betriebsamste für Naturforscher genannt werden darf, in welchem besonders den wissenschaftlichen Reisen die Regierungen ihre großen Mittel, die Gelehrten ihre Ruhe und ihr Leben zum Opfer bringen, wird auch ein Unternehmen wie dasjenige, von welchem hier die Rede sein soll, seine Rechtfertigung finden. Doch mag zugunsten desselben noch eine ganz besondere Rücksicht in Anspruch genommen werden können. Wenn nämlich schon im allgemeinen die Bereisung eines Gebirges der Wissenschaft frommt und dem Freunde der Natur hohen Genuß bereitet, wenn selbst ein bloßer Felsen, ein kleiner Hügel, der frei geblieben ist von der alles verkünstelnden Hand des Menschen, bei einem einfachen, reinen Natursinn, das Herz des Beobachters zu Empfindungen entfaltet, – welche Gefühle müssen sich nicht in der Brust des Christen regen, wenn er seinen Blick dem heiligen Noahberge zuwendet, welcher alle Reize einer großartigen und gleichwohl so lange verschleierten Natur mit dem ganz eigentümlichen Interesse eines ganz uralten Denkmals und Zeugnisses von einer der größten welthistorischen Begebenheiten und unmittelbaren Veranstaltungen Gottes zur Erhaltung des Menschengeschlechts in sich vereinigt! (1)

Ein so erhabenes Ziel wäre wohl billig einem Würdigeren zu erreichen aufbewahrt geblieben als demjenigen, welchen zufällige Umstände gerade in der Erstrebung dieses Genusses begünstigten. Aber die großen Schwierigkeiten, welche sich einem wissenschaftlichen Unternehmen auf dem Ararat (2) entgegenstellen mußten, solange er der Grenzstein zweier, dem Christentum feindlicher Mächte war, mochten wohl die Sehnsucht manches Naturfreundes zum Schweigen gebracht haben, wie sie es bei mir getan hatten, seitdem ich jetzt vor zwanzig Jahren im

Kaukasus, am Gipfel des Kasbek, als das stürmische Schneegewölke sich auf einige Augenblicke gegen Süd geteilt hatte, in weiter Ferne eine rundliche, hohe isolierte Schneekuppe zu Gesicht bekam, – vermutlich das Silberhaupt des Ararat (3).

Der Friede von Turkmantschai ward geschlossen (4), die Herrschaft des Christentums bis über den Araxes (5) hin ausgedehnt und der Ararat zum Markstein von Rußland gegen Persien und die Türkei gemacht. Noch schwärmten aber die räuberischen Kurden nördlich und südlich um denselben herum; da entbrannte der Krieg Rußlands gegen die Pforte: der russische Adler schwang sich über den Ararat hinaus, hielt das Paschalik von Bayazid (6) umfaßt und verscheuchte die unruhigen Schwärme. Jetzt war es Zeit, die schlummernde Sehnsucht nach dem wundervollen Berge zu stillen, und ein günstiger Augenblick wog Zweck und Mittel der Reise passend gegeneinander ab.

Unbekanntschaft mit den Lokalverhältnissen und Rücksicht auf den vielleicht bald eintretenden Frieden, durch welchen die neu besetzten Gegenden wieder den muselmanischen Staaten zurückfallen und dadurch für den christlichen Reisenden wieder so gut als in den Kriegszustand zurückkehren würden, veranlaßten mich, dem Plane der Unternehmung keine große Ausdehnung zu geben, sondern bloß mit den nötigsten physikalischen Instrumenten versehen und in Begleitung eines Schülers des Herrn Professors von Engelhardt (7), des Herrn Behaghel von Adlerskron als Mineralogen und Mitarbeiter an den barometrischen Nivellements, auf eigene Kosten zu reisen; denn so viel lag mir daran, das Ziel nicht zu verfehlen, daß auch die bloße Betrachtung des heiligen Berges mit dem Auge des gläubigen Christen und des geübten Wanderers mich zu allen Opfern einer Reise nach dem etwa 3500 Werst (8) entlegenen Punkte vermocht hätte. Indessen äußerten noch zwei Zöglinge unserer Universität, Herr Stud. med. Julius Hehn und Herr Stud. med. Carl Schiemann, den dringenden Wunsch, mich zu begleiten, ersterer mit dem Erbieten für Botanik, letzterer für Zoologie zu sammeln, und beide einen verhältnismäßigen Beitrag zu den Reisekosten zu geben. Eine sehr wichtige Erweiterung erhielt endlich das Unternehmen durch Herrn Professor Struve (9), welcher die günstige Gelegenheit, für Astronomie und einen jungen Astronomen zugleich etwas tun zu können, zu der

Unterlegung an die Oberen benutzte, daß der Kandidat der Philosophie, Herr Wassily Fedorow, durch Herrn Professor Struve zum Astronomen gebildet, die Erlaubnis der Teilnahme an der Expedition und dazu die nötigen astronomischen Instrumente sowie auch seinen Teil an den Reisekosten von der hohen Krone erhalten möchte, wodurch nicht nur die Möglichkeit gegeben war, sehr genaue Ortsbestimmungen zu machen, sondern auch eine trigonometrische Höhenmessung des Ararat zu veranstalten, und für die anzustellenden Pendelversuche ein genaues Zeitmaß zu erhalten.

Die ganze Sache gelangte durch bereitwillige Unterstützung der verehrten Vorgesetzten zur Allerhöchsten Kenntnis und erfreute sich der Allerhöchsten Bestätigung. Zugleich gingen 1 600 Rubel Silber zu Instrumenten und Reisekosten für Herrn Fedorows Anteil ein; zwei der besten Chronometer wurden durch die gütige Fürsorge des Herrn Ministers der Volksaufklärung, Fürsten Lieven, vermittelt: der eine aus der Kaiserlichen Admiralität gekauft, der andere aus der Kaiserlichen Akademie der Wissenschaften in St. Petersburg (10) zu den Zwecken meiner Reise geborgt. Ein Kaiserlicher Feldjäger ward in der Person des Herrn Schütz, eines jungen Mannes von ungemeiner Gewandheit und dem regsten Diensteifer, zu meiner Disposition gestellt, und das ganze Unternehmen dem Schutz und Schirm des Herrn Oberbefehlshabers der transkaukasischen Provinzen, Grafen Paskewitsch von Eriwan (11), empfohlen (12).

Auch an freundlicher Mitwirkung meiner Herren Kollegen zur Förderung der wissenschaftlichen Resultate dieser Reise hat es nicht gefehlt. Die Herren Professoren von Engelhardt, Eschscholtz, Ledebour und Struve waren eifrigst bemüht, ihre Zöglinge in der kurzen Zeit bis zur Abreise zweckmäßig vorzubereiten, und haben es nach ihrer Rückkehr an gütiger Nachhilfe nicht fehlen lassen. Herr Professor Kruse, in der Hoffnung, daß sich auch für die alte Geographie ein Gewinn aus meiner Reise ziehen lassen würde, versah mich sogar mit einer zu diesem Zweck von ihm selbst abgefaßten Beschreibung und Landkarte aller der Gegenden, die ich auch nur mit Wahrscheinlichkeit zu besuchen hoffen konnte.

Reise von Dorpat zum Kaukasus

Unsere Abreise aus Dorpat (13) fand am 30. März (14) 1829 abends um 8 Uhr statt. So lange hatte sich's mit der Anfertigung der zur Reise erforderlichen physikalischen Apparate verzogen, welche hauptsächlich in einem vollständigen Pendelapparate, einem zehnzolligen Abweichungskompaß, einem ebenso großen Neigungskompaß, drei Reisebarometern und einer feinen Waage bestanden, sämtlich aus der geschickten Hand unseres Herrn Universitätsmechanikus Brückner hervorgegangen und in Hinsicht auf Genauigkeit würdig, den besten Apparaten an die Seite gestellt zu werden, die man zu Unternehmungen dieser Art bis jetzt auf Reisen gebraucht hat.

Diese Verspätung unserer Abreise war mir sehr empfindlich, weniger durch den Verlust an Zeit als an Jahreszeit, indem ich, was die Erfahrung bestätigt hat, erwarten konnte, daß in jenen durch ihre geographische und örtliche Lage ungewöhnlich heißen Gegenden das erste Frühjahr, und zwar schon vom Monat Februar gerechnet, die günstigste nicht nur, sondern die einzig günstige Jahreszeit zu naturhistorischen Untersuchungen sein werde, weil schon vom Juni an alle Vegetation unter den brennenden Sonnenstrahlen und der Trockenheit des Bodens und der Atmosphäre wie ausgestorben ist, die wald- und wasserlosen Flächen und Abhänge mit dürrem Heu bedeckt sind, dessen Wurzeln, nur bei den äußerst seltenen Regengüssen wieder erfrischt, einen schwachen Trieb bekommen und daher auch das Tierreich teils in der Erde, teils in den entfernteren Schlupfwinkeln der kühlen kleinasiatischen Gebirge und des Kaukasus Schutz gegen eine Hitze und Dürre sucht, unter welcher selbst die Lebenskraft des Menschen ermattet.

Eine kürzlich stattgehabte Verminderung der Zahl der Postpferde (15) auf dem Wege von Smolensk nach Orjol zwang uns, die Richtung nach Moskau einzuschlagen, um von Wjasma aus, auf einer größeren Landstraße, mit besseren Mitteln zum Fortkommen, ungehindert die südliche Richtung über Orjol, Kursk, Charkow und Bachmut (16) nach Neu-Tscherkassk (17) zu verfolgen, wo wir am 10. Mai wohlbehalten eintrafen. Was uns bis Smolensk allein noch, wenngleich langsam fortgeholfen hatte,

– der Rest des Winters ward uns auf dieser Strecke wenigstens zur größeren Hälfte ein desto größeres Hindernis des Fortkommens. Der Mittelpunkt des europäischen Rußlands, in welchem wir uns hier befanden, die Gouvernements Smolensk und Kaluga, gibt den meisten und größten Flüssen des Reiches den Ursprung, indem ihre Quellen von dieser etwa 1 000 Fuß über dem Meer erhabenen Gegend fast nach allen Richtungen ausgehen. Sie bieten Reisenden daher in der Zeit des Wechsels zwischen Winter und Frühling außer den fast gänzlich aufgelösten Landstraßen noch das Hindernis weit ausgetretener und reißender Flüsse dar, deren Überfahrt zwar überall mittels geeigneter Flöße oder großer Boote bewerkstelligt wird, aber doch stets mit Zeitverlust, Mühen und Gefahren verknüpft ist. Jeder, der nicht ganz leicht und einfach eingerichtet und sozusagen auf seine Person beschränkt ist, tut wohl, in dieser Jahreszeit keine Reise durch diese Gegenden zu unternehmen, sondern dazu passender den vollständigen Eintritt des Frühlings abzuwarten.

In Charkow verschaffte ich mir einige Bekanntschaft mit den Lehrern und wissenschaftlichen Instituten der Universität und verweilte mit besonderem Vergnügen in den klinischen Anstalten, medizinischer wie chirurgischer und geburtshilflicher Sektionen, und dem in denselben erteilten vortrefflichen klinischen Unterricht. Endlich gewährte es mir und Herrn von Behaghel eine angenehme Zerstreuung, von Bachmut aus die benachbarten Steinkohlengruben von Nikitowka zu besuchen, wo die Kohlenlager zwar in großer Anzahl, aber in geringer Mächtigkeit zutage kommen.

Von Charkow aus ging unsere Reise ohne namhafte Hindernisse, bei meist heiterem, warmem Wetter und trockener Landstraße mit erwünschter Schnelligkeit vonstatten; daher war es erst auch hier, wo mich der Gedanke: daß ich mich nun wirklich auf dem Wege zum Ararat befinde, recht klar und mächtig belebend durchdrang. Dennoch glaubte ich von der mir zu Gebote stehenden Zeit einige Tage zu einem kleinen, aber mir äußerst wichtigen Umwege verwenden zu müssen, der mich in die östlich von Nowotscherkassk gelegene Kalmükensteppe führen und mit dem rätselhaften Laufe des Manytsch bekannt machen sollte, eines Flusses, welcher die Frage über die gegenseitige Höhe des Schwarzen und Kaspischen Meeres aller Berücksichtigung wert ist, und dessen Umgegend, wenn es wahr ist, daß zwischen jenen beiden Meeren einst ein Zusammenhang bestanden hat, vielleicht noch erkennbare Spuren dieses Zustandes an sich tragen möchte, weil sie wegen ihrer niedrigen Lage offenbar am spätesten noch vom Wasser bedeckt gewesen sein muß.

Abstecher in die Kalmükensteppe

Die weite Ebene, von Nowotscherkassk aus zu beiden Seiten des Manytsch in immer zunehmender Breite bis zum Ufer des Kaspischen Meeres, ist von verschiedenen Nationen, hauptsächlich aber von Kalmüken bewohnt; diese haben ausschließlich die westliche Hälfte derselben inne, bis zur Grenze zwischen dem donischen Lande und dem astrachanischen Gouvernement; den Besitz der östlichen Hälfte teilen mit ihnen Truchmenen (18), Karanogaier und selbst christliche Armenier, welche als vollkommene Nomaden, gleich den übrigen Bewohnern in dieser Steppe, erscheinen. Außerdem zieht sich noch durch dieses Land eine Reihe größerer und kleinerer Kosakenposten, welche in Abständen von etwa 20 Werst untereinander, von Nowotscherkassk aus, dem Manytsch erst auf seinem südlichen, dann auf seinem nördlichen Ufer folgen und am Ende des großen Manytschsees, der astrachanischen Grenze entlang sich nordwärts ziehen. Eine Posteinrichtung existiert hier natürlich nicht, man kann nur entweder längs der Kosakenposten oder von einer Kalmükenhorde zur anderen, jedenfalls nur reitend, fortkommen; deshalb sandte ich drei meiner Reisegefährten mit den meisten Instrumenten und dem übrigen Gepäck in unserem Reisewagen über Stawropol nach Mosdok und machte mich in Begleitung des Herrn von Behaghel und des Feldjägers mit den Barometern auf den Weg zur Steppe.

Um von Nowotscherkassk aus, das wir am 10. Mai verließen, zu dem Manytsch zu gelangen, mußten wir über den Don fahren, der zu jener Zeit, wie es jährlich zu geschehen pflegt, um etwa 20 Fuß gestiegen und so weit aus seinen Ufern getreten war, daß er mit den Nebenadern, die er hier bildet, und den Nebenflüssen, die er aufnimmt, einen zusammenhängenden langen

See von 10 bis 20 Werst Breite darstellte, der auch die Mündung des Manytsch verschlungen hatte.

Die erste und zwar recht freundliche Aufnahme fanden wir gleich jenseits des Don in dem Chutor oder Landgute Protopopskaja und die zweite, etwa 25 Werst weiter, am Ufer des Manytsch auf dem Chutor Balabin bei zwei aus dem Dienst getretenen Kosakenoffizieren. Von hier aus aber folgten wir dem Manytsch, so nahe wir konnten, und den in der Steppe zerstreuten Kalmükenaulen, in welchen wir, auf Vorweisung unserer Papiere, überall ungeweigert, die erforderliche Anzahl von Reitpferden und Begleitern erhielten. Die Messung des Gefälles des Manytsch während dieser ganzen Reise machte es notwendig, daß ich von meinem Mitarbeiter beständig in gewisser Entfernung von 15 bis 20 Werst getrennt blieb, so daß wir, jeder an seinem Ort zu bestimmter Zeit anlangten, das Barometer beobachteten und abreisten, um an dem nächsten Standpunkte dasselbe gleichzeitig zu wiederholen, und dies, wie wir hofften, bis zum Kaspischen Meer, so daß wir nur immer nachts zusammenkommen und uns über die Reise des folgenden Tages beraten konnten. Dies war der Hauptzweck dieser Exkursion (19), daher blieb uns nicht viel Zeit und Aufmerksamkeit für andere Dinge übrig.

Die Kalmüken führen ein Nomadenleben und hängen mit aller Kraft einer tief verwurzelten Gewohnheit an demselben. Sie hängen so fest an ihrem Streifleben, daß es, wie mich kalmükische Priester versicherten, sich nicht einmal recht mit den Grundsätzen ihrer Religion vertragen würde, wenn sie sich im Sommer Heuvorräte anlegen wollten, um ihre Pferde- und Viehherden im Winter vor dem oft drückenden Hunger zu bewahren, weil dies schon eine Annäherung zu einem ihrer Nationalität fremdartigen Leben sein würde (20).

Ein unentbehrliches Mittel zu seinem Nomadenleben ist dem Kalmüken seine Kibitka, das bewegliche, leichte und doch so dauerhafte, schutzbringende Haus der Steppe, das in der Zeit von einer Stunde vom Wagen, auf dem es hergefahren worden, abgenommen und durch zwei Menschen bewohnbar aufgestellt und eingerichtet ist. Ein regelmäßiger Kreis wird auf der ebenen Erde beschrieben; bei den meisten Kibitken, die ich gemessen, etwa 17 Fuß oder 3 Faden im Durchmesser, bei ärmlichen kleiner, bei reicheren und besonders zu gottesdienstlichem Gebrauch bestimmten Kibitken größer. Auf diesem Umfang stellt man ein weites Gitter aus daumenbreiten, platten Weidenstäben, scherenartig mittels kleiner lederner Riemen an den Kreuzstellen verbunden, so daß man es leicht ganz zusammenschlagen und aufrollen kann. An der Verbindungsstelle wird die aus dünnen Brettern getäfelte kleine Doppeltüre eingesetzt. Ein trichterförmiges Dachgerippe, von längeren und rundlichen Stäben strahlförmig zusammengesetzt, schließt sich durch Riemen oder Schnürchen an den oberen Rand jener senkrechten Wand an und endigt oben in eine kreisrunde Öffnung von etwa 3 Fuß (21) im Durchmesser, welcher ein ziemlich starker hölzerner Reif Verband und Festigkeit gibt, indem jeder der vorgenannten Stäbe in ein Loch desselben eingesetzt wird. Einige querübergezogene Gurte dienen auch für dieses Dach zu größerem Halt. Nun wird das Ganze, Dach und Seitenwand, mit den ungeleimten Filzdekken regelmäßig und schön glatt bezogen, indem auch wiederum darübergespannte Gurte die Verbindung abgeben. Eine Filzdecke ist besonders dazu bestimmt, die runde Öffnung nach Willkür zu schließen, was man, ohne hinaufzusteigen, durch das Schleudern eines Gurtes ordnungsgemäß verrichtet; und außerdem sieht man noch bei vielen Kibitken mittels eines längeren Stabes einen viereckigen Filz schräg über die Öffnung ausgespannt, um in der Hütte vor Wind und Regen geschützt zu sein, ohne sich gänzlich einzuschließen. Mitten auf dem Fußboden ist der Platz, um ein Feuer anzumachen, der einzige Quell für Licht und Wärme in diesen Wohnungen und zugleich der Herd, auf welchem das Essen gekocht und der Branntwein destilliert wird. Dieser animalische Branntwein wird aus gesäuerter Kuhmilch, die auch ein tägliches Nahrungsmittel abgibt, durch einfache Destillation in einem kupfernen Kessel mit Helm und Rohr jeden Tag in der erforderlichen Menge abgezogen. Dieses Getränk heißt Arraca und wird, um es feiner und stärker zu machen, auch noch einer zweiten Destillation unterworfen, wonach die Kalmüken ihm den Namen Dan geben, welches ein sehr scharfer, wasserheller Weingeist ist. Außerdem genießen sie noch Butter, Kaimak genannt, gesäuerte Pferdemilch oder Tschigan, ein im Sommer sehr kühlendes Getränk; und gekäste Milch, welche, auf Filzdecken an der Sonne getrocknet, anstatt Brot als ein wichtiges Nahrungsmittel für den Winter aufbewahrt wird.

Der kalmükische Tee kommt aus den nördlichen Provinzen von China in großen, daumendicken, hart zusammengeschlagenen Platten und besteht aus den älteren Blättern der Teestaude, vielleicht auch aus Blättern einer ganz anderen Pflanze, doch hat er, für sich getrunken, wohl etwas Teeähnliches im Geschmacke und Ansehen. Davon schneidet man eine beliebige Menge in das Wasser, welches über dem Feuer kocht, legt etwas Butter oder anderes Fett dazu, auch Salz, und nachdem die aufgeweichten Blätter herausgeschöpft sind, trinkt man diese Art von Suppe mit oder auch ohne Milch, bei welcher ohnehin nie darauf gesehen wird, ob sie frisch oder sauer ist, weil sie immer in sehr unsauberen hölzernen Mulden und Trögen in den warmen und rauchigen Kibitken steht und jeder daraus schöpft, wann und womit es beliebt. Rechnet man zu dem allen noch das Fleisch, besonders der Schafe, das gesotten, geröstet und gebraten genossen wird, so hat man einen ziemlich vollständigen Überblick des Bedarfs einer Kalmükenküche; denn das Mehl, was in ihren Haushaltungen verbraucht wird, beziehen sie nur durch teuren Tausch in äußerst geringen Mengen von den Russen. Auf den Ertrag ihrer Herden sind sie bedacht, in diesem finden sie alle Mittel zur Befriedigung ihrer Bedürfnisse. Das Haar der verschiedenen Tiere dient ihnen zu Polstern, Filzdecken, starken Gurten und Stricken; das Pelzwerk zu Kleidungsstücken und Decken; das Leder, welches sie sehr einfach mit saurer Milch und Kalk gerben, dient ihnen in mannigfaltiger Gestalt zum Gebrauch an den Kibitken, dem Reitzeug und zur Verfertigung von großen und kleinen Reiseflaschen, Berba genannt, aus gepreßtem Leder; die Milch zur Speise, zur Bereitung von Branntwein und zum Gerben; das Fleisch zur Nahrung und endlich selbst der Dünger als unentbehrliches Brennmaterial.

Da nun die Herden im Sommer das Futter auf der Steppe haben und auch im Winter darauf angewiesen sind, sich's zu suchen, wo und wie sich's findet, so führt der Kalmüke im ganzen ein sehr untätiges Leben, und der Wechsel zwischen den Winter- und Sommerweideplätzen ist die wichtigste Begebenheit, die sich in seinem einförmigen Dasein ereignet.

In religiöser Hinsicht bekennen sich die Kalmüken zur buddhistischen Religion. Man würde aber sehr irren, wollte man annehmen, daß irgendwelche festen Religionsgrundsätze unter den Kalmüken der Manytschsteppe allgemein verbreitet sind. Wie sollten sie auch zu festen und klaren Begriffen über diese Gegenstände gelangen, da sie keinen Religionsunterricht empfangen, ja nicht einmal einen regelmäßigen sonntäglichen Gottesdienst halten, und an den Festtagen, an welchen sie demselben beiwohnen, nichts als das Hersagen von Gebetsformeln und das Ablesen von heiligen Schriften in einer Sprache hören, die sie nicht verstehen, und von einem Ritus begleitet, welcher, wie es scheint, für den Eingeweihten ebensowenig Sinn und Reiz haben mag als für den Laien. Priester und dem Gottesdienst geweihte Orte findet man keineswegs in allen Chatun, wie jene wandernden Kibitkendörfer genannt werden, sondern sie sind unter dem Namen von Klöstern nur hie und da zerstreut. Der Reisende erkennt sie schon von weitem daran, daß auf einer freien Fläche mitten in dem Chatun zehn oder zwölf etwas größere und reinliche Kibitken einen kreisförmigen oder ovalen Raum begrenzen, auf welchem man weder Menschen in ihren häuslichen Beschäftigungen noch Tiere auf der Weide erblickt. In einem solchen Kloster hängt eine Menge von mißgestalteten Bildern der Gottheiten an den Wänden; da bewahrt man ehrfurchtsvoll ein Idol, aus Messing gegossen, als Hauptgott, meist eine weibliche Gestalt, wie jene Bilder oft mit vier oder sechs Armen und anderen abenteuerlichen Verunstaltungen; da liegen in Kästen zusammengehäuft die heiligen Schriften, aus der Mongolei oder Tibet gesandt, und nur dem Eingeweihten, d. h. dem Oberpriester oder Lama, und dem Priester oder Gellong verständlich oder wenigstens lesbar. Der Gottesdienst ist, nach den Proben zu urteilen, welchen ich von demselben beizuwohnen Gelegenheit hatte, um nichts erhebender. Die Kalmüken begnügen sich mit der Überzeugung, daß ihre Lamas und Gellongs für das ganze Kalmükenvolk vorschriftsmäßig beten, kennen ohnehin, ihrer kirchlichen Einrichtung nach, keinen Unterschied zwischen Sonntag und Arbeitstag und beschränken sich darauf, die kurze Gebetsformel zu wissen, welche der Kalmüke als eine Art Zauberspruch bei jeder wichtigen Angelegenheit seines Lebens auf der Zunge hat, ohne einen deutlichen Begriff damit zu verbinden.

Vom Manytsch nach Tiflis

Die weitere Reise führte uns an der nördlichen oder rechten Seite des großen Manytschsees entlang, worunter man eine namhafte Ausbreitung des Manytschflusses versteht, die ungefähr 50 Werst lang ist, fast in der Mitte zwischen dem Schwarzen und Kaspischen Meer liegt und mit Booten befahren werden kann (22). Am westlichen Ende dieser Ausbreitung findet sich auf dem rechten oder nördlichen Ufer eine Menge kleinerer und größerer Salzseen, von denen einer der größten, dort Grusnoje Osero genannt, wahrscheinlich der auf den Landkarten mit dem Namen des neuen Salzsees bezeichnete, 7 Werst lang und eine Werst breit ist. Diese Seen haben das mit anderen Salzseen gemeinsam, daß in der heißen Jahreszeit, hier von Mai bis Ende August, die Oberfläche des Wassers sich mit einer höchstens einen Zoll dicken Salzkruste bedeckt, welche mittels Schaufeln in Boote gesammelt, am Ufer angehäuft und mit Schilf dick zugedeckt wird, bis man es abholt. Dieses Geschäft besorgen Privatpächter, welche sich das Recht dazu von der donischen Regierung gegen Abgabe des Zehnten verschaffen. Interessant indes war es mir bei diesen Salzseen, mich ganz deutlich davon zu überzeugen, daß nur die durch die starke Sommerwärme bewirkte Verdunstung und daraus entstandene Übersättigung des Wassers mit Salz der Grund vom Anschießen des letzteren ist; denn diese Seen sind so seicht, daß die kleinen Boote, in denen die Arbeiter das Salz sammeln, meistens auf dem Boden streifen und noch lange sichtbare Furchen davon zurücklassen; daß ein solcher See mithin als eine flache Pfanne von ungeheurer Oberfläche zu betrachten ist, in welcher das Salzwasser durch allgemeine Erwärmung sehr leicht den erforderlichen Grad von Konzentration annehmen kann; dagegen in kalten und regnerischen Sommern wegen des überschüssigen Wassergehalts die Kristallisation des Salzes nur im geringen Maße stattfindet oder auch ganz unterbleibt.

Mit dem östlichen Ende des langen Manytschsees hatten wir die Mitte des zwischen dem Schwarzen und Kaspischen Meer gelegenen Landstriches überschritten. Diese Richtung aber von hier aus weiter zu verfolgen, ward uns unmöglich;

denn die Grenze des donischen Landes und mit ihr die ununterbrochene Linie von Kosakenposten wandte sich von hier aus nördlich, und für ein sicheres Geleit durch jene, von Karanogaiern und räuberischen Truchmenen zum Teil bewohnten Gegenden, von der Regierung in Astrachan zu erbitten, hatte ich verabsäumt.

Ich habe in einem besonderen wissenschaftlichen Aufsatz (23) die Gründe dargelegt, aus welchen es wahrscheinlich ist, daß das Schwarze und Kaspische Meer einst in Verbindung gestanden, sich aber zu einer gewissen Epoche zurückgezogen und das niedrige Flachland hinterlassen haben, welches jetzt noch von einer freien Wasserader – dem Manytsch – als Überrest jener Verbindung fast von einem Meere bis zum anderen durchzogen ist. Mehr als einmal hatte ich, wenn wir auf unseren Kalmükenpferden unter dem freien Himmelsgewölbe diese unabsehbare Ebene durchzogen, mir im Geiste das Bild des Meeres vorgeführt, wie es einst häuserhoch über diesem Boden wogte; aber noch viel lebhafter ergriff mich diese Verschmelzung der Jahrtausende, als wir am Schluß dieser Untersuchungsreise unsere Pferde rechts ab durch den Manytsch lenkten, der hier in zwei Arme geteilt, aber nicht tiefer als ein paar Fuß sich zwischen einer Menge von größeren und kleineren Seen und nach einem Regenguß, wie wir ihn tags zuvor gehabt hatten, auch zwischen einer Menge von Pfützen und auf durchnäßtem Lehmboden dahinzieht, ein redender Zeuge der Vorzeit und wohlgeeignet, dem Hindurchschreitenden von den Veränderungen unseres Erdballs und den Verhältnissen seiner Bewohner Gedanken und Gefühle eigener Art vor die Seele zu führen.

Bei anhaltendem Regen und fern von menschlichen Wohnsitzen hatten wir eine traurige Nacht am Manytsch unter freiem Himmel zugebracht und waren daher nicht wenig erfreut und überrascht, als wir um die Mittagszeit auf dem jenseitigen Ufer des Flusses eine ganze Wagenburg von 150 russischen Fuhren, welche aus Astrachan mit Branntwein nach Stawropol zogen, in geraden Reihen hintereinander regelmäßig aufgestellt fanden. Diese, einer Schlachtordnung nicht unähnliche Stellung war übrigens nicht ohne Bedeutung, denn wirklich waren die Leute auf einen feindlichen Angriff gefaßt, weil ein paar Stunden vor unserem Zusammentreffen dieser Karawane, als sie eben den Manytsch passierte, 10 Paar Ochsen durch bewaffnete Männer waren abgejagt worden, ein belehrender Fingerzeig für uns, daß es wohl blinde Tollkühnheit gewesen wäre, uns und unser Fortkommen unter solchen Menschen auf das Spiel zu setzen, so daß wir es auch noch in der darauffolgenden Nacht, für welche wir in einem Truchmenenaul statt der erbetenen Aufnahme unfreundliches und verdächtiges Betragen fanden, es vorzogen, einige Werst weiter, seitwärts vom Wege in einer grasreichen Steppe zu kampieren.

Nur noch in einem Aul, einem tatarischen, kehrten wir ein, fanden aber dort trotz des anfänglichen Befremdens über unser Erscheinen freundliche Aufnahme und willige Expedition. Petrowsk (24) war das erste russische Dorf, zu dem wir kamen; es liegt schon zwischen Bergen am Kalaus, und im Dorfe Donskaja Balka (Balka heißt auf russisch: ein schmales Tal) fanden wir Baumvegetation, schöne Gegend und eine langentbehrte, erquickende Bergluft. Doch befindet sich hier in der Nähe noch ein beträchtlicher und auch benutzter Salzsee. In aller Frühe verließen wir den Ort, und bald zeigte sich uns im Schimmer der Morgensonne der herrliche Elbrus, dieser imposante Magnat der kaukasischen Bergmassen, in seiner vollen Größe und Pracht vom Gipfel bis fast zu seinem Fuße herab. Vergessen war von Stund an das einförmige, matte Steppenleben, und nur auf die Berge all unsere Sehnsucht gelenkt, welche glücklicherweise in den guten Posteinrichtungen, den glatten Wegen und des

Duchan am Kasbekpaß (Thielmann)

Feldjägers magischer Kraft volle Befriedigung fand; wirklich legten wir einmal in der Zeit von ¾ Stunden, ohne außerordentliche Mittel, 23 Werst zurück.

In Mosdok (25) fanden wir unsere Gefährten wohlbehalten vor und traten dann wieder alle vereint die Reise über das kaukasische Gebirge an, die schon seit einigen Jahren nicht mehr von Mosdok wie früher, sondern von Jekaterinograd aus mit einer kleinen, aber immer noch unentbehrlichen Eskorte gemacht wird, wobei die Infanterie, wären es aber auch nur 15 bis 20 Mann (wie wir sie erhielten), die meiste Sicherheit, aber auch den meisten Zeitaufwand gewährt. Von russischen Bauern, von friedlichen Tscherkessen und von Offizieren der Besatzung kann man in Jekaterinograd stets Pferde bis Wladikawkas für ein Billiges gemietet erhalten. Es sind 105 Werst, und wir zahlten 10 Rubel für jedes Pferd. Der Weg führt auf einer ganz unmerklich ansteigenden Ebene hin, die von drei reißenden Flüssen, dem Uruch, der Belaja, dem Ardon und auf halbem Wege von Jekaterinograd nach Wladikawkas, zwischen dem Uruch und der Belaja, von einem hohen, der kaukasischen Bergkette parallelen Gebirgskamm durchschnitten ist, ein schönes Vorspiel von den erhabenen Gegenständen, die im Hochgebirge selbst des Wanderers warten.

Wladikawkas (26) ist immer noch wie früher der höchst wichtige, unentbehrliche militärische Mittelpunkt, dem alles von allen Seiten her zueilt, was nach gefahrvollem Zuge den beständigen Nachstellungen der Tscherkessen und Kabardiner entgangen ist. Unsere beiden Reisewagen waren zu baufällig geworden, als daß es ratsam gewesen wäre, sie mit über das Gebirge zu nehmen, wir ließen sie deshalb in Wladikawkas und mieteten uns für unsere Sachen, da der Reisende selbst ohnehin reitend auf Kosakenpferden, welche auf jeder Station für ein Postgeld von 12 Kopeken Kupfermünze für jede Werst gegeben werden, immer noch am besten fortkommt, drei russische Teleggen, diese einfachen Fuhrwerke, die zwar keinen sehr sanften Sitz, aber dafür einen Grad von Dauerhaftigkeit gewähren, der den Reisenden nicht leicht in Ungelegenheit geraten läßt. Für jedes der dazu erforderlichen Fahrpferde zahlten wir bis Tiflis (190 Werst weit) 45 Rubel und hatten dabei die Verpflichtung, die Hilfe, welcher man meistens zum Übergang über den Kreuzberg bedarf und in Kobi am Fuße desselben erhalten kann, zu bezahlen. Von Wladikawkas bis Kobi sind's 70 Werst (27). Wer diesen Weg einmal gemacht hat, kann die erhabenen Eindrücke gewiß nicht verlieren, welche sich hier mannigfach darbieten, in den bei Darjal und Lars jäh und hoch ansteigenden Felswänden, mit den kühn an ihnen hingebauten Dörfern und Raubschlössern, in der schauerlichen Kühle der Felsenpässe und dem wahrhaft donnerähnlichen Getöse der vom Terek mit fortgeris-

Blick aus dem Terektal zum Kasbek (Dechy)

senen Steine, in den sanfter sich erhebenden Talgehängen zwischen Kasbegi und Kobi mit den zahlreich auf ihnen zerstreuten georgischen und ossetischen Dörfern und in dem majestätisch sich erhebenden Haupte des Berges Kasbek.

Von Kobi kann man in zwei Stunden auf dem Kreuzberg sein, von welchem der Weg noch etwas höher zu dem Gudaberg ansteigt, und in drei Stunden kann man von da aus Keschauri, den ersten militärischen Standpunkt auf der Südseite erreichen; überhaupt rechnet man diesen Weg 16 Werst lang. Sein höchster Punkt, der Gudaberg, liegt 7534 Pariser Fuß über dem Meere (2446 m), kommt also dem des Weges über den Großen St. Bernhard an Höhe gleich; am eigentlichen Kreuzberge, wo ein hohes steinernes Kreuz zu Ehren des Generals Jermolow aufgerichtet ist, erhebt sich die Straße bis 7425 Fuß (2412 m); das Kreuz steht 30 Fuß höher. Wer besonders zur Sommerzeit den Weg von Kobi zum Kreuzberge macht, versäume doch nicht, eine Mineralquelle aufzusuchen, welche 4 bis 5 Werst von Kobi, wo das rechte Ufer des Flusses Tetri-Izkali sehr steil abfällt, unten, unmittelbar neben dem Niveau des Wassers aus einer zwei Zoll weiten Öffnung des Kalksteines hervorsprudelt; sie ist schwefelhaltig, sehr reich an Kohlensäure und von herrlichem Geschmacke; ihre Temperatur fand ich im Sommer 5,4 °C, im Winter 4,6 °C.

Der südliche Abhang des Kaukasus, an welchem der Weg sich in die Täler der Aragwi hinabzieht, ist warm, reich an prachtvoller Baumvegetation, wohl angebaut, stark bewohnt und mit vielen schönen Überresten alter Bauten versehen, teils Kirchen, teils aber ansehnliche Bergfesten mit Türmen und Ringmauern, welche unwillkürlich die Begierde wecken, ihren Ursprung, ihr Alter, ihre Erbauer in Erfahrung zu bringen. Ich habe, soviel es im Vorbeigehen möglich war, mehrere derselben fleißig betrachtet, sie gezeichnet und mit Aufmerksamkeit nach irgend einem redenden Zeugen der Vorzeit, irgendeiner Inschrift oder charakteristischen Verzierung gesucht; aber nirgends auch nur das Mindeste dieser Art gefunden; was mich indessen keineswegs von der Vermutung abbringt, daß hier nicht vielleicht noch manches Denkmal aus dem klassischen Altertum aufgefunden werden möchte. Dazu sind Nachforschungen erforderlich, die sich nicht im Vorbeigehen machen lassen; dazu gehört viel Zeit, genaue Kenntnis des Altertums, Verständnis der Landessprache und längerer Umgang mit den Landeseingeborenen (28).

Aufenthalt in Tiflis

Zwischen dem 5. und 6. Juni in der Nacht zog unsere kleine Karawane in Tiflis ein (29), der Hauptstadt unserer transkaukasischen Provinzen. Ihr Name kommt von dem georgischen Worte Tibli, warm, her und dankt seinen Ursprung wahrscheinlich den in der Stadt befindlichen warmen Mineralquellen, vielleicht aber auch dem Kontraste der großen Wärme des Klimas von Tiflis gegenüber der früheren Residenz der georgischen Könige in Mzcheta, welche am Abhange des Kaukasus liegt und eine viel kühlere Luftbeschaffenheit hat. Die Erbauung von Tiflis und die Verlegung der königlichen Residenz dahin geschah um das Jahr 455 v. u. Z. durch König Waktang I. Gork-Aslan.

Von Tiflis zu hören und in Tiflis gewesen zu sein, gewährt bei uns stets ein Interesse eigener Art, ohne daß die Entfernung des Orts oder irgendeine hervorstechende Eigentümlichkeit desselben einen hinreichenden Grund der Erklärung darzubieten scheint. Ein Interesse, welches um so wunderbarer ist, als man in Tiflis selbst den Fremden eine Sprache der Unzufriedenheit führen hört, die es ganz unbegreiflich macht, wie nicht schon längst jeder Auswärtige davon zurückgeschreckt ist, an diesem Ort sein Glück zu versuchen.

Gewiß würde Tiflis durch seine geographische und örtliche Lage einer der reizendsten Punkte der Erde sein, wenn nur die Berge, zwischen denen es liegt und die das meiste dazu beitragen könnten, nicht durchaus aller Baumvegetation beraubt wären und dadurch des Schatzes befruchtender und zierender Quellen und Bäche entbehrten. Denn außer dem Flüßchen Dachabana, welches aus einem westlichen Tale, mitten zwischen den heißen Mineralquellen der Kura zufließt, rieselt nur noch von der Narikala (deutsch Steinberg) im Süden der Stadt ein Bächlein herab, dessen spärliches Wasser den städtischen Weingärten nach polizeilicher Anordnung stundenweise zugewandt wird. So dienen die Berge um Tiflis herum nur dazu, die Sonnenstrahlen außer ihrer allgemeinen Zurückwerfung am südlichen Abhang des Kaukasus, welcher ohnehin die kühlen Nord- und Nordostwinde abhält, noch einer örtlichen Konzentration in diesen Tälern zu unterwerfen und diese drückende Hitze zu erzeugen, die dem Menschen dort nicht selten wie die Luft aus einem Glühofen entgegenschlägt und höchstwahrscheinlich die Ursache der galligten Krankheiten ist, die in den heißeren Teilen von Georgien und Armenien zu Hause sind. Auch der schöne Menschenschlag von Georgien (30) würde mit Recht die Aufmerksamkeit und lebhafteste Teilnahme des Europäers auf sich ziehen, wenn der äußeren Haltung auch das innere Leben entspräche. Der Georgier würde allgemein Achtung einflößen, wenn zu der Kraft seines Körperbaus und der Energie seines Charakters auch der Sinn für nützliche Tätigkeit und zweckmäßiges Fortschreiten in der Geisteskultur sich gesellte, und die Georgierin hätte ohne Zweifel gerechte Ansprüche auf den höchsten Preis weiblicher Schönheit, wenn sie die von der Natur ihr gespendeten Vorzüge nicht durch unmäßiges Schminken, der Gesundheit nachteilige Kleidung und sorglose Üppigkeit frühzeitig verschwendete. Auch industrielle Tätigkeit und häus-

Tiflis um 1770 (nach Tournefort)

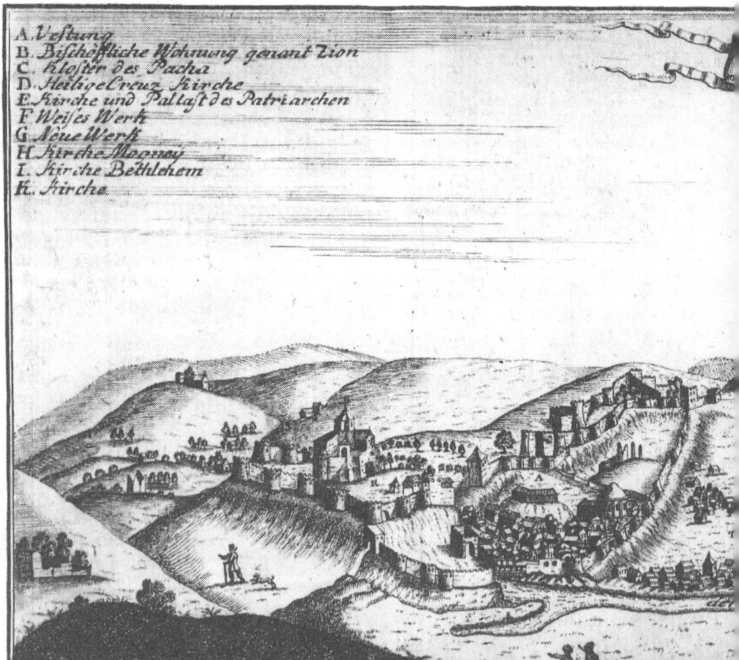

licher Sinn werden noch überall vermißt. Durch sein altertümliches Dasein in morgenländischer Weise müßte Tiflis dem Europäer höchst anziehend sein, wenn die zwei Jahrtausende hindurch gegen Perser, Türken und wilde Kaukasier mit zahllosen Opfern mühsam durchgefochtene Nationalität sich nur auch erhalten wollte und, was der Halbmond und das Heidentum nicht zu vertilgen vermochten, jetzt im stillen freundschaftlichen Verkehr mit den Fremden nur nicht unterzugehen drohte. Zwar hat der Georgier trotz der Gegenwart und des Beispiels der vielen Fremden aus Rußland, Deutschland und Frankreich noch immer seine unvollkommene Ackergerätschaft, seine mangelhafte Feld-, Wein- und Gartenkultur; hat er es im Mühlenbau noch nicht einmal so weit gebracht, um feines Mehl, das aus Rußland eingeführt wird, im Lande zu bereiten; hat er sein altes Fuhrwerk noch so ungeschickt und roh wie aus dem goldenen Zeitalter; zwar schert er sich noch immer das eigene Haar vom ganzen Kopfe und bedeckt ihn dafür auch in der brennenden Sonnenhitze mit einer großen Mütze aus Schafspelz, die mit dem Übermaße im Genuß des Weines wetteifert, das Blut unaufhörlich

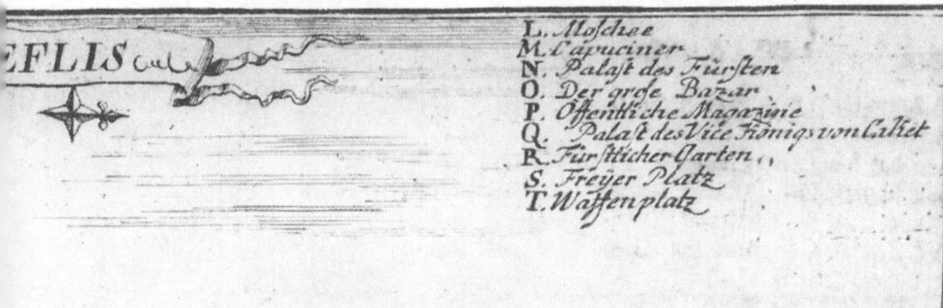

Georgier in Nationaltracht (Thielmann)

nach dem Kopfe zu drängen; zwar besucht der Bewohner von Tiflis immerfort täglich das höchst unreinlich gehaltene heiße Schwefelbad und gibt seinen Körper stundenlang der erhitzenden und erschlaffenden Wirkung des Dampfes preis; – alles das ist aus alter Zeit und national; aber was soll denn bei dem Kaufmann in Tiflis die steife Halsbinde zu dem morgenländischen Gewande; was statt des herkömmlichen Frauenschleiers bei den gefallsüchtigen Georgierinnen die französische Kapotte?

Warum muß an den Häusern in Tiflis das zweckmäßige waagerechte Dach aus Erde mit Kräutern bewachsen, welchem Tiflis das Glück dankt, von keiner Feuersbrunst zu wissen, obgleich auch dort heftige Gewitter eintreten und jährlich bei großer Hitze die dürren Gewächse des Daches selbst in prachtvoller Flamme auflodern – warum muß dieses südlich-morgenländische Dach, der Ort angenehmer Erholung und freundlicher Aussicht, dem schrägen Ziegeldach des Nordens allmählich weichen? So wird der Georgier dereinst den gänzlichen Untergang georgischer Sitte unter dem Einflusse moderner Zivilisation betrauern.

Die Georgier kamen früh zu der Kenntnis des Christentums, den geschichtlichen Überlieferungen nach schon im vierten Jahrhundert; aber zu einer geläuterten, in das Volksleben übergeführten Erkenntnis desselben haben sie es nicht bringen können, denn seit ihrer Bekehrung bis auf unsere Zeiten herab war das bürgerliche wie das politische Leben der Georgier nur eine ununterbrochene Kette von verheerenden Kriegen, in welchen das Reich volle anderthalbtausend Jahre lang, bald durch inneren Zwist zerfallen, bald abwechselnd den Heereszügen der griechischen Kaiser, der Araber, des Tschingis-Chan, des Tamerlan, der Türken und Perser preisgegeben war. Eines solchen Daseins müde, warf Georgien sich dem mächtigen Rußland in die Arme und erhielt von ihm die ersehnte äußere Ruhe (31). Georgien, das noch nicht lesen und nicht schreiben kann und wo bis jetzt jeder Versuch zur Einführung neuer oder zur Vervollkommnung vorhandener Industriezweige an tausend Hindernissen, aber vorzüglich an dem der Übereilung gescheitert ist, mit welcher jeder das begonnene Werk auch selbst schon mit glänzendem Erfolg gekrönt sehen will; Georgien, das durch die in ihm noch chaotisch gärenden Kräfte und die von der russischen Regierung den Beamten dargebotenen großen Vorteile zwar viele Männer aus Rußland und aus der Fremde anlockt, die sich aber alle, vom Staatsrat und General bis zum Schreiber und gemeinen Kosaken herab, oft schon nach wenigen Wochen wieder nach ihrem Vaterland wie nach dem verlorenen Paradiese sehnen.

Der Oberbefehlshaber der transkaukasischen Provinzen, Graf Johann Paskewitsch von Eriwan, dessen Obhut, wie anfangs erwähnt ist, unsere Unternehmung Allerhöchsten Ortes anempfohlen war, befand sich zur Zeit unserer Ankunft in Tiflis, da wo Pflicht und Ehre seine Gegenwart erheischten, in offenem Felde gegen die Türken. Gewohnt, einen der Zahl nach in der Regel dreimal stärkeren Feind vor sich zu sehen, hatte er im Vertrauen auf den Heldenmut seiner Krieger ihre Kräfte mit der Sparsamkeit eines sorgenden Vaters zweckmäßig eingeteilt; und nachdem in kurz nacheinander folgenden Schlägen, innerhalb vier Wochen, Achalziche entsetzt, der Pascha von Trapezunt am Kintrischi geschlagen und die Kurden am Araxes gebändigt waren, bereitete er die großen Taten vor, welche bald darauf Erzerum und dadurch den Schlüssel zu ganz Anatolien (32) in seine Hände gaben.

Der Graf hatte unsere Angelegenheit dem Generaladjutanten, Kriegsgouverneur Stephan Strekalow, übergeben; General Strekalow hat seine Achtung vor den Wissenschaften und seinen Sinn für wissenschaftliches Streben auch mir bei jeder Gelegenheit mehr noch durch die Tat als durch das Wort auf das unzweideutigste beurkundet. Mein erster Besuch beim General brachte mir die niederschlagende Gewißheit einer uns schon im Kaukasus überbrachten Kunde von der in Eriwan und dessen Bezirk ausgebrochenen morgenländischen Pest, die dort seit dem Februar wütete und schon an 3000 Menschen hingerafft hatte. Solch ein Hindernis war wohl geeignet, auch den Mut des Kühnsten zu brechen, und was dieser sich allenfalls noch von Entwürfen dagegen hätte vorspielen mögen, wäre an dem entschiedenen Verbot der Obrigkeit gescheitert; wir mußten uns also in das Unvermeidliche fügen, und wollten wir nicht gleich an allem Erfolge verzweifeln, das Fernere in Tiflis abwarten, wo wir die Zeit unterdessen zu manchen Arbeiten zweckmäßig verwenden konnten.

Eine der Hauptarbeiten während unseres Aufenthalts in Tiflis war die astronomische Bestimmung der geographischen Lage dieses Ortes; wir verdanken dieselbe dem Fleiß des Herrn Kandidaten Fedorow, welcher ihr zehn Wochen der angestrengtesten und genauesten Arbeit mit vorzüglich guten Instrumenten widmete, weshalb ihr Resultat auch als zuverlässig anzusehen ist. Der Turm der Kathedralkirche von Tiflis liegt demnach 41° 41′ nördlicher Breite; die östliche Länge von Ferro beträgt nach Birdin 62° 34′.

Ein anderer Gegenstand unserer Arbeit in Tiflis war eine

vollständige Beobachtungsreihe über die Geschwindigkeit der Pendelschwingungen. Der dazu dienende Apparat hatte die Reise von Dorpat aus glücklich überstanden, und die dabei erforderliche genaue Zeitbestimmung erhielt ich aus den Sternbeobachtungen des Herrn Fedorow (33).

Auch meine magnetischen Apparate waren glücklich angekommen, und ich brauchte sie, um die Neigung sowohl als die Abweichung der Magnetnadel in Tiflis mit Genauigkeit zu bestimmen; die Neigung beträgt 55° 31′, die Abweichung 3° 47′ westlich (34).

Nicht ohne Interesse scheinen mir die Ergebnisse meiner Beobachtungen über den stündlichen Gang des Barometers sowie der Witterung überhaupt, die trotz der kurzen Zeit, in welcher sie angestellt wurden, doch einen höchst auffallenden Charakter von Regelmäßigkeit dieses Phänomens darbieten.

Soweit es die große Hitze zuließ, machten wir auch kleine Exkursionen in die nächste Umgebung und sammelten manche Tatsachen, welche für die Topographie von Tiflis Interesse haben möchten. Dahin gehören auch die Höhenbestimmungen der um Tiflis befindlichen Berge, die ein gegen Nord und Süd geöffnetes, von der Kura durchströmtes Tal einschließen. Diese Messungen habe ich mit Herrn von Behaghel durch gleichzeitige Barometerbeobachtungen veranstaltet und auf die Höhe der steinernen Kurabrücke unweit der Festung gegründet. Nach

Festung Metech in Tiflis (Abich)

einem sehr genauen Nivellement, welches ich gleichfalls mit Herrn von Behaghel von Tiflis bis zum Ufer des Schwarzen Meeres gemacht, befindet sich obige Brücke gerade 1 100 Pariser Fuß über der Meeresfläche, und bei mittlerem Wasserstand fließt die Kura 31 Fuß tief unter ihr hin; zu beiden Seiten derselben erhebt sich die Stadt; auf dem rechten Ufer der bei weitem größte Teil, namentlich die Häuser der Wohlhabenden, die großen Basare oder Märkte, die Hauptplätze der Stadt, die Hauptkirchen, die Gebäude der Behörden, des Kriegsgouverneurs und des Oberbefehlshabers 80 bis 100 Fuß hoch über der Brücke; auf dem linken eine große Karawanserei, die große Kaserne, eine ganze Reihe Häuser von Kolonisten aus Süddeutschland und die Festung. Gegen Süden lehnt sich die Stadt an einen von Südwesten sich herziehenden Hügelrücken, auf welchem sich die ansehnlichen Ruinen einer sehr alten Festung befinden; dies ist die Narikala oder der Steinberg; sein höchster Punkt am westlichen Ende des alten Gemäuers hat 392 Pariser Fuß über der genannten Brücke; gegen Westen steigt er aber höher an, und von dort her leitet man auch in einer schmalen Rinne eine kleine Wasserader zur Stadt, die jedoch meistens ganz und gar ausgetrocknet ist und nur, wenn's regnet, Wasser führt, alsdann aber auch gleich frisches Gras neben sich her aus dem erfrischten Boden treibt, und dann wie ein schimmerndes Silberband mit grüner Kante auf dem dürren erdfarbenen Boden sich herabzieht, aber oft nach wenigen Tagen, wenn die Quelle versiegt, auch wieder verschwindet.

Von diesem Hügelrücken aus gelangt man in südwestlicher Richtung auf einem mehrfach ab- und ansteigenden Wege und durch ein paar hübsch gelegene Dörfer nach Kodschori, 8 Werst von Tiflis, dem heiteren, kühlen Landsitz, welchen sich der vorige Herr Kriegsgouverneur, General Sipägin, mit ebensoviel Geschmack als Bescheidenheit ausgesucht hatte. Das Haus in Kodschori liegt 2 880 Pariser Fuß über der Kurabrücke in einer Gegend, die wegen dieser namhaften Höhe trotz der Abwesenheit von Waldungen eine beständig reine, kühle, frische Luft und eine sehr freundliche Aussicht auf die weit entlegene Kura, auf einen entfernten Salzsee, auch die benachbarten Berge und besonders auf eine nahe gelegene sehr schöne Ruine gewährt, eine Bergfeste auf einem Felsen mit 100 bis 200 Klafter tiefen, jähen Abhängen, ebenso kühn als fest und so sicher erbaut, daß es selbst jetzt noch mir nur mit wahrhafter Lebensgefahr an einer einzigen Stelle glücken wollte und konnte, in das Innere dieser aus vielen Ruinen bestehenden Burg zu gelangen, weil ich hoffte, eine Inschrift oder ein bildliches Zeichen vielleicht noch aus früherer Zeit darin zu finden.

Der höchste von den die Stadt umgebenden Bergen befindet sich im Westen, auch auf der rechten Seite der Kura, er heißt Mta-Zminda oder heiliger Berg; an seinem Fuße liegt das prachtvoll eingerichtete Gebäude des Oberbefehlshabers, jetzt vor dem Hausflur mit zwei ungeheuren türkischen Kanonen geschmückt, ein ehrenvolles Geschenk Sr. Majestät an den glücklichen Sieger in allen Schlachten gegen die Perser und Türken, den unabweisbaren Erstürmer jeder Festung. Am steilen Abhang dieses Berges hängt das kleine Kloster, Zum heiligen David oder Garedschan genannt, eine der schönsten Zierden der Stadt, bei Tage durch seine weißen Gebäude hoch an dunkler Felsenwand, bei Nacht, wenn einzelne stille Lichtchen des Klosters sich mit den Sternen des Himmels zu vermengen scheinen. Der höchste Punkt dieses Felsenkammes, der aus der Stadt noch sichtbar ist, erhebt sich über der Kurabrücke um 1 050 Pariser Fuß. Es ist dies nur das Ende eines langen Bergrückens, der sich von hier in westlicher Richtung mit stark ansteigenden Stufen erhebt und weiter hin, vermöge seines kühlen Klimas einige Baumvegetation bekommt. Etwa 6 Werst von der Stadt befindet sich auf einer steil hervorragenden Kuppe ein steinernes Häuschen, 3 140 Pariser Fuß über der Kurabrücke, vermutlich eine von den vielen im Lande zerstreuten kleinen christlichen Kapellen aus alter Zeit. Hier führt auch der Weg, der von Tiflis aus dem Tale neben dem Bergrücken sich hinzieht, über denselben hinweg und geleitet den Wanderer auf einem äußerst angenehmen Pfade nach Elisabethtal, eine der hübschesten von den württembergischen Ansiedlungen in Georgien (35).

Das Gestein dieser sämtlichen Berge sind abwechselnde Schichten von Kalkstein und Tonschiefer, welche fast durchgängig eine westöstliche Richtung haben und sich im Durchschnitt unter einem halben rechten Winkel gegen Süden neigen. Herr von Behaghel hat sie mit Sorgfalt untersucht und in einer mineralogischen Abhandlung beschrieben (36). Wodurch sie ein allgemeines Interesse erregen, das ist das Vorkommen von Steinkohlen in Schichten, welche zu Tage freilich nur eine Dicke von höchstens einem halben Fuß haben, aber in der Tiefe vielleicht viel mächtiger sein können. Sie finden sich an dem steilen südlichen Abhange des Mta-Zminda zwischen den sehr lockeren Schichten des bituminösen Tonschiefers und ziehen sich wohl eine viertel Werst lang hin. Diese Steinkohlen sind von verschiedenen Graden der Güte; ihr spezifisches Gewicht beträgt im Mittel 1,4; sie verbrennen vor dem Lötrohr sehr lebhaft und hinterlassen eine Schlacke, deren Gewicht drei Fünftel des Ganzen beträgt. Auch ein paar Werst oberhalb Tiflis finden sich am linken niedrigen Felsufer der Kura Spuren von Steinkohlenlagern, aus denen zum Behufe der Seidenfabrik des Herrn Castellaz vor ein paar Jahren zwei Wagen voll Steinkohlen abgeführt und beim Verbrennen in der Esse sehr brauchbar gefunden sein sollen. Das Verdienst der ersten Entdeckung der Steinkohlen bei Tiflis, welche für diese holzleere Gegend einst, wenn Manufakturen und Fabriken aufkommen sollten, von großer Wichtigkeit werden kann, gebührt Herrn Ravergié, einem Franzosen, welcher sich schon seit mehreren Jahren in Tiflis aufhält und schätzenswerte Beobachtungen im Gebiete der Naturkunde gesammelt hat.

Die wichtigste Naturmerkwürdigkeit von Tiflis sind offenbar die warmen Mineralquellen, welche am südlichen Ende der Stadt, am Fuße der Narikala zwischen den Schichten des Kalksteins in großer Anzahl hervortreten und dort mittels messingner Hähne aufgefaßt und in die steinernen Bassins oder großen, fast würfelförmig gehauenen Badewannen geleitet werden, die sich in den Gewölben der ziemlich ausgedehnten Badehäuser befinden. Über die medizinischen Kräfte und chemische Zusammensetzung dieser Bäder ermangeln wir dermalen noch recht genauer Angaben; sie stehen im Rufe heilsamer Wirksamkeit gegen Rheumatismen, Flechten, Kontrakturen, besonders aber mögen sie dem Georgier durch Hautreinigung, deren er gar sehr bedürftig ist, nützlich sein; eine recht zuverlässige Prüfung dieses Gegenstandes ist den Ärzten durch die äußerst unzweckmäßige Einrichtung dieser Badeorte sehr erschwert, da weder für Reinlichkeit noch Vermeidung des Erkältens nach dem Bade gesorgt ist.

Die Temperatur dieser Quellen anlangend und die Wassermenge, welche sie jedoch nicht in ununterbrochenem Strome liefern, sondern nur, wenn die Hähne zum Gebrauch geöffnet werden, bestimmte ich am 12. Juni nachmittags. Diese Temperaturen der Quellen habe ich noch an verschiedenen Tagen und Tageszeiten geprüft und meistens konstant gefunden, wenigstens mit keinen namhaften und regelmäßigen Veränderungen. Aber dagegen wechselt die Ausflußmenge ganz außerordentlich, so daß man jedesmal verschiedene Resultate erhält. Auch erkannte ich in diesen Mineralwassern die angenehme Eigenschaft, selbst nach mehrtägigem Stehen in offenen oder geschlossenen Gefäßen sich nicht im mindesten zu trüben, keine Haut, keinen Bodensatz anzunehmen; einen sehr reinen, angenehmen, etwas schwefligen Geschmack zu behalten und an seinem spezifischen Gewicht gar nichts geändert zu haben. Luft entwickeln diese Wässer beim Kochen sehr wenig, aus 100 cm^3 Wasser kaum 2 bis 3 cm^3.

Über die Witterung in Tiflis müßten sich nach dem, was ich in der kurzen Zeit von zwei Monaten meines dortigen Aufenthalts selbst beobachtet und von Einwohnern gehört habe, äußerst interessante Resultate gewinnen lassen, wenn jemand sich einige Jahre oder auch nur ein Jahr lang anhaltend damit beschäftigen wollte. Ganz auffallend tritt aber auch schon innerhalb eines kürzeren Zeitraumes als Hauptcharakter die große Regelmäßigkeit des Witterungsganges in jener Gegend hervor und gestattet deshalb ziemlich zuverlässig allgemeine Folgerungen.

Im Mai fängt die Wärme und Trockenheit der Luft schon an, lästig zu werden, und steigert sich durch den Juni, Juli und August bis ins Unerträgliche, so daß man namentlich in den beiden letzten Monaten drei Stunden vor- und sechs Stunden nachmittags ungern die Wohnung verläßt, in welcher durch Abhaltung des Sonnenlichts und Sprengen mit Wasser doch etwas Kühlung erzeugt werden kann. Gäbe es Laubholz um Tiflis, so würde man mit großem Vorteil daselbst die in Bengalen übliche Abkühlungsmethode der Wohnung anwenden, welche darin besteht, daß man die offenen Fenster mit grünem Laubholz besteckt, welches durch seine Verdunstung, wie man versichert, eine Abkühlung von 5 bis 6 °R hervorbringt. Ein recht wirksames Surrogat dafür sind die persischen Fächer, welche aus ganz leichtem Material gemacht, etwa einen Quadratfuß groß und wie eine Windfahne eingerichtet sind, um mit der Hand gedreht werden zu können, wodurch ein Luftwechsel entsteht, welcher, wenn er etwa eine Stunde lang fortgesetzt wird, durch die vermehrte Ausdünstung auf der Haut eine recht fühlbare und bei reizbaren Personen selbst empfindliche Abkühlung verursacht. Ein Umstand trägt bei den morgenländischen Wohnungen meines Erachtens nicht wenig zur Hervorbringung von einiger Kühle in den Zimmern mit bei, nämlich das eigentümliche Dach derselben, wenn man mit diesem Namen die oberste Lage der Häuser oder den Söller bezeichnen darf, welche aus einer zwei Fuß dicken Schicht von Erde und Lehm besteht, ganz eben und kaum um ein paar Zoll nach einer Seite geneigt ist, damit bei starken Regengüssen das Wasser nicht nach

Tiflis um 1870, Blick kuraaufwärts (Thielmann)

allen Seiten hin ablaufen könne, sondern seine Richtung nach ein paar Öffnungen in der Umfangsmauer nähme, welche die Fläche des Söllers einen Fuß hoch umgibt. Diese tonige Erdlage wirkt als eine hygroskopische Substanz auf die Atmosphäre, zieht bei Nacht die Feuchtigkeit aus derselben in sich hinein, welche in der Tageshitze wieder verdunstet und nach einem bekannten physischen Gesetze eine namhafte Abkühlung hervorbringt, während unter einem gewöhnlichen europäischen Dache, wie es die Fremden in Tiflis sehr unüberlegterweise schon einführen, im Gegenteil eine wahre Reverberierhitze (37) entsteht. Diese flachen Söller sind überdies noch in der Regel mit Kräutern bewachsen, vorzüglich soll es die Blasenkresse (Lepidium vesicarium) sein, was man dort antrifft; sie verdorrt im

Sommer, und nun legt der Georgier, um die Stoppeln wegzuschaffen, Feuer daran, welches in dem strohtrockenen Kraut schnell um sich greift und bei der Nacht das überraschende schöne Schauspiel einer mitten in der Stadt auflodernden großen Flamme darbietet. Dieser Söller ist auch der Ort, wohin, wenn die Sonne sich senkt und die Tageshitze etwas nachläßt, der Georgier vom alten Schlage sich begibt, mit Familie und Freunden sich an der freien Luft, an dem Blick ins Innere der Stadt, an der Aussicht auf das prachtvolle Schneegebirge des Kaukasus oder auch wohl nur bei einer Teemaschine oder dem Weinkruge zu ergötzen und oft bei Musik und Tanz die ganze Nacht zu verbringen; der Ort, wo mancher, der Tageshitze müde, die bei Nacht kaum geminderte Zimmertemperatur fürchtend, sich ein Zelt aufschlägt, um eine erträglichere Nachtruhe zu gewinnen; der Ort, wo bei feierlichen Umzügen durch die engen Straßen der Stadt die georgischen Schönen, mit ihren schneeweißen, dichten Schleiern vom Kopf bis zur Ferse bedeckt, einen bequemen Standpunkt finden, um zu beobachten und auch wieder beobachtet zu werden.

Die größte Hitze, welche während der Zeit meines Aufenthalts in Tiflis herrschte, waren 30,4 °R, welche ich am 28. Juli von 3 bis 5 Uhr nachmittags in einer zwar von der Sonne beschienenen Gegend, aber im Schatten eines Pfeilers an meiner Wohnung beobachtete. Diese kurz dauernde, intensive Hitze ist's indessen nicht, was den Sommer von Tiflis so drückend macht, sondern das geringe Nachlassen derselben während der Nacht, wodurch dem Menschen auch nicht eine Stunde wahrer Erquickung gegönnt ist. Um 10 Uhr abends hatten wir in der letzten Hälfte des Juni gewöhnlich noch 23 bis 24 °R und um Mitternacht 20 bis 21 °R, im Juli aber fand ich um dieselbe Nachtzeit mehr als einmal 24 bis 25 °R, und diese Beobachtungen wurden völlig so gut als im Freien, nämlich nahe an der stets offenen Tür angestellt.

Der stündliche Gang der Temperatur in Tiflis war überhaupt ganz eigentümlich. Man kann ihn aus der zu diesem Zweck mitgeteilten Reihe von Beobachtungen entnehmen, welche ich sieben Tage lang stündlich angestellt habe. Es geht daraus deutlich hervor, daß die Temperatur von 6 Uhr morgens an mit großer Regelmäßigkeit zunahm, bis sie, nicht wie an anderen Orten etwa um 2 Uhr nachmittags, sondern erst wieder zwischen 5 und 6 Uhr abends ihre größte Höhe erreichte und von diesem Zeitpunkt einem steten Sinken durch die ganze Nacht bis 6 Uhr morgens, der Zeit des beginnenden Steigens, unterlag; so daß durch diesen Gang der Luftwärme die ganze Tageszeit in zwei gleich große Perioden geteilt ist, einer Tagesperiode von 6 Uhr morgens bis 6 Uhr abends für das Steigen und einer Nachtperiode von 6 Uhr abends bis 6 Uhr morgens für das Sinken des Thermometerstandes. Die Unterschiede zwischen der geringsten Wärme am Morgen und der höchsten am Abend stiegen allmählich und auch ziemlich regelmäßig mit der Zeit von 2,5 ° bis auf 3,5 °R. Diese Regeln indessen gelten nur für die Monate Juni und Juli; schon Ende August fand ich, daß nicht mehr dieselben Stunden die Wendepunkte der Temperatur abgaben, sondern das Steigen derselben morgens erst um 7, das Sinken abends schon um 5 Uhr begann, und so wird vermutlich jede Jahreszeit ihren eigenen Wechsel haben.

In bezug auf den jährlichen Gang der Lufttemperatur und der Witterung überhaupt kann man im August einen ziemlich bestimmten Wendepunkt erkennen. Die Hitze, welche bis zum Ende des Juli beständig im Zunehmen ist, bleibt im August wenigstens stationär und fängt dann erst an abzunehmen. Die Nachrichten, welche ich über die Witterung im allgemeinen eingezogen habe, lassen mich vermuten, daß die Abnahme der Hitze bis Ende Januar oder Anfang Februar dauere; wenigstens deutet das Wiederaufleben der Vegetation im Februar, das hervorbrechende Grün der Bergabhänge, das Blühen mancher Pflanzen und das Treiben der Bäume wohl auf einen solchen Wechsel der Temperatur hin, so wie es im August meistens durch einbrechende Gewitter geschieht. Nachdem wir in Tiflis nur ein einziges Mal einen erquickenden Regen gehabt und außerdem unter der drückendsten Dürre gelitten hatten, zog am 24. August ein weit verbreitetes Gewitter rings herauf, Blitze am Zenit und Wetterleuchten am Horizont begleiteten den fernen Donner, heftiger Regen folgte, und nach einer viertägigen Dauer dieser atmosphärischen Entladung trat die Ruhe wieder ein und mit ihr eine erfreuliche Temperatur. Im Dezember und Januar herrscht in Tiflis die Jahreszeit, die man den Winter nennen könnte, wenn einige geringe Nachtfröste, etwas Schnee von der Dauer einiger Stunden und eine Tageswärme von 5 °R über dem Gefrierpunkt dazu qualifizieren.

Auch die Beobachtung der Extreme größter und kleinster Wärme zeigt den Charakter der Gleichmäßigkeit in einem bedeutenden Grade. Ich fand vom 8. Juni bis 31. Juli unter 300 Beobachtungen, worunter viele Beobachtungen um Mitternacht, die geringste Wärme 15,7 °R, die größte 26,4 °R, und innerhalb 24 Stunden betrug der größte Wechsel gewöhnlich 3,5 °R und nie über 4,8 °R.

Geben die Beobachtungen über die Wärme von Tiflis einen hohen Grad von Regelmäßigkeit im Gange der Witterung zu erkennen, so tun dies die Barometerbeobachtungen in keinem geringeren Grade. Anfangs, da ich mit anderen Arbeiten beschäftigt war und daher nur drei- bis viermal am Tage regelmäßig beobachtete, fiel mir weiter nichts auf als die Beständigkeit, mit welcher das Barometer jedesmal von morgens um 6 Uhr bis nachmittags im Fallen begriffen war, aber später, als ich Zeit gewann, stündliche Beobachtungen anzustellen, trat das Gesetz ganz unzweideutig und mit einer auffallenden Beständigkeit hervor: daß der atmosphärische Druck im Juni und Juli ohne Unterbrechung mit ganz auffallender Stetigkeit von morgens 6 Uhr bis abends um 6 Uhr abnimmt und dann wieder ebenso regelmäßig von 6 Uhr abends bis 6 Uhr morgens zunimmt, und zwar im Durchschnitt jedesmal um 1,4 Linien.

Indessen hat die Jahreszeit und wahrscheinlich auch die Ortsbeschaffenheit auf diesen stündlichen Gang des Barometers einen wesentlichen Einfluß. Dies zeigte sich mir in Kachetien, wo ich während des Augusts im Gebirge nicht mehr die Gleichmäßigkeit wie in Tiflis, sondern eine größere Menge von Ausnahmen beobachtete und überdies noch die Wendepunkte, da wo sie sich bestimmt zu erkennen gaben, nicht mehr um 6 und 6, sondern um 7 Uhr morgens und 5 Uhr abends fand.

Da die Höhe meines Beobachtungspunktes in Tiflis über dem Meere durch mein Nivellement bestimmt ist und 1 188 Pariser Fuß beträgt, so läßt sich, wenn ein gleichmäßiger Barometerstand am Meere angenommen wird, die mittlere Barometerhöhe für Tiflis finden. Sie würde unter Annahme von 14,0 °R und 388,5 Lin. für das Meeresufer und einer allgemeinen Luftwärme von 20 °R, 324,0 Lin. betragen. Aus 332 Beobachtungen, welche ich im Juni, Juli und August daselbst angestellt habe, ergeben sich aber nur 320,5 Lin., also 3,5 Lin. weniger. Der Grund hierfür springt aber in die Augen: meine Beobachtungen sind aus der Zeit der größten Hitze; im Sommer aber steht bekanntlich überall das Barometer tiefer als im Winter, daher der gefundene Unterschied.

Nimmt man auf die unregelmäßigen Veränderungen im Barometerstande Rücksicht, so erkennt man an den ziemlich engen Grenzen, innerhalb deren sie eingeschlossen sind, wie an der Temperatur den dem Äquator genäherten Himmelsstrich. Die jedoch nur einmal beobachteten Extreme der größten und kleinsten Höhe des Barometers unter allen von mir in Tiflis gemachten Beobachtungen stehen gerade 6 Lin. auseinander, weichen also ungefähr 3 Lin. von dem Mittelstand ab.

Neben diesen Beschäftigungen war natürlich mein Augenmerk stets auf den Gang der im Gebiete von Eriwan herrschenden Pest gerichtet, und aus den ärztlichen Berichten, welche Sr. Exzellenz der Herr Kriegsgouverneur die Güte hatte, mir mitzuteilen, konnte man bald die Überzeugung gewinnen, daß diese Krankheit, ihrer Natur nach vielleicht dem gallig-nervösen Fieber am nächsten, sich nicht vermittels eines atmosphärischen Miasmas, einer verseuchten, giftigen Ausdunstung, sondern durch Ansteckung fortpflanzt. Unter solchen Umständen konnten wir hoffen, durch zweckmäßiges Verhalten der Ansteckung bei der Durchreise zu entgehen; und da sich's überdies auch aus den offiziellen Berichten ergab, daß die Krankheit in Hinsicht ihrer Heftigkeit sowohl als ihrer Verbreitung schon merklich im Abnehmen begriffen war, hätten wir uns ungestört der heiteren Aussicht auf das Ziel unserer Reise überlassen können, wenn unsere Geduld nicht noch einmal und zwar dadurch auf die Probe gestellt worden wäre, daß man uns auf die Gefahr aufmerksam machte, welche damit verknüpft sei, während der heißesten Jahreszeit, und namentlich des August, in diesen Gegenden zu reisen. Ich wurde von Personen, welchen ich ein ebenso aufrichtiges Interesse für mein Unternehmen als für meine Erhaltung zutrauen konnte, ernstlich gewarnt, mich am Ende des Juli auf die Reise zu begeben, weil die brennende Hitze des Tages, welche nachts kaum so weit abnimmt, daß man mit einiger Behaglichkeit leben kann, denjenigen, welcher sich eine längere Zeit im Freien ihrem Einfluß preisgibt, der augenscheinlichen Gefahr des hitzigen Gallenfiebers aussetzt, welches schon so viele, besonders von fremden Reisenden dahingerafft oder wenigstens auf lange Zeit der Körperkräfte beraubt hat. Wie wenig ich geneigt war, diese

Besorgnis auf mich anzuwenden, dessen Natur an die Einflüsse verschiedener Klimate gewöhnt war, so legte mir die Rücksicht auf meine Gefährten, die schon ihrer Jugend wegen der Gefahr in größerem Maße ausgesetzt sein mußten, die Verpflichtung auf, den dringenden Vorstellungen wohlwollender und unterrichteter Menschen nachzugeben und mit Ergebung den Zeitpunkt abzuwarten, welchen mir die Vorsehung zur Erreichung meines Zieles darbieten würde, fest entschlossen, wenn dieser zu weit hinausgesetzt sein sollte, um die Bereisung des Ararat nach dem entworfenen Plane bewerkstelligen zu können, alsdann mit Verzichtleistung auf wissenschaftliche Hilfsmittel und Reisegefährten allein dahin zu eilen, wohin mich's so unwiderstehlich trieb, daß auch ein bloßes Anschauen von wenigen Stunden aus der Nähe, eben, um ihn nur wirklich gesehen zu haben, den heiligen Berg, mir Befriedigung gewährt hätte.

Ausflug nach Kachetien

Herr Fedorow wünschte seine astronomischen Beobachtungen, besonders zur genauen Bestimmung der geographischen Länge von Tiflis, noch einige Wochen hindurch fortzusetzen; er konnte dieser Beschäftigung auch besser nachgehen als wir der unsrigen, weil er dazu fast nur die Nächte benutzte und der drückenden Tageshitze entgehen konnte. Wir anderen entschlossen uns zu einer Ausflucht nach der Provinz Kachetien (38), einem interessanten, anmutigen Landstrich, welcher sich zwischen der Kura und dem Gebirgskamm des Kaukasus, von der Aragwi an in südöstlicher Richtung etwa 150 Werst weit erstreckt und von zwei Flüssen, einem kleineren, Iori, und einem größeren, Alasani genannt, welche sich beide vereinigt in die Kura ergießen, der Länge nach durchströmt ist. Telawi und Signachi sind die Städte darin, und 83 Dörfer, von Obstgärten, Kornfeldern und unabsehbaren Weingärten umgeben, zeugen von der Ergiebigkeit des Bodens wie von der günstigen Beschaffenheit des Himmelsstriches. Die Hauptproduktionen bestehen in Wein, Getreide, und zwar größtenteils Weizen, etwa halb soviel Gerste und etwas Hirse und außerdem in einer namhaften Quantität

Honig und Seide. Der Wein unterliegt einer bedeutenden Ausfuhr, und es wird der Kachetiner in ganz Georgien als die bei weitem beste Weingattung gebührend und nicht selten leider ! über die Gebühr geschätzt, obgleich es keinem Zweifel unterliegt, daß die Weinfabrikation sich daselbst noch in einem sehr unvollkommenen Zustand befindet, da dem dortigen Wein der eigentliche balsamische Weinduft fast ganz abgeht und er sich in der Regel nur ein paar, selten 5 bis 6 Jahre zu halten vermag, die Angaben von zehnjährigem Kachetiner von Sachkennern aber für unecht gehalten werden. Dem sei indessen, wie ihm wolle, man trinkt jenseits des Kaukasus des Weins schon genug, um mit seiner dermaligen Beschaffenheit zufrieden zu sein. Interessanter und lehrreicher war mir die Aufbewahrungsweise des Weins in Kachetien und sämtlichen Distrikten Georgiens. Man hat dort keine Fässer, sondern füllt den Wein in Krüge und in Schläuche. Letztere bestehen aus dem umgekehrten Fell von Ziegen, Ochsen und Büffeln, die mit der Schere abgeschoren, gewaschen, mit heißem Bergteer, der sog. Naphta, eingeschmiert und an den offenen Stellen mit einem hölzernen Knopf, an den Füßen aber bloß mit einer Schnur zugebunden werden. Abgelassen wird der Wein aus einem der Füße durch einfaches Auf- und Zuschlingen der Schnur. Höchst befremdend und lächerlich ist es dem Ankömmling in den Weinbuden und auf den Gassen von Tiflis, diese mit Wein gefüllten umgekehrten Ochsen und Büffel mit ausgestreckten Füßen liegen zu sehen, aber auch höchst bequem für die Handhabung sowie besonders für den Transport sind diese Schläuche. Das gewöhnliche Maß im Detailhandel ist die Tunge, d. h. ein Krug, der gerade fünf unserer gewöhnlichen Bouteillen faßt, allenfalls verkauft man noch halbe Tungen. Ein paar Tungen Wein des Tages zu trinken, gehört in Georgien gar nicht zu den Beweisen unerhörter Unmäßigkeit. Man sollte denken, daß das Einschmieren der inwendigen behaarten Seite jener Häute mit Naphta dem Wein einen ganz fremdartigen widerlichen Geschmack geben und die Schläuche verderben müßte, allein einesteils verliert der Geschmack sich nach einigem Gebrauche des Schlauches, andernteils finden viele Liebhaber des Kachetiners, daß er gerade dadurch nicht eigentlich im Wohlgeschmack als vielmehr an Unschädlichkeit und Zuträglichkeit gewinnt.

Die andere Aufbewahrungsweise des Weins in großen Krügen wird vorzüglich auf dem Lande und besonders auf die besseren Weinsorten angewendet. Man denke sich einen fast eiförmigen Topf, unten spitzig, oben mit einer Öffnung von ½ bis 1½ Fuß im Durchmesser, mit dünnen Wänden aus feinem Lehm, sauber, einfach und regelmäßig gearbeitet, und man hat einen Begriff von dem, was der Georgier im großen Maßstab Kwäwri, im kleinen Khila nennt. Solch ein Topf wird bis an seinen oberen Rand in die Erde eingegraben. Ist der Wein hineingefüllt, so schließt man die Öffnung mit einer runden Schieferplatte und bedeckt sie mit Erde, wodurch der doppelte Zweck erreicht wird, daß der Wein nicht verdirbt und ein Unbekannter auch nicht so leicht die Stelle findet, wo er ist. Sooft geschöpft wird, macht man sich die Mühe des Abnehmens und Zulegens dieses Deckels. Ist der Krug zur Hälfte leer, wird der Wein in einen kleineren gefüllt. Diese Krüge sind von großer Dauerhaftigkeit; obgleich ohne Glasur, lassen sie doch keinen Wein hindurch, weichen auch nicht auf, sondern halten, wie man mir versichert, 20 und 30 Jahre aus. Man fertigt sie in bedeutender Größe an, gewöhnlich von 6 bis 7 Fuß Höhe und 4 Fuß Weite; wobei die Wand aber nicht über einen halben Zoll dick ist. Ein solcher wird zu 10 bis 15 Rubel Silber, in guten Weinjahren teurer verkauft. Einen der größten, vielleicht den größten Kwäwri in ganz Kachetien habe ich in Jenisseli bei dem Fürsten gesehen und ausgemessen. Er war 6⅓ Fuß weit, 8½ Fuß hoch, so daß ein Mensch, um hineinzukommen, sich der Leiter bedienen mußte. Er faßte 5 Arabá, jede 88 Tschapp, jedes Tschapp zu 4¼ Tunge; also im ganzen etwa 7 000 rigische Stoof oder kölnische Kannen oder 233 Anker.

Die Anfertigung solcher Gefäße aus Ton, so dünn ausgearbeitet, daß man nicht begreift, wie sie nicht unter der Hand zusammenfallen, und zugleich so regelmäßig und so dauerhaft, ist gewiß jedem interessant, der Gelegenheit hat, sie zu sehen, und es möchte wohl für manchen geübten Töpfer Europas eine schwierige Aufgabe sein. Eine Hauptsache ist die Zurichtung des Tons, der wohl geschlämmt, auf einer Fläche ausgebreitet und mit einer Art von hölzernem Schwerte regelmäßig durchhauen und dadurch zu einer außerordentlichen Reinheit und Gleichmäßigkeit gebracht wird. Der Töpfer formt zuerst auf einem festen, niedrigen Schemel die untere Spitze aus freier Hand, ohne Drehapparat, und fährt damit fort, solange als die Weichheit des

Tons dem Geschirr gestattet, sich zu halten. Er belegt alsdann den Rand mit frischen, feuchten Blättern, überläßt das angefangene Stück einer geringen Verdunstung der überflüssigen Feuchtigkeit und arbeitet unterdessen an anderen Töpfen weiter, deren meistens 6, 8 bis 10 Stück auf einmal in Arbeit sind. Hat der angefangene Krug einige Haltung gewonnen, so werden die Blätter abgenommen, der Arbeiter versieht den Rand durch das Andrücken seiner Finger ringsum mit Vertiefungen und formt nun aus einem länglichen Wulst frischen Lehms, der ihm auf dem Arme liegt, einen neuen Rand etwa vier Finger hoch, wobei er aber die Vorsicht beachtet, in entgegengesetzter Richtung herumzugehen. Er geht so zwei- oder dreimal herum, bis der neue Rand etwa eine Spanne hoch ist und seiner Weichheit wegen sich nicht weiter halten würde. Außer den Händen dient nur ein Brettchen zum Verstreichen und Glätten der äußeren und inneren Oberfläche. Wird der Krug schon zu hoch, so bedient sich der Arbeiter einer Bank, und weil das untere Ende sehr schmal ist, stützt man den Krug, sobald er dazu unten trokken genug ist, mit Steinen oder Holzstücken, so wie denn überhaupt außer der Scheune, in welcher die Fabrik angelegt ist, keine weitere Einrichtung und Apparate zur Anwendung kommen. Das Brennen der getrockneten Krüge geschieht paarweise in einem großen, in der Erde gemauerten Ofen auf gewöhnliche Weise, doch mit viel Geschicklichkeit.

Während so der Eingeborene seit Jahrhunderten die Schläuche und großen Tongeschirre zum Aufbewahren des Weins am passendsten findet, fertigt der deutsche Kolonist in Georgien nach deutscher Art hübsche Fässer von jedem Kaliber und gutem Holze und findet, daß der Wein sich darin reiner und besser erhält, worin er auch, wenigstens in bezug auf die Schläuche unbedingt recht hat.

Zum Trinken bedient sich der reiche Kachetier in seinem Hause wohl der Becher und Gläser, die aus großen Weinkrügen von gewöhnlicher Form gefüllt werden. Aber der alten Landessitte gemäß und auf Reisen braucht er mancherlei andere, zum Teil ganz eigentümliche Trinkgeschirre aus Ton, Holz oder Silber, von denen der sog. Kh'ula mir der auffallendste war. Er besteht aus dem Hauptteile A, meist aus einem Stück Holz gedrechselt, so groß, daß er etwa zwei Glas enthält, mit einer kleinen Öffnung bei b und einem Rohr, gleichfalls von Holz oder

Schilf, welches von c bis d federartig zugeschnitten ist. Man füllt durch dieses Rohr den Wein ins Gefäß, und um zu trinken setzt man das äußere Ende d an die Lippe während b zugehalten wird, so muß sich die Luft bei c hineinziehen, und der Wein kann nicht anders als sprudelnd in den Mund fließen, worin die rechten Trinker einen ganz besonderen Genuß erkennen. Zu gleichem Zwecke dient, obschon mit ganz anderer Einrichtung, ein Geschirr aus glasierter Tonerde nach folgender Gestalt: an der Mündung bei a mit einer kleinen Ausbuchtung zum Ansatz an die Lippen, den Hals gefurcht und gedreht, und was die Hauptsache ist, bei b mit einer Scheidewand, in welcher sich vier Löcher befinden, durch welche die Luft hinein, der Wein aber wie bei dem vorigen schülpernd oder wie man dort sagte, mit Musik herausfließt.

Die Ackergerätschaften der Kachetier sind denen der übrigen Georgier sehr ähnlich. Im allgemeinen haben sie einen leichteren und einen schweren Pflug. Der erstere, ein sog. Stührer, besteht aus einer horizontalen Pflugschar mit eiserner Spitze, einer einfachen Handhabe, einem bogenförmig gekrümmten starken Holz, woran das Seil der Zugtiere gebunden ist, und dem in das Holz eingesetzten eisernen Messer. Mit diesem wie nach einem und demselben Muster gemacht ist der Pflug, welchen man auch in der Gegend von Lyon und weiter im südlichen Frankreich sieht. Die Übereinstimmung geht so weit, daß ich vorstehende Zeichnung eben sowohl aus meinem Tagebuche von 1817 über meine Reise durch Frankreich als aus dem von 1829 hätte entnehmen können.

Der größte Pflug der Georgier hat gleichfalls eine horizontale

Pflugschar, eine ähnliche Handhabe und das Messer wie der vorige Pflug, aber die Verbindung der Teile ist, wie die Abb. zeigt, eine ganz andere, und außerdem hat er noch Wurfbrett und Räder. Das Wurfbrett ist höchst einfach, ein bloßes Brett ohne Krümmung, fast zwei Fuß breit, mit einem schmalen Ausschnitte zur besonderen Handhabe, die der Pflüger mit der Rechten faßt, während er mit der Linken die des Pfluges selbst hält. Die Achse der Räder ist wohl sechs Fuß lang und trägt auf einer Seite ein größeres Rad, welches in der zuletzt gezogenen Furche geht, auf der anderen Seite ein viel kleineres, öfters nur zehn Zoll im Durchmesser, aus einem Stück Holz gehauen, welches auf dem umgeackerten Lande läuft. Das eiserne Ende der Pflugschar ist sehr breit und auf der linken Seite gerade, auf der rechten gekrümmt. Der Gang dieses sehr schwerfälligen Pfluges ist unregelmäßig, weil das kleinere Rad durch die Unebenheiten des Bodens viele Ablenkungen des ganzen Pfluges veranlaßt, der deshalb auch schwer zu regieren ist. In etwas schwerem Boden braucht er acht und selbst neun Paar Ochsen oder Büffel mit mehreren Treibern.

Originell ist die in Georgien gebräuchliche Egge, ein breiter, flacher Besen, aus starkem Reisig gebunden, mit gestutzten Ästen. Das dickere Ende der Reiser ist vorn an ein auf der langen Kante stehendes Brett von etwa acht Fuß Länge befestigt,

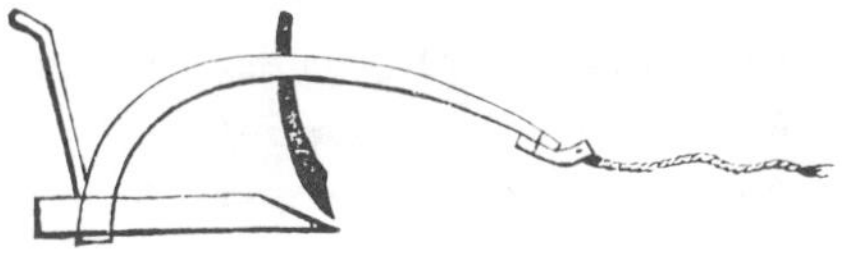

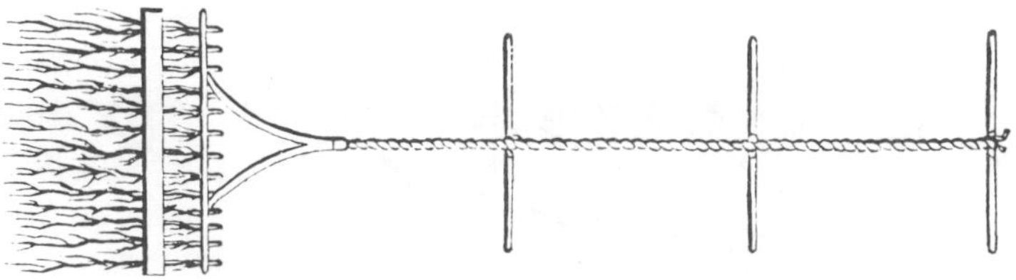

von welchem auch eine Art von Gabel ausgeht, an welche ein langes, starkes Seil gebunden ist, mit Querstangen oder Jochen zum Anspannen der Ochsen oder Büffel, deren öfter bis fünf Paar gebraucht werden. Auf dem vorderen Teil jenes flachen Besens ist noch ein Brett quer befestigt, auf dieses stellt sich der Arbeiter, während eine Anzahl Treiber neben den Zugtieren geht. Die trockenen Schollen werden auf solche Weise recht gut zerdrückt und zerstückelt, aber es geht mit der Arbeit langsam vorwärts.

Ganz eigentümlich benehmen sich auch die Kachetier und die Georgier überhaupt beim Ernten und Aufbewahren des Getreides, worunter größtenteils Weizen, Gerste und nur eine kleine Quantität Hirse zu verstehen ist. Hafer für die Pferde wird dort nirgends gebaut; man füttert die Pferde ganz einfach statt dessen mit Gerste, und selbst die deutschen Kolonisten in Georgien folgen dieser Sitte, indem sie finden, daß Hafer dort weniger ergiebig ist und Gerste den Pferden ebenso gut bekommt.

Der Weizen wird auf dem Felde mit einer großen Sichel eine Hand bis eine Spanne weit unter den Ähren abgeschnitten, so daß das lange Stroh auf dem Felde stehenbleibt, um zur Verbesserung des Bodens verbrannt zu werden, die einzige Kultur, welche man den Kornfeldern hier zukommen läßt; denn um die Felder brach liegenzulassen, fehlt es doch an Land, und von dem Bau der Futterkräuter versteht man dort so wenig, daß es in diesem ergiebigen Lande und Klima den Pferden im Winter oft an Heu fehlt. Der abgeschnittene Weizen wird auf ein geebnetes Stück lehmigen Erdbodens von etwa 20 bis 30 Schritt im Durchmesser geschüttet und dort statt des Dreschens auf folgende Weise behandelt. Man hat ein Brett aus einem Stücke harten Holzes sechs Fuß lang, zweieinviertel Fuß an einem Ende breit, am anderen zugespitzt, wie die Abbildung von oben (a) und von unten (b) zeigt, etwa zwei Zoll dick und mit der zugespitzten Hälfte aufwärts gebogen (c). Der größte Teil der unteren Fläche

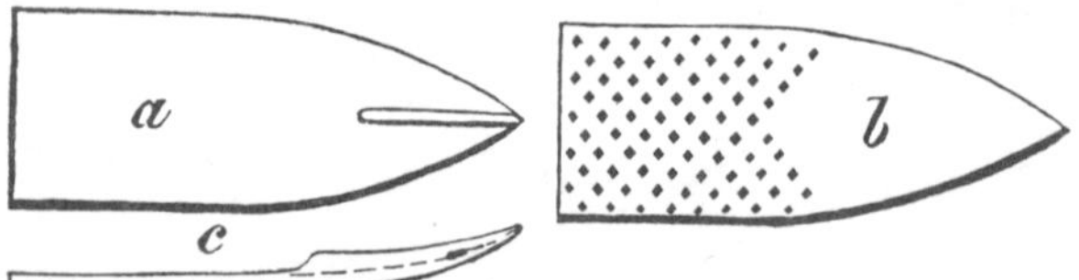

ist mit regelmäßig verteilten rautenförmigen Löchern versehen, in deren jedes ein scharfeckiges Stückchen sehr harten, schwarzen Kalksteins oder auch halb verglasten Ziegelsteins hineingeschlagen ist, wodurch diese Fläche einer Feile von sehr grober Beschaffenheit gleichkommt. Die Oberseite hat von der Spitze aus eine Rippe (a, c), mit dem ganzen Brett aus einem Stück, und diese ist mit einer Öffnung versehen zum Durchziehen eines starken ledernen Strickes oder einer gedrehten Weide, woran zwei Ochsen oder Büffel gespannt werden. Ein solcher Apparat heißt auf georgisch Kh'äwri. Der Arbeiter stellt sich darauf und treibt nun die Tiere samt dem Brett und sich selbst auf dem Korn in krummen Linien umher. Meistens sind dergleichen Dreschfahrzeuge mehrere, bis fünf auf einmal in Bewegung. Sie weichen sich recht geschickt aus, obgleich die Tiere ohne Leine, bloß mit dem langen Stocke und durch Zurufen regiert werden. Der Bauer hat oft sein Söhnchen zur Unterhaltung auf dieser Fahrt bei sich, und die Bäuerin beschäftigt sich dabei nicht selten mit Stricken. Durch diese Operation, die etwa einen halben Tag dauert, werden die Körner aus den Ähren befreit, und zugleich wird das kurze Stroh in kleine Stücke zerrissen und ganz weich gerieben. Das Brett muß dabei sehr heiß werden, obgleich das Fahren im Schritt geschieht; denn die gebrauchten Kh'äwri sind auf der unteren Seite ganz braun und selbst schwarz angekohlt (39).

Ist diese Arbeit fertig, so schaufelt man alles in einem Haufen zusammen; dann wird die Tenne gefegt und die Wurfschaufel genommen, um den Weizen von der Spreu zu scheiden. Mit Kraft wird aus vielen großen Schaufeln das Gemenge hoch hinauf geschleudert, wo die Körner wie ein reicher Segen von der Höhe herabströmen, die Spreu aber gleich einer leichten Wolke vom Winde hinweggeführt wird. Das reinste und beste Korn hebt man in großen wollenen Säcken im Wohnhaus auf, das übrige kommt in die eigentlichen Kornmagazine, welche zuckerhutförmig in die Erde gegraben, öfters ausgemauert und mit Kalk beworfen sind. Der Boden, der etwa 6 Fuß im Durchmesser hat, wird mit einer Schicht grober Spreu bedeckt, die Wand mit frischem Farnkraut belegt und nun das Korn unmittelbar von den Frachtwagen hineingeschüttet. Die Grube ist etwa 8 Fuß hoch; wenn sie beinahe voll ist, bedeckt man sie mit Farnkraut und zuletzt mit einigen dicken Brettern über der zwei bis drei Fuß weiten Öffnung, worauf das ganze durch Erde dem übrigen Boden gleich und für den Fremden unkenntlich gemacht wird, so daß man darüber weggehen und fahren kann, was diese Magazine, die meist im offenen Hofraume angelegt sind, auch vor Diebstahl sichert, obgleich damit immerhin noch sehr viel Vertrauen auf die Redlichkeit der Menschen bewiesen wird. Aber Diebstahl ist ein Laster, das dem Georgier nicht vorgeworfen werden kann und ihm wie dem Armenier fremder ist als vielleicht irgend einer Nation Europas.

Bei dem Säubern des Getreides mit der Wurfschaufel und dem Siebe scheiden sich die harten, leeren Ähren von dem zermalmten kurzen Stroh; beide werden getrennt eingesammelt und erstere unter dem Namen Dschelgi als Streu gebraucht, letzteres aber, Bsä genannt, oft ohne alle Zutat von Gerste für Pferde und Hornvieh als ein sehr geschätztes, allgemein gebräuchliches und zugleich sehr wohlfeiles Futter verwendet, welches jedenfalls wegen seiner außerordentlichen Weichheit vor dem harten Häcksel einen großen Vorzug hat.

Die Ernte an Weizen beträgt trotz der mangelhaften Bodenkultur in der Regel das Zehnfache der Aussaat. Auch in der Bereitung des Brotes aus dem Weizen, zeigt sich's in einem auffallenden Grade, wieviel in diesem Lande selbst der gewöhnlichsten Industrie zu leisten noch übrig ist. Ich kann es nur dem Mangel an ordentlichen Mahlmühlen und gehörigen Beuteleinrichtungen zuschreiben, daß man in ganz Georgien trotz seines Reichtums an dem herrlichsten Weizen noch kein weiches feines Weizenbrot zu bereiten imstande ist. Das gewöhnliche Brot ist ganz von der Farbe und dem Aussehen unseres schlechteren Roggenbrotes, bei dem Landmann oft so schwarz und unrein als das gröbste Schwarzbrot aus ungebeuteltem Roggenmehl, und würde, wenn man es nicht schon wüßte, gewiß nie für Weizenbrot erkannt werden. Daher geschieht, was nach der Produktivität des Landes und seiner Entlegenheit von dem übrigen Europa fast unbegreiflich erscheinen müßte, eine bedeutende Einfuhr von Mehl aus Rußland und namentlich von einer großen Quantität gewöhnlichen, aber guten Roggenmehls durch die Häfen des Schwarzen Meeres für die Truppen, teils aber auch von feinem Weizenmehl für die in Tiflis wohnenden wohlhabenden Russen und Ausländer, um derentwillen sich daselbst auch ein paar französische Bäcker und mehrere deutsche Kolonisten mit dem Backen von ganz feinem Brote aus solchem Mehl beschäftigen. Auch Pfefferkuchen, Biskuit und anderes Backwerk, selbst fertige Zwiebacke werden aus Sarepta (39) über das Gebirge nach Tiflis zum Verkauf gebracht.

Mit unseren Exkursionen im Gebirge sah es sehr schlimm aus. Der General, Fürst Alexander Tschewtschewadse, ausgezeichnet durch seine Kriegstaten, seine feine europäische Bildung, die Liebe und das Ansehen, in welchem er überall steht, hat mich in Tiflis persönlich zu diesem Besuche in Kachetien veranlaßt und als Militärchef der ganzen Provinz mir seine Hilfe zugesagt. Allein bei den rohen Gebirgsbewohnern ändern sich ihre Verhältnisse zu den russischen Untertanen oft in ein paar Tagen so, daß, wenn es ihnen einfällt, die Feindseligkeiten ausbrechen und nun an der Grenze niemand mehr auf ein paar hundert Schritt von den Dörfern seines Lebens sicher ist. So war es auch gerade in der Zeit unserer Ankunft in Kachetien geschehen. Auf einige falsche, vielleicht absichtlich ausgestreute Gerüchte von Nachteilen, welche die russischen Truppen gegen die türkischen erlitten haben sollten, hatten die Lesghi (40) oder eigentlich Leghi, wie sie sich selbst nennen, sich zu einem Raubzuge gegen die Grenzdörfer aufgemacht.

Auf den Rat und die freundliche Empfehlung des Kreishauptmanns in Telawi, Herrn Otschkin, begaben wir uns nach Jenisseli, einem Dorfe jenseits der Alasani, hart am Fuße des kaukasischen Gebirges, wo der Fürst Iwan Dsiordschadse lebt, auf dessen zuvorkommende Aufforderung wir einwilligten, bei ihm den günstigen Zeitpunkt zu einer Ausflucht ins Gebirge abzuwarten. Diese Zeit wäre uns wegen Beschränkung unserer Tätigkeit sehr langweilig geworden, wenn der würdige Greis, der uns gastfreundlich bewirtete, durch seine liebenswürdige Persönlichkeit uns nicht dafür schadlos gehalten hätte. Wir lernten in ihm einen Mann kennen, der ohne Schulbildung und ohne öffentliche Laufbahn, aber von Achtung und Sinn für alles Gute und Nützliche durchdrungen, jedem Gebildeten Achtung und Zuneigung abgewinnen wird. Sein jetziges Leben besteht in dem Betreiben seiner Landwirtschaft und der Sorge für die Erziehung seiner zwei Söhne. Den Belehrungen dieses zuverlässigen und erfahrenen echten Kachetiers von edlem Schlage verdanke ich fast alles, was ich außer der eigenen Beobachtung über diese Gegend Sicheres weiß und mitgeteilt habe.

Endlich, am 16. August, konnten wir uns zu einem kurzen Besuch ins Gebirge aufmachen, erhielten aber dazu vom Fürsten Tschewtschewadse eine Bedeckung von 120 Mann Infanterie nebst 200 bewaffneten Georgiern unter Anführung des Fürsten Dsiordschadse, welcher eine rechte Freude daran hatte, uns zu begleiten und erforderlichenfalls an den unruhigen Nachbarn Vergeltung zu üben. Man kann sich aber denken, wie mangelhaft unter so schwerfälligem Zuge, von welchem man sich nicht um zwanzig Schritt entfernen durfte, unsere naturhistorischen Untersuchungen ausfallen mußten.

An den Dörfern Almati und Sabué vorbei folgten wir dem Flüßchen Insoba durch herrliche Wälder von Nußbäumen, Eichen, Eschen, Ahorn, Buchen und anderen hochstämmigen Bäumen, denen sich erst höher hinauf, vermutlich weil es im Tale zu warm ist, die freundliche Birke, die Zierde des Nordens, gesellt. Eine reiche, üppige Flora von Kräutern schmückt den Schatten dieser Wälder und bildet zwischen den mächtigen Baumstämmen gleichsam einen Wald zweiter Ordnung, der nicht selten hoch genug ist, um einem Manne zu Pferde bis über den Kopf zu ragen. Darunter sah ich prachtvolle weiße Glocken, mannshohe Farnkräuter, den weit und breit alles durchschlingenden Brombeerstrauch, eine Dolde mit armdickem Stengel und Blättern von 2½ Fuß im Durchmesser, die man als Sonnen- und Regenschirme über den Kopf deckt. In einer solchen Gegend, 4350 Fuß (1415 m) hoch über dem Meere, hielten wir bei fröhlichen Feuern ein militärisches Nachtlager und erreichten des anderen Tages bald die Grenze der Baumvegetation in einer Höhe von 7314 Fuß (2375 m) über dem Meere (41), bis wohin keine anderen Bäume mehr fortkommen können als Buchen und zuletzt nur noch Birken, die beide da, wo sie aufhören, zwar noch einen regelmäßigen geraden Wuchs haben, aber nur etwa 15 Fuß hoch sind. Sobald wir auf dem schmalen, nur für einen Mann breiten Fußpfad die Waldregion durchzogen und ein freieres Gesichtsfeld erlangt hatten, zerstreuten wir uns nach mehreren Seiten, um an den ziemlich steilen, felsigen Gehängen den Bergrücken Kodori zu erreichen, welcher schon den eigentlichen Wasserscheider des Kaukasus an dieser Stelle zu bilden scheint, denn nördlich fließen die Bäche und namentlich auch westlich der Urzkh-ali, an welchem das Hauptraubdorf der Lesghi, namens Dido, liegt, alle dem Terek zu, obgleich jener

Bergrücken weit entfernt ist, der höchste in der Gegend zu sein. Als solchen hatten wir im Gegenteil den kegelförmigen, schon aus der Ferne kenntlichen Berg Sakoris-tzweri, d. i. Falkenhöhe, nahe vor uns. Wir Gäste, begleitet vom alten Fürsten, machten uns auf dem fein schiefrigen Abhange zu dem Gipfel hinan, den wir in 2½ Stunden erreichten. Er liegt 9450 Fuß (3070 m) über dem Meere. Wir fanden ihn gänzlich frei von Schnee, und ebensowenig konnten wir andere Schneeberge oder überhaupt nur höhere Berge in der Nähe entdecken; denn leider verhüllte eine in Nord sich zu Wolken erhebende weit verbreitete Nebelmasse uns bald die Aussicht in die Ferne. Deutlich konnten wir in die von Lesghiern reich bewohnten und bebauten Täler hinabsehen, gewahrten aber nirgends die Gegenwart von Menschen. Die ganze Gegend hat wegen des völligen Mangels an Baumvegetation etwas sehr Ödes; doch bieten die flacheren Berge noch frische Grasvegetation dar, und an dem trockenen Kegel des Sakoris-tzweri ziehen sich bis zu seinem Gipfel hinauf noch Färber-Hundskamille (Anthemis tinctoria), Steinbrech-Glockenblume (Campanula saxifraga), eine Dolde und Echtes Berufskraut (Erigeron acer), alle mit sehr niedrigen Stengeln, kleinen Blättern, aber verhältnismäßig sehr großen Blüten.

Die erwähnten Nebel hatten sich in Zeit von einer Stunde aus den nördlichen Tälern des Kaukasus über die Gipfel der Berge erhoben und zu Regenwolken gebildet, aus denen uns beim Herabsteigen ein ganz unerwarteter, heftiger, alles durchnetzender Regenguß zuteil ward. Sobald wir wieder alle beisammen waren, machten wir uns auf den Rückweg, hatten uns noch während desselben eines heiteren Wetters und der Austrocknung unserer Kleider zu erfreuen und erreichten desselben Abends Jenisseli, wo unser gefälliger Wirt uns mit einer warmen Mahlzeit und gutem Wein erquickte.

Zwei Tage darauf verließen wir diesen freundlichen Ort und begaben uns auf den Rückweg nach Tiflis. Wir waren von dieser Stadt mit drei gekauften Reitpferden und einem dreispännigen deutschen Bauernwagen aus dem württembergisch-badischen Koloniedorf Marienfeld ausgezogen, hatten aber viel Beschwerden empfunden, mit letzterem über das rauhe Felsengebirge zwischen Gambori und Telawi zu kommen, daher wir auf dem Rückwege lieber noch einige Reit- und Packpferde zu zwei Kopeken auf die Werst mieteten, mit denen wir ungleich leichter und viel wohlfeiler fortkamen; von Gambori bis Tiflis aber ging es auf dem ebenen Wege wieder mit dem Fuhrwerk, das wir vorfanden, rascher und angenehmer.

Ich habe nicht unterlassen, während dieser Reise in einem so wenig bekannten Landstrich Höhenbestimmungen mittels des Barometers zu machen. Sie waren mir indessen nicht eine Hauptsache; daher begnügte ich mich mit einzelnen Beobachtungen meines Barometers, unter der Voraussetzung eines sich gleichbleibenden Barometerstandes in Tiflis, nach dem Mittel, welches sich aus meinen zahlreichen vorangegangenen Beobachtungen daselbst ergab. Die horizontale Entfernung von Tiflis ging freilich für einige Punkte bis 70 Werst. Die Rechnung ist übrigens so wie bei allen diesen Rechnungen gemacht worden, und die Höhen gegen Tiflis beziehen sich auf die Kurabrücke, welche 183,5 Toisen über dem Meere liegt (42).

Reise von Tiflis nach Etschmiadsin

Am 1. September abends verließen wir Tiflis, also gerade 5 Monate nach unserer Abreise aus Dorpat und nach Ablauf von der Hälfte der zu dem ganzen Unternehmen bestimmten Zeit. Die Entfernung von Tiflis bis zum Fuße des Ararat, d. h. bis zum Dorfe Arguri, welches schon an seinem nordöstlichen Abhange liegt, kann man, die Bergabhänge und Krümmungen des Weges mitgerechnet, auf 280 Werst festsetzen, nämlich 230 bis Etschmiadsin und 50 Werst von da bis Arguri. Obgleich diese Annahme sich auf keine unmittelbare Messung gründet, so halte ich sie doch für ziemlich genau, weil ich, bei unserer dortigen Art zu reisen, mit Sicherheit im Durchschnitt 4½ Werst auf die Stunde rechnen kann und ich mir auf der Hin- und Rückreise überall die Zeit der Ankunft und des Abganges genau angemerkt hatte, beide Male aber das Resultat nur um 6 Werst differierte (43).

Auf diesem Wege befinden sich zwar regelmäßig Poststationen in den gewöhnlichen Entfernungen voneinander und von

Kosaken besetzt; allein für das Fortkommen von Reisenden bieten sich nur Reit- und Packpferde dar. Erst bei unserer Rückkehr fing man an, hie und da sog. Teleggen oder Postkarren zu halten, zu welchen man von den Bauern für ein gewisses Postgeld die Pferde erhält, die sich aber im Anspann noch gar nicht zu benehmen wußten und gern an jedem Bergabhange durchgegangen wären. Um der Sicherheit unserer Apparate willen und weil des Gepäcks auch für die häusliche Einrichtung am Ararat ziemlich viel war, mieteten wir für 450 Rubel (Papierrubel) zwei russische Fuhrleute mit ihren Fuhrwagen, jeden zu drei Pferden, bloß um unsere Sachen und zwei von uns Reisenden bis an Ort und Stelle zu bringen. Für die drei anderen Reisenden waren in Tiflis Reitpferde gekauft worden zu 20 bis 25 Silberrubel das Stück (44).

Diese zweite Maßregel hatte ich aber viel Ursache zu bereuen, denn nach der außerordentlichen Hitze und Dürre des Sommers war das Gras und Heu am Ararat eine wahre Rarität geworden und verursachte unserem Feldjäger, welcher das Quartiermeisteramt auf unserem Zuge übernommen hatte, viele Mühe.

Ich benutzte diese Reise zu einem stationsmäßigen barometrischen Nivellement von Tiflis bis zum Ararat, damit, wenn es uns geglückt sein würde, die Höhe des Berges über seinem Fuße genau zu messen, wir nur noch nötig hätten, gleichfalls von Tiflis bis zum Meere zu nivellieren, um die Höhe des Ararat über letzterem so genau zu erhalten, als es nach dem jetzigen Stande der Wissenschaft möglich ist. Ich kann im voraus bemerken, daß uns dieses Vorhaben vollkommen gelungen ist, indem Herr von Behaghel es übernahm, auf der ganzen Strecke, stets eine Station weit von mir zu den verabredeten Stunden die gleichzeitigen Beobachtungen anzustellen, was nur dadurch ohne namhaften Zeitverlust möglich wurde, daß derjenige von uns, welcher voraus reiste, dem Nachfolgenden auf jeder Station ein Billett mit der Anzeige zurückließ, wann er auf der nächsten Station eintreffen und beobachten zu können hoffe.

Von Tiflis aus führte der Weg über eine Ebene, etwa 600 Fuß hoch über der Kura, in das Tal der Chrami, eines seichten, aber breiten Nebenflusses der Kura, mit den Überresten einer Brücke aus alter, jedoch noch unbestimmter Zeit; und von diesem Punkte, welcher schon tiefer liegt als die Kura bei Tiflis, steigt der Weg dann stetig gegen den kegelförmigen Berg Alawerdi hinan, auf dessen Südseite das Dorf Alawerdi und eine von Griechen gepachtete Kupfermine sich befinden. Bis 50 Werst von Tiflis findet man den Boden ziemlich bebaut, vorzüglich mit Wein; weiter hinauf, wo die Hitze der Ebene nachläßt und der Boden mehr Feuchtigkeit gewinnt, tritt die Baumvegetation auf, aber nur allmählich von der Strauchform zum vollen Wuchse sich erhebend, ungefähr so, nur umgekehrt, wie man auf hohen Bergen der Kälte wegen mit der Erhebung die Bäume an Größe und Stärke allmählich verlieren sieht. Achtzig Werst von Tiflis passiert man den ersten namhaften Bergrücken, welcher in der Nähe des Alawerdi sich unter dem tatarischen Namen Agsböük hinzieht und an der Stelle, wo der Weg über seinen Felskamm geführt ist, 5459 Pariser Fuß (1775 m) Höhe über dem Meere hat. Der südliche Abhang dieses Bergrückens soll von einer ganz ausnehmenden Fruchtbarkeit und einem äußerst gesunden, milden Klima sein; besonders ist in dieser Hinsicht die Gegend bekannt, welche Lori heißt und in früheren Zeiten namentlich von den Armeniern mit Dörfern, Klöstern und Burgen reichlich besetzt war; auch noch in den letzten russisch-persischen Kriegen dem armenischen Patriarchen für einige Zeit einen Zufluchtsort darbot.

Der Weg senkt sich jedoch von der Höhe des Agsböük in dieses Tal herab, nur um sich gleich wieder und noch stärker zu erheben, indem er über einen zweiten Bergrücken, den Besobdal, 6268 Pariser Fuß (2040 m) hoch in ein tiefes, kühles, stark bewaldetes Gebirgstal und hierauf durch eine offene Gegend, worin die Dörfer Kischliak und Hammamlüh (45), führt, aus welcher er seine Richtung über den dritten und höchsten Bergkamm, den Pambak, nimmt, einen Ausläufer des Saganlug zwischen Erzerum und Kars. Obgleich die Höhe, welche hier erstiegen werden muß, 7355 Pariser Fuß (2400 m) beträgt, so ist dieser Übergang wenigstens auf dem gutgebahnten Fahrwege (der Reitweg führt näher, aber auch steiler) doch bedeutend leichter als der über die beiden vorigen Gebirgskämme.

Etwa 12 Werst von der Höhe des Pambak gerechnet, fanden wir eine temporäre Quarantäne zum Schutz gegen die Verbreitung der morgenländischen Pest angelegt, welche in der Provinz Eriwan herrschte. Uns, die wir aus der gesunden Gegend in die behaftete gingen, verursachte diese Anstalt keinen Aufenthalt, sondern bot uns im Gegenteil zur Nacht ein willkommenes Quarantänezelt dar und eine freundliche Aufnahme bei den Vorgesetzten. Die Gegend, in der wir uns hier befanden, heißt Basch-Abaran auf tatarisch oder Abaranpol bei den Russen; sie grenzt gegen Norden an den Fuß des Pambak, welcher sich als ein ansehnlicher Bergrücken zwischen der Kura und dem Araxes in südöstlicher Richtung hinzieht.

Im Westen von Abaranpol steht ein steiler, hoher, zackiger Felskamm, ziemlich isoliert, aber doch mit dem Pambak in naher Verbindung: es ist der in der ganzen Gegend bekannte und ausgezeichnete Berg Aragaz (46), welcher nach Herrn Fedorows trigonometrischer Messung 10148 Pariser Fuß über der Ebene des Araxes hervorragt und nach unserem barometrischen Nivellement von dieser Ebene bis zum Schwarzen Meer über dem Wasserspiegel des letzteren 12871 Fuß (4180 m) hoch ist. Er trägt an seiner Nordseite ständigen Schnee auf namhaften Flächen, und auch an der Südseite sah ich noch im August kleinere mit Schnee bedeckte Stellen, von denen man sagte, daß sich auf ihnen der Schnee immer erhielte. In größerer Entfernung endlich sieht man aus Basch-Abaran gegen Süden, wenn der Himmel heiter ist, zum ersten Mal auf diesem Wege den Ararat. Ich glaubte schon beim Herabsteigen vom Pambak ihn sehen zu müssen und harrte mit Ungeduld dieses entzückenden Anblik-

Das Felsenkloster von Khiegart im hohen Agmangan, dem Ararat gegenüber (Abich)

kes; aber die hohe Masse des Alagöz deckt hier den Gesichtskreis, sonst müßte das erste Erscheinen des Ararat und seiner Umgebung von dieser Höhe ein herrliches Gemälde abgeben. Uns ward der Genuß seines Anblickes aus der Tiefe noch durch dichtes Gewölk geschmälert, welches den Berg besonders von der Ostseite her umzog; doch war ich erstaunt, seinen nordwestlichen Abhang viel weniger steil zu finden, als er von Reisenden beschrieben und abgebildet wird, so daß ich wenigstens in dieser Hinsicht die Meinung von der Unersteiglichkeit des Berges sogleich unbegründet finden mußte und die Hoffnung auf die Erreichung seines Gipfels meinen Gefährten nicht vorenthalten konnte.

In paralleler Richtung mit dem Flusse Abaran (47), welcher zu seinem Bette bloß einen senkrechten Riß in die vulkanische Felsdecke der nach ihm benannten Gegend hat, begaben wir uns auf den Weg nach Etschmiadsin; mußten dabei aber alle Dörfer wegen der Pest, die in denselben geherrscht hatte oder noch herrschen mochte, zu berühren vermeiden und brachten daher unsere nächste Nacht unter freiem Himmel zu, dem Alagöz gegenüber am südwestlichen Fuße eines isolierten Berges, durch unser Zelt gegen den Regen, der in der Nacht fiel, geschützt und durch die warme Abendmahlzeit gestärkt, die wir uns aus den mitgebrachten Vorräten nebst einigem von Herrn Schiemann geschossenen Geflügel bereiteten; zum Feuer aber mußte das Holz teils aus einem kleinen mitgebrachten Vorrate genommen, teils aus den Schluchten des Abaran sehr mühsam zusammengesucht werden, weil die ganze Gegend waldlos und öde ist.

Die hüglige Fläche, welche wir durchzogen, ist nur in der Nähe des Karpitschai (so heißt hier tatarisch der Abaran) bebaut und zeigt in der Ferne alte Burgen, Dörfer und armenische Klöster; aus ihr gelangten wir in das eigentliche Tal des Araxes, eine 30 bis 40 Werst breite, wenig bebaute Ebene (48), welche von einigen armenischen und tatarischen Dörfern, besonders aber von Klöstern der armenischen Geistlichkeit belebt ist, zu denen auch das berühmte Kloster Etschmiadsin mit seinen Nebenklöstern und Dörfern gehört, der Sitz des Patriarchen, des heiligen Synods und der ganzen hohen Geistlichkeit armenischer Konfession, der Mittelpunkt, von welchem die Strahlen dieses Glaubens ausgehen und welchem wieder aus allen Punkten der Erde, wohin er sich verbreitet hat, die Früchte der Dankbarkeit und der Verehrung in solchem Maße zuströmen, daß der Reichtum und der Glanz dieses obersten bischöflichen Sitzes dem des päpstlichen Stuhles zu Rom gegenüber wohl in Ehren bestehen möchte, wenn die Machthaber Persiens sich diese Fundgrube nicht von jeher zunutze gemacht hätten, um teils regelmäßige, teils von Umständen und Laune eingegebene Erpressungen zu machen, welche man sich gefallen ließ, vielleicht weil dadurch dem armenischen Glauben Duldung neben dem Islam verschafft und ein bei weitem besseres Los bereitet wurde, als er in den türkischen Provinzen Kleinasiens hat, wo die Armenier in der Ausübung ihrer Religion mancherlei Beschränkungen und Hindernisse erleiden, von denen sie unter persischer Oberherrschaft befreit sind, und die so weit gehen, daß selbst der Laie, um Anstoß zu vermeiden, sich in Kleidung und Lebensweise, soviel er kann, nach türkischem Gesetz und Brauche richtet. Davon war ich einmal Zeuge, als ich zu meiner großen Verwunderung eines Tages in Etschmiadsin Männer zum Besuche erscheinen sah, die durch die Art und den Reichtum ihrer ganzen Tracht, vom Turban bis zur Fußbekleidung, vornehme Türken beurkundeten, die aber Armenier waren, soviel ich mich erinnere aus Bayazid. In Bayazid, Erzerum und anderen türkischen Städten sollen die christlichen Kirchen ohne Türme und Glocken sein, und das Verbot des Koran gegen den Genuß des Schweinefleisches ist unter den Armeniern mit solcher Strenge ausgeübt worden, daß unter ihnen der Gebrauch dieses nützlichen Tieres überall verbannt ist. Die Perser sind darin toleranter: In Etschmiadsin durften stets einige dieser Tiere gehalten, aber nicht aus den Ringmauern des Klosters gelassen werden; in Eriwan, den Dörfern und Klöstern der persischen Provinzen durften die Armenier ordentliche Kirchen, kirchliche Prozessionen und kirchliche Tracht haben. Es ist merkwürdig, daß schon der Reisende Tavernier vor 175 Jahren diesen auffallenden Unterschied der beiden Hauptsekten des Islams, des türkischen Omar und des persischen Ali, in ihrem Verhalten zum Christentum gerade auf diese Weise beobachtete, wie man ihn jetzt noch findet.

Zufolge unseres genauen, stationsmäßigen barometrischen Nivellements liegt Etschmiadsin 2867 Pariser Fuß (49) über dem Schwarzen Meer, in dem großen Tale, welches dadurch gebildet ist, daß das Taurusgebirge Kleinasiens in der Gegend von Erzerum sich in zwei parallele Arme, einen nördlichen und einen südlichen, spaltet. Jener zieht sich von Erzerum unter dem Namen Saganlug in einem großen Bogen um Kars, bildet eine mächtige Scheidewand zwischen der Kura und dem Araxes und verliert sich in den Ebenen von Karabach. Er enthält das früher erwähnte Pambakgebirge, den hohen zackigen Alagöz und wahrscheinlich noch andere, sehr bedeutende Bergrücken, denn um die Mitte Oktober, da noch kein Schnee in den Gebirgen gefallen war, sah ich aus der Ebene vor dem Ararat einen entfernten Bergrücken ununterbrochen von 83½ bis 87° WNW mit einer Schneemasse bedeckt, die nur einem Teil des Saganlug von außerordentlicher Höhe angehören konnte. Der südliche Arm des Taurus, welcher eigentlich die Quellen des Araxes enthält, scheidet diesen Fluß von dem in entgegengesetzter Richtung fließenden Euphrat und schließt nach einer kurzen Unterbrechung mit dem Ararat (50).

Einige hundert Schritt nördlich von Etschmiadsin liegt gleich ein sehr großes armenisches Dorf, eigentlich Wagarschapat (51), oft aber auch Etschmiadsin genannt, worin etwa 500 Familien wohnen. Nicht viel weiter gegen den Ararat hin befindet sich das Kloster der heiligen Gajaneh und eine bis zwei Werst auf

Die Gajanehkathedrale in Etschmiadsin (Lynch)

dem Wege nach Eriwan das kleine, aber recht hübsche Kloster Schogakat und das der heiligen Ripsime. In einer Entfernung von etwa 20 Werst gegen Ost befindet sich Eriwan, und noch weiter liegen viele Dörfer und Klöster, unter welchem Chorwirab, das des heiligen Gregor, das angesehenste ist.

Der Große Ararat liegt 50 Werst von Etschmiadsin, und gerade gegen Süden zwischen beiden, etwa 15 Werst südlich von Etschmiadsin zieht sich der Araxes mit ziemlich raschem Laufe in einem Bette von Tonschiefer und Kalkgerölle dahin, einen Steinwurf breit und an mehreren Stellen so seicht, daß man ohne Gefahr durchreiten kann. Er sollte hier den früher erwähnten Abaran oder Karpitschai aufnehmen, was auch die Landkarten so angeben und ich nicht anders vermutete; statt dessen aber fehlt diesem Fluß eine eigentliche Mündung, denn er verliert sich durch eine Menge Kanäle, welche man zur Wässerung des Bodens und zum Nutzen der Bewohner von ihm abgeleitet hat, so daß sein eigentliches Bette meist trocken liegt und er, sozusagen, verbraucht ist, ehe er zu seiner Mündung kommt. Dies erfuhr ich erst, nachdem ich die Gegend verlassen hatte, jedoch mit Bestimmtheit, und kann daher nicht aus eigener Anschauung darüber berichten. In großer Entfernung, d. h. etwa 60 Werst nordöstlich von Etschmiadsin hinter ansehnlichen Bergen, liegt ein Landsee, tatarisch Goktschai, armenisch aber Sewanga genannt, von einem Kloster gleichen Namens, welches sich auf einer Insel desselben befindet (52). Dieser See steht weit und breit in großem Rufe, bei den Armeniern wegen der zahlreichen, sehr alten, jetzt zum Teil verlassenen Klöster, die sich um ihn herum befinden, bei allen Einwohnern überhaupt wegen seines außerordentlichen Reichtums an Fischen, unter denen eine Art Lachsforellen besonders geschätzt und getrocknet sehr weithin verkauft wird. Aus diesem See nimmt auch die Sanga, welche bei Eriwan vorbeifließt und der hauptsächlichste Nebenfluß des Araxes ist, zum Teil ihren Ursprung.

Die weite, ebene Talsohle des Araxes, in welcher Etschmiadsin liegt, bietet, die umliegenden Berge abgerechnet, dem Blick wenig Erfreuliches dar, weil sie aller Baumvegetation beraubt ist, besonders im Sommer und im Herbst, wo auch schon der Gras- und Kräuterwuchs durch Hitze und Dürre erstickt ist. Nur in den Klöstern und Dörfern pflanzt man Bäume, aber außer einigen Walnußbäumen und Pyramidenpappeln auch fast nur solche, die schwach belaubt und mit haarigen Blättern versehen, des frischen, kühlen Ansehens ermangeln, nach welchem man sich so sehr sehnt; es sind Maulbeerbäume, schmalblättrige Weiden, Aprikosenbäume und die traurige Ölweide (Elaeagnus) mit ihren langen, starren, blattarmen Ästen und ihrer saftlosen, dattelähnlichen Frucht. Gegenstände des Feldbaues sind hier vorzüglich die Baumwolle, der Rizinus, dessen Öl zum Brennen verbraucht wird, Melonen, Kürbis, Arbusen (Wassermelonen) und Tabak sowie vorzüglich an den niedrigen und sumpfigen Ufern der sog. Schwarzbäche (Karasu) Reis; ferner Weizen und Gerste. Die Rebe, welche bei Eriwan und an den benachbarten Bergen in großer Menge gebaut wird, kommt in der Ebene wenig vor. Von besonderer Wichtigkeit ist den Armeniern ihres Fastens wegen ein hier gezogenes Kraut, Kundschut, aus dessen kleinen Samenkörnern sie ein wohlschmeckendes Öl bereiten, welches ihnen den Gebrauch der Butter fast vollkommen ersetzen soll. Von Viehfutterkräutern schätzt man hier ganz besonders die sog. Jondscha, die nicht allein wegen ihrer Nahrhaftigkeit von großem Nutzen ist, sondern wegen ihrer vieljährigen, freiwilligen Fortdauer fast keine andere Feldarbeit erheischt als das Abmähen.

Das Ansehen der Dörfer dieser Gegend, der armenischen wie der muselmanischen, ist gleichfalls nicht geeignet, derselben einigen Reiz zu verleihen. Die Häuser von Lehmerde gebaut, haben gänzlich flache, gleichfalls mit Lehm überzogene Dächer, statt der Fenster nur hie und da ein kleines viereckiges Loch, und dies noch größtenteils nach der Hofseite, wo sich auch allemal der Eingang befindet; eine Lehmwand umzingelt jedes Gehöft, und krumme Wege, auf deren Reinlichkeit und Ordnung nichts verwendet wird, ziehen sich in allen Richtungen zwischen diesen Gehöften hindurch. Böse Hunde, oft von bedeutender Stärke, wehren jedem unbewaffneten Fremden den Zutritt, und bei den Tataren hat der Ankommende, wenn er ein Christ ist, eben um deswillen vollends seine liebe Not. Diese Dörfer haben also nichts von dem, was die Zierde und den Reiz eines europäischen Dorfes ausmacht, sondern von einem Ende zum anderen und vom Boden bis zum Dach von gleicher Beschaffenheit und Farbe mit dem Erdboden erkennt man sie aus einer etwas namhaften Entfernung schon nicht mehr als Dörfer und würde sie gewiß noch viel öfter übersehen, als es geschieht,

Kurdendorf in der Nähe von Dogu Bayazid. Die Kegel sind aufgeschichtete Dungziegel, das Heizmaterial der anatolischen Bauern (nach einer Originalzeichnung von Ed. Imhof)

wenn nicht einige Baumpflanzungen ihre Stelle von weitem bezeichneten; auch im Frühling, wenn der Boden seinen natürlichen grünen Teppich trägt, kann ein Dorf, aus lauter solchen schmutziggrauen Häusern und Grenzmauern zusammengesetzt, wohl kaum einen anderen Eindruck machen als den eines Schutthaufens. Denkt man sich nun noch die große Hitze und Dürre des Sommers in diesem weiten Tale, so möchte man es kaum begreifen, warum die Gründer von Etschmiadsin sich dazu nicht eine der reizenden, gesunden und nicht minder fruchtbaren Berggegenden um den Goktschai oder in dem früher erwähnten Lori u. dgl. ausgesucht haben. Die armenischen Geschichtsschreiber sagen in dieser Hinsicht aus, daß an dem Orte, wo jetzt die Kathedrale steht, an einer Stelle, die jetzt noch durch ein mit Marmor gedecktes Gemäuer bezeichnet ist, der Erlöser nach seiner Himmelfahrt in Person sich niedergelassen, dem heiligen Gregor, dem Erleuchter des armenischen Volkes, seinen Willen, hier einen Tempel des wahren, unverfälschten Glaubens errichtet zu sehen, kundgegeben und sich zur Bezeichnung des Umfanges der Kirche eines Lichtstrahls wie eines langen Zeigers bedient habe. Daher nennen die Armenier das Kloster Etschmiadsin, d. i. Niederlassung des Eingeborenen, und setzen seine Gründung in das Ende des dritten Jahrhunderts. Die Tataren aber nennen das Kloster Utsch-Kilissa, d. i. drei Kirchen, eine Bezeichnung, die sie mehreren christlichen Klöstern geben, namentlich einem bei Bayazid. Es ist mir nicht unwahrscheinlich, daß die Benennung Utsch-Kilissa sich auf die Dreieinigkeit bezieht, deren Lehre den Mohammedanern als ein vorzüglicher Unterschied des christlichen Glaubens von dem ihrigen schon früh aufgefallen sein mag.

Etwa 35 Werst vor Etschmiadsin hatte ich mich behufs unserer barometrischen Messung nach dem letzten Nachtlager von der übrigen Gesellschaft getrennt und durchzog, von einem einzigen Kosaken begleitet, geräuschlos und unbemerkt eine Gegend, die sonst von Schwärmen räuberischer Kurden durchstreift worden und vor kurzem der Schauplatz jener großen kriegeri-

Das armenische Kloster Karmirwank am Araxes (Abich)

schen Bewegungen gewesen war, in welchen die Heere des Halbmondes und die des Kreuzes im Angesicht des alten Ararat um den Besitz der Feste von Eriwan kämpften. Dörfer und Klöster zeigten sich mir nur in der Ferne; Feldbau fand in dieser Gegend nicht statt, und ein heraufziehendes schweres Gewitter, das schon den Ararat umlagert hielt und gleich einer dichten Himmelsdecke über mir schwebte, hatte vollends Menschen und Tiere von der Landstraße verscheucht. Nur ein Mönchlein, in seine weiten Talare gehüllt, suchte auf seinem persischen Pferde dem drohenden Regen zu entgehen, warf einen Blick der Neugierde auf mich, nickte aber freundlich und wies bedeutungsvoll gegen Süd, als ich ihm die Worte Etschmiadsin, Kloster, Pater Joseph auf russisch fragend zurief. Mich störte nicht das Rollen des Donners; ich überließ mich schwelgerisch bald den Eindrücken der vor mir ausgebreiteten Landschaft, dem ersehnten Ziele meiner Unternehmung, bald wieder tiefen Gedan-

ken an eine alte, vielbewegte Zeit voll welthistorischer Ereignisse. Konnte es auch anders sein? Befand ich mich nicht am Fuße des Ararat, des heiligen Noahberges, auf dessem dürren wasserlechzenden Boden noch jetzt unverkennbar Spuren von den Fluten zeugen, welche einst zur Erhaltung des Menschengeschlechts sich von seinem himmelanstrebenden Gipfel herabließen (53)? Befand ich mich nicht im Tale des Araxes, zu dessen Ufern einst Hannibal flüchtete, nachdem er in Italiens Fluren das Übermaß seiner Kühnheit gebüßt hatte? War ich nicht in der Nähe des ehemaligen Artaxata, der großen und reichen Hauptstadt des alten Armeniens, wo Tiridates der Parther die in Rom empfangene Königskrone trug und die ersten, spärlich ausgestreuten Keime des Christentums zu ersticken bemüht war, bis er selbst gegen Ende seines Lebens von Gregor dem Erleuchter den Schatz des christlichen Glaubens empfing? Befand ich mich nicht unter den Mauern des altertümlichen bischöflichen Sitzes von Etschmiadsin, dem Glaubenspalladium des armenischen Volkes, bei welchem das Christentum von den ersten Jahrhunderten seiner Offenbarung an trotz der fast ununterbrochenen Verfolgung, Beschimpfung oder doch wenigstens steten Geringschätzung seiner Bekenner, trotz der unaufhörlichen Kriege, in welchen Parther, Römer, Perser und Türken um den Besitz des Landes stritten, dennoch der göttliche Same nicht erstickte, sondern, obgleich verkrüppelt und entstellt, doch einer späteren glücklicheren Zeit erhalten wurde.

Besuch des Klosters Etschmiadsin

Am Nachmittag des 8. September erreichte ich das Kloster, dessen Tor mir willkommen geöffnet wurde. Ich hatte es nicht für nötig gehalten, mir von der Regierung in Tiflis eine besondere Empfehlung für die hohe Geistlichkeit in Etschmiadsin zu erbitten, sondern begnügte mich mit einem Privatschreiben des armenischen Archimandriten in Tiflis namens Aruthion Alamdarian, eines Mannes von regem Sinne für die Aufklärung seines Volkes und von Verdienst um dieselbe, welches er sich vorzüglich durch die Errichtung und fast alleinige Verwaltung einer armenischen Schule zu Tiflis erworben hat. Meine Adresse lautete an den Pater Joseph, den Verwalter des Klosters in häuslichen Angelegenheiten; man nennt ihn Warthabed Howsep, Ter Marukian, d. i. Archimandrit Joseph, Sohn des Ter (weltlicher Priester) Maruk. Ich fand ihn unwohl in einem verhängten Bette, übergab ihm das Schreiben, und während ich zur Beobachtung meines Barometers im Freien mich entfernte, ward ein Dolmetsch geholt, da der Geistliche, außer dem mir unverständlichen Armenisch, keine einzige Sprache verstand. Dieser Dolmetsch war ein junger Mönch, seines Standes Diakon, der seine Bildung und namentlich seine ziemlich geläufige Kenntnis der russischen Sprache dem Archimandriten Alamdarian verdankt und durch seinen offenen, verständigen Blick sowie durch sein bescheidenes Betragen einen angenehmen Eindruck auf mich machte. Sobald ich ins Zimmer zurückgekehrt war, fanden sich noch einige Archimandriten ein, bejahrte Männer von würdigem Ansehen, ohne Spur von Neugierde oder Zudringlichkeit, wie sie das Erscheinen eines Fremden, dessen Absicht keine geringere war, als den Ararat zu ersteigen, wohl entschuldigt hätte. In gemessenen Abständen, einer vom anderen, saßen wir in einem Bogen um das Bette des Kranken, und vor lauter Feierlichkeit unserer Stimmung ermangelten wir fast des Stoffes der Unterhaltung, bis die Frage des Archimandriten Manuel, ob Alamdarian mich in Tiflis auch mit dem gehörigen Anstande empfangen und behandelt habe, meine Fassung überspannte, und ich antwortete: nein, ohne Gepränge und Umstände, sondern einfach und treuherzig, wie ein Freund hat er mich empfangen und behandelt. Worauf ich denn ohne weiteres mich erkundigte, ob im Kloster oder in seiner Nähe für mich und meine noch zu erwartende Reisegesellschaft Unterkommen zu finden wäre, und die sehr gütige Zusage erhielt, daß die Wohnung, in der wir uns befanden, uns zu Gebote stünde, auch für unsere Sachen, Pferde und Leute gehörig gesorgt werden würde. Diese Zusagen sind bestens erfüllt worden und bewahrten in uns die Erfahrung von der Gastfreundschaft dieser Mönche, davon schon Tavernier lobende Meldung tut, zu dessen Ehre und Lust der damalige Patriarch sogar ein Büffelstiergefecht anordnete; eine Belustigung, welche nebst manchen anderen, wie z. B. Werfen mit Schneebällen unter alten und jungen Mönchen, Ergötzung an Seiltänzern oder Bärenleitern, das sonst so ernste Kloster sich noch jetzt alljährlich um Fastnachten zuteil werden läßt.

Unser Besuch entfernte sich; Pater Joseph ließ, nachdem meine Reisegefährten angekommen waren, uns mit Tee bewirten, auch alsbald in dem größeren Zimmer ein Lager aus Teppichen, Polstern, Kissen und Decken für die Nacht einrichten, mir aber ein kleineres, um ein paar Stufen erhöhtes Kabinett anweisen, worin ein Bett stand und aufgehängte Weintrauben und Äpfel einen erquickenden Duft verbreiteten.

Wir hatten seit mehr als einer Woche keine ordentliche Nachtruhe gehabt, daher tat uns diese hier, von wohlhabenden Mönchen gastfreundlich dargeboten und ohne Sorgen genossen, ungemein wohl.

Meine Stimmung ward durch das heitere Wetter des anderen Tages noch um vieles erhöht; ich begab mich ins Freie, um außerhalb der Klostermauern einen ungehinderten Blick auf den Ararat zu gewinnen, der mir hier zum ersten Mal in seiner ganzen Pracht, durch kein Wölkchen getrübt, und in hinreichender Nähe erschien, um mir von der allgemeinen Beschaffenheit seiner Abhänge und von der Gegenwart der berüchtigten Kluft auf seiner nordwestlichen Seite eine befriedigende Aussicht zu gewähren.

Das mit Recht berühmte Kloster hat seit mehreren Jahrhunderten keine namhaften Veränderungen erfahren, wie aus den Berichten des alten Tavernier und der Beschreibung und Abbildung hervorgeht, welche Chardin (54) im Jahre 1673 zu machen Gelegenheit hatte, der namentlich auch das kleine Kloster Gajaneh, einen Büchsenschuß von Etschmiadsin entfernt, ganz genau so hat, wie man dasselbe in meiner Zeichnung findet, nur mit dem Unterschiede, daß dasselbe jetzt, wie die anderen Klöster, eine hohe Umfassungsmauer als Schutzwehr gegen feindliche Angriffe hat, die zu Chardins Zeit gefehlt haben muß.

Die Mauer, welche Etschmiadsin in Gestalt eines nicht völlig gleichmäßigen Vierecks umgibt, ist, soviel ich mich erinnere, wenigstens 30 Fuß hoch und wie die Festungswerke von Eriwan aus getrockneten Lehmziegeln gemacht, mit Schießscharten, mit Türmen auf den Ecken und an jeder Seite sowie mit zwei Haupt- und drei kleineren Zugängen versehen. Sie hat einen Umfang von etwa zwei Werst. An der östlichen und einem Teil der südlichen Mauer befinden sich Vieh- und Pferdeställe angebaut.

Weiter nach innen stehen dann, durch freie Plätze und kleine Gärten von der Umfassungsmauer getrennt, zahlreiche Gebäude von einem Stockwerk und von zweien, welche die Wohnungen des Patriarchen (an der Westseite), der Erzbischöfe, Archimandriten, Diakonen und des Dienstpersonals, die Gastzimmer, die Bibliothek und das Schullokal enthalten, in welchem letzten aber zu meiner Zeit keine Schule existierte. Außerdem befinden sich innerhalb der Ringmauer ungeheuere Kornmagazine und das große Refektorium, ein niedriger, düsterer, sehr langer Gang, jeder Wand entlang mit Tisch und Bank versehen, beides aus gehauenem Stein für mehr als hundert Personen, wo sämtliche Geistliche, mit Ausnahme des Patriarchen und einiger sehr alter Erzbischöfe, täglich ihre gemeinschaftliche Mahlzeit halten. Besondere Orte sind gleichfalls für eine große Bäckerei, eine Badeanstalt und einen sog. Basar oder Markt bestimmt, wo Kauf und Verkauf und mancherlei Gewerke getrieben werden, durch Leute, die ihre Heimat in dem angrenzenden Dorf Wagarschapat haben und nur während der Arbeitszeit sich in dem Kloster aufhalten.

Inmitten des ganzen, von der Ringmauer festungsartig umzingelten und von jenen Gebäuden frei gelassenen Platzes ist nun das Hauptstück die große, aus Quadern regelmäßig er-

Etschmiadsin mit dem 50 Werst entfernten Ararat (Parrot)

Das Kloster Etschmiadsin und Wagarschapat um 1680 (nach Chardin)

baute Klosterkirche, deren Masse einen großen Würfel darstellt, auf dessen Mitte ein kurzer Turm mit kegelförmigem Dache steht; an jeder der vier Seiten aber hat sie einen Vorsprung, auch jeder mit einem, jedoch viel kleineren Türmchen versehen, so daß das Ganze die Form eines Kreuzes darstellt, besonders dadurch, daß der Ansatz an der Westseite, welcher auch den Haupteingang enthält, bedeutend mehr hervorsteht. Die Richtung des Gebäudes ist so, daß es jeder der vier Weltgegenden eine Seite zuwendet, und der Hochaltar, dem Haupteingange gegenüber, sich auf der östlichen befindet. Das Innere dieser Kirche ist mit Heiligenbildern aller Art, mit Teppichen, vergoldeten und versilberten Zieraten, mit gottesdienstlichem

Gerät, Leuchtern und Lampen ziemlich bunt geschmückt, aber ein wenig düster, weil von den ohnehin nicht großen Fenstern aus früheren Kriegsjahren her noch mehrere vermauert geblieben sind (55).

Die Hauptzierde und der wahre Schatz dieses Klosters, welchem es keinen geringen Teil seines Ansehens unter den Armeniern verdankt, sind die heiligen Reliquien, die man in der Kirche, jedes in einem eigenen wohlverschlossenen Kästchen aufbewahrt und nur auf besondere Veranlassung bei Einweihung, Schutz- und Hilfsgebeten für einzelne Personen, für ganze Gemeinden, Dörfer und Klöster, aber auch aus Gefälligkeit für Fremde herausnimmt und auf einem Tisch zur Schau stellt, was aber stets unter Gebet und einer Art unvollkommenen Chorgesanges geschieht. Was man mir von diesen Dingen mitteilte und was ich deshalb hier namhaft mache, weil man über diese

Gegenstände in Chardin sowohl als in Tournefort verschiedene und in beiden von der gegenwärtigen abweichende Angaben findet, ist:

1) das Eisen von dem heiligen Speer, mit welchem der Kriegsknecht dem Gekreuzigten die Seite geöffnet habe, das vornehmste Stück von allen, das ich aber nicht gesehen habe, weil es gerade damals in ein anderes Kloster auf einige Zeit gebracht war; doch habe ich mir aus ganz zuverlässigen Quellen seine Gestalt genauso, wie sie hier angegeben ist, bezeichnen und aus Papier

Der Katholikos von Etschmiadsin (Lynch)

schneiden lassen, besonders um des großen Unterschiedes willen, den dieser Speer von demjenigen zeigt, welchen Tavernier gesehen und abgebildet hat. Das ganze Eisen soll etwa zwei Spannen lang und sehr verrostet, das kleine Kreuz darin nur vertieft sein (56).

2) die Hand des heiligen Jacob, umschlossen von einer natürlich geformten Hand und Vorderarm aus Silber und vergoldet; Daumen und Zeigefinger sind gegeneinander gebogen, und zwischen ihnen hängt an einem Kettchen ein Stück von der Arche Noah, ein kleines dunkelbraunes, sehr wohlerhaltenes, vierkantiges Brettchen mit Schnitzwerk auf der einen Fläche, zu dessen Besitz der eben deshalb geheiligte Mönch durch ein Mirakel gelangte, dessen Legende ich später mitzuteilen Gelegenheit haben werde.

3) die Hand des heiligen apostelgleichen Gregors, des Erleuchters des armenischen Volkes. Auch an ihr sieht man, wie an der vorigen, nichts als die metallene, handähnliche Einfassung, in welcher die Hand selbst enthalten sein soll.

4) eine Fingerspitze des Apostels Paulus; die gerade wie die Fingerspitze einer Mumie oder eingetrockneten Leiche aussieht und in der Mitte einer kleinen strahlenden Monstranz von Gold und Silber eingefaßt ist.

5) ein Stück vom Schädel der heiligen Märtyrerin Ripsime.

Tags nach unserer Ankunft in der Frühe ward uns die Ehre des Besuches dreier Erzbischöfe und mehrerer Archimandriten, welche uns im Namen des Patriarchen und des ganzen Klosters feierlich bewillkommneten und uns anzeigten, daß der Patriarch mit Vergnügen einen Besuch von uns annehmen würde. Zuvor erfolgte in Gegenwart dieses obersten Hirten der ganzen armenischen Christenheit das Hochamt, das eine große Anzahl hoher Prälaten, alle in kostbaren, mit Gold, Silber und Seide prachtvoll und kunstreich gestickten Gewändern, die Bischofsstäbe, mit edlem Metall und kostbaren Steinen geschmückt, in der Hand, vereinigte.

Nach beendigtem Gottesdienste ließen wir uns zum Patriarchen führen und kamen im oberen Stockwerke in ein geräumiges, aber sehr leeres Zimmer, worin nur Stühle in zwei Reihen der Mitte entlang einander gegenübergestellt waren. Hier saß auf einem besonderen Stuhle am oberen Ende der Reihe der Patriarch, zu seiner Linken die Reihe hinab Erzbischöfe und Archimandriten, und wir wurden eingeladen, zu seiner Rechten Platz zu nehmen, was nach dem großen Werte, der hier auf äußerliche Ehrenbezeigung gelegt wird, gewiß recht viel Ehre für uns bedeuten mochte. Hinter dem Stuhle des Patriarchen stand der oben erwähnte junge Mönch, um zu dolmetschen.

Der heilige Vater heißt Jeprem, d. i. Ephraim, und führt den Titel Katholikos (57), was nur von den Fremden durch Patriarch übersetzt wird, ein Titel von geringerer Bedeutung, welcher den Erzbischöfen größerer und entfernterer Erzbistümer, wie die zu Jerusalem und Konstantinopel sind, gegeben wird. Er ist 93 Jahre alt, ein Mann von Erfahrung, die er sich auf Reisen bis nach Indien gesammelt, und von Verdienst, das er sich durch seine Tugenden erworben hat, die hauptsächlich in Rechtlichkeit, Uneigennützigkeit und christlicher Sanftmut bestehen. Die Unterredung des Patriarchen mit uns bezog sich nur auf sehr gleichgültige Gegenstände, und wenn ich das eigentliche Ziel meiner Reise, den ihm und mir gewiß gleich wichtigen Ararat berührte, so fand ich bei ihm nur schwache und oberflächliche Anklänge. Der Abschied, der mit dem Segen des ehrwürdigen alten Mannes endete, war mir in doppelter Hinsicht das liebste von dem ganzen Besuche.

Am Abend, als bei einer Tasse Tee, die unser gefälliger Wirt, der Pater Joseph, reichen ließ, mehrere Archimandriten ein paar Stunden mit uns zubrachten, wollte es mir ebensowenig gelingen, eine Unterhaltung herbeizuführen, wie sie unter Menschen, die aus so weiter Ferne und so verschiedenartigen Verhältnissen zusammentreffen, sich eigentlich von selbst ergeben müßte. Den Diakon Abowian abgerechnet, verstand nur noch der Archimandrit Manuel und der Bibliothekar, Archimandrit Ohannes, etwas Russisch, und andere europäische Sprachen wurden im Kloster von niemand gesprochen. Dies ist aber nicht zu verwundern, wenn man bedenkt, welche eingezogene und abgeschlossene Lebensweise hier die Geistlichen führen, von denen manche die ganze Zeit ihres halbhundertjährigen Mönchtums hindurch die Mauern von Etschmiadsin nicht verlassen haben. Aber desto auffallender ist es, daß bei ihnen auch die Kenntnis der alten Sprachen gänzlich mangelt, so daß ich mich darin sehr getäuscht fand, daß ich gehofft hatte, meine Unbekanntschaft mit den morgenländischen Sprachen hier fürs erste durch etwas Latein ersetzen zu können. Diese gänzliche Vernachlässigung des Studiums der griechischen und römischen Klassiker, deren Werke sich gleichwohl zum Teil in der Klosterbibliothek vorfinden, ist aber sehr zu bedauern. Von anderweitigen gelehrten Beschäftigungen traf ich nur die mit der vaterländischen Geschichte an, wenn es armenischen Mönchen als eine gelehrte Arbeit angerechnet werden darf, die in armenischer Sprache geschriebenen Geschichten des armenischen Volkes zu lesen und ohne die Spur einer wissenschaftlichen Kritik alles, was ihre Verfasser auf eigene Autorität oder aus unsicheren Traditionen berichten, samt allem, was unzuverlässige Abschreiber daran geändert haben mögen, blindlings zu glauben.

Armenische Mönche

Als eine der ausgezeichnetsten und ältesten historischen Quellen gilt bei den Armeniern das Werk des Agathangelos (58), welcher Geheimschreiber des Königs Tiridates gewesen sein, also im dritten Jahrhundert unserer Zeitrechnung gelebt haben soll, und da das armenische Alphabet erst im fünften Jahrhundert durch den Warthabed Mesrop erfunden worden, wie man sagt, im Traume durch eine Hand, welche ihm die Schriftzüge vorzeichnete, so wird angenommen, daß Agathangelos sein Buch entweder in armenischer Sprache mit griechischer Schrift oder vielleicht ganz in griechischer Sprache abgefaßt habe. Von ausgebreiteterem Ansehen ist die bekannte Chronik des Moses von Chorene, von welcher man außer der armenischen auch lateinische und russische Ausgaben hat.

Dem Zeugnis dieser und anderer minder bekannter Schriftsteller zufolge glauben die Armenier den Ursprung ihres Volksstammes bis auf einen gewissen Haigh zurückführen zu können, einem Nachkommen Japhets, der zur Zeit des babylonischen Turmbaus ausgewandert sein und in den araratischen Ländern das armenische Reich gegründet haben soll, weshalb auch jetzt noch die Eingeborenen sich selbst nicht Armenier, sondern Haigh nennen. Den Namen Armenier haben ihnen Fremde gegeben, und zwar nach einem armenischen König Aram, der sich als Krieger einen Namen gemacht haben soll. Von den vier Brüdern jenes Haigh, die mit ihm einwanderten, leiten die Armenier auch den Ursprung der georgischen und übrigen kaukasischen Völkerschaften ab.

Im übrigen bietet die Geschichte Armeniens ein meist trauriges Gemälde dar, in welchem habsüchtige Nachbarn und Feinde des Christentums das schöne Land und seine dem Islam wie dem Heidentum widerstrebenden Bewohner zum Gegenstand ihrer unerhörtesten Grausamkeit und Raubgier machten. Zwar fehlt es diesem Gemälde nicht an erheiternden Lichtpunkten, an Zügen bewundernswürdiger Tapferkeit, Religion und Glaubensstärke, wie sie im fünften Jahrhundert der edle Patriarch Joseph und der kraftvolle Fürst Wartan durch Kampf und Tod für die heilige Sache bewahrt haben. Aber wenn die Edlen dahingeopfert waren, sah das Volk sich doch wieder rettungslos den Feinden seines Glaubens und seines Glückes preisgegeben. Die traurige Folge davon war ein tiefer Verfall der Geistlichkeit und Spaltung im Inneren der Kirche, die bis auf den heutigen Tag fortdauern. So besteht ein eigener Katholikos zu Sis in Cilicien und ein anderer, welcher sich auf der Insel Aktamar im See von Wan seit siebenhundert Jahren in der Würde eines Katholikos behauptet, dem auch noch im Jahre 1831 die Armenier von Konstantinopel nach Absetzung ihres aus Etschmiadsin erhaltenen Patriarchen sich in die Arme geworfen haben. Ja, ein nicht geringer Teil von Geistlichen und Laien Armeniens hat sich ganz dem römisch-katholischen Glauben zugewandt. Die Sache nahm vor etwa hundert Jahren ihren Anfang durch Warthabed Mechitar, einen Mann, von dem redlichen Bestreben beseelt, unter dem Volke Wissenschaft, gute Sitten und Religiosität einheimisch zu machen; aber er konnte seinen Zweck in Armenien nicht erreichen; die dortige Geistlichkeit widerstand seinen Absichten, bis er verlassen und verfolgt sich dem Papst in die Arme warf und Aufnahme in den Benediktinerorden, anfangs in Morea, nachher aber, als die Republik Venedig ihm die Insel St. Lazarus schenkte, auf dieser. Natürlich konnte Mechitar auf diesem Wege seiner Nation zu keiner evangelisch reineren Glaubensansicht verhelfen, doch blieb ihm immerhin das große, auch von der orthodoxen Geistlichkeit in Etschmiadsin anerkannte Verdienst, durch die Anlage einer eigenen Druckerei in Venedig die Herausgabe sehr vieler nützlicher und erbaulicher Schriften in armenischer Sprache mit sehr schönem und korrektem Druck besorgt zu haben. Nur ist es in hohem Grade zu beklagen, daß diese Werke und namentlich die heilige Schrift dem gemeinen Manne wegen seiner Unbekanntschaft mit der Schriftsprache fast ganz unzugänglich sind, indem die heutige Volkssprache von jener ganz abweicht und die orthodox-armenische Geistlichkeit in Etschmiadsin ebensowohl als die römisch-armenische in Venedig darin gleichen Sinnes sind, daß die Herausgabe der Bibel in der Volkssprache zu den unerlaubten Neuerungen gehört. Daraus wird es begreiflich, warum es den edelmütigen Gliedern der Basler Missionsanstalt, die sich in Schuscha jenseits des Kaukasus niedergelassen haben, nicht glückte, wenigstens die von ihnen angefertigte Übersetzung des armenischen neuen Testaments in der Volkssprache Ostarmeniens drucken lassen zu können, obgleich sie das Manuskript dem heiligen Synod in Etschmiadsin zur Durchsicht und Emendation vorlegen zu dürfen dringend gebeten haben.

Diese einzige Tatsache genügt, um im allgemeinen zu wissen,

was in Armenien dem Volke not tut, damit es die Hülle des Aberglaubens und der Selbstsucht abstreifen könne, welche tausendjähriges Elend ihm aufgezwungen hat. Schon die Art und Weise, wie in Armenien der Weltgeistliche, in der Landessprache Ter genannt, d. i. geistlicher Herr oder Priester, ins Amt kommt, zeugt dafür, daß wenigstens von einer eigentlichen christlichen Seelsorge unter den Armeniern noch gar keine Rede sein kann. Jeder Laie, wenn er nur von der Gemeinde erwählt worden und die vorgeschriebenen vierzig Tage unter Fasten und kirchlichen Übungen in einer Kirche zugebracht hat, kann durch einen Bischof zum Priester geweiht werden und darf nun Messe lesen, Taufe, Firmelung, Trauung und letzte Ölung verrichten. Da tut wohl die Gründung eines Priesterseminars am meisten not, aber eines vaterländischen, echt armenischen Instituts, dessen Zöglinge, vom Synod zu Etschmiadsin bestätigt, auf das Zutrauen der Nation rechnen dürfen.

Die letzte Etappe

Nach dieser kurzen Betrachtung des gegenwärtigen Zustandes der Armenier als derjenigen Nation, welche seit Menschengedenken die Gegend des heiligen Noahberges bewohnt, wollen wir nunmehr dem ferneren Verlaufe unseres Unternehmens den Blick und unsere Schritte wieder zuwenden.

Unsere Reisegesellschaft hatte im Kloster einen kleinen Zuwachs erhalten; der wesentlichste bestand in dem schon früher erwähnten jungen Diakon mit Namen Chatschatur Abowian, d. i. Chatschatur Abows Sohn (59), welcher uns vom Kloster für die Zeit unseres Aufenthalts am Ararat dienstfreundlichst abgetreten wurde und teils als Mitglied und eine Art von Abgeordneter des Klosters uns in den armenischen Ortschaften zur besonderen Empfehlung diente, teils durch seine Kenntnis der armenischen, russischen, tatarischen und persischen Sprache sich uns fast unentbehrlich machte. Der junge Mann hatte überdies den Wunsch, uns begleiten zu dürfen, auf eine so innige und interessante Weise an den Tag gelegt, daß ich voraussetzen konnte, er werde unserem Unternehmen ein lebhaftes inneres

Interesse schenken und viel zum besseren Gelingen desselben beitragen können. Und in dieser Erwartung von ihm habe ich mich nicht getäuscht; er hat sich von der ersten bis zur letzten Stunde und bei jeder Gelegenheit so gezeigt, wie wenn unsere Sache die seinige wäre, und durch seine lebhafte Wißbegierde, sein bescheidenes Hinneigen, seine Genügsamkeit und seinen frommen Sinn nicht weniger als durch die Klarheit seines Geistes, seinen Mut und seine Ausdauer sich Ansprüche auf unsere Achtung und unsere Dankbarkeit erworben. Außerdem begleiteten uns, jedoch nur bis zum Fuße des Ararat, ein gemieteter Führer und ein Paar Freiwillige. So verließen wir alle zugleich am 10. September um 10 Uhr mittags das große Kloster mit seinem Patriarchen, seinen 12 Bischöfen und Erzbischöfen, über 40 Archimandriten und einer Menge Diakonen und zogen an dem nahe gegen Süden gelegenen Klösterchen der heiligen Gajaneh vorbei durch zwei armenische Dörfer dem Araxes zu, auf völlig ebenem, zum Teil bebautem, zum Teil unbebautem, mit Gras und Kräutern bedecktem Boden, einer sog. Steppe.

Um vier Uhr waren wir am linken Ufer des Araxes und sollten seine rasch dahinströmenden Wogen durchschreiten, da er hier weit und breit keine Brücke, keine Fähre hat, auch nicht einmal eine Anfahrt diese Stelle bezeichnet, an welcher er zu passieren ist, und der Reisende selbst, um zu ihm zu gelangen, die Landstraße von Eriwan nach Nachitschewan verlassen muß, die in 5 bis 10 Werst Entfernung fast parallel mit dem Araxes fortläuft. Keiner unserer Begleiter war der Lokalität so kundig, daß wir uns auf ihn hätten verlassen und die Durchfahrt mit den Instrumenten wagen mögen, daher suchten wir einige Hütten auf, die in der Nachbarschaft zwischen Gebüschen versteckt lagen, fanden aber bei ihren Bewohnern wenig Bereitwilligkeit, uns zu helfen, und machten uns gefaßt, den Versuch zu wagen, als ein Tatar, ärmlich gekleidet und schmutzig im Äußeren, aber verständigen Sinnes und dienstfertigen Herzen uns begegnete und etwa eine Werst weit zu der Stelle geleitete, wo der Strom zwar breiter, aber durch angeschwemmten Sandgrund und Steine weniger tief war. Hier bat er sich eins unserer Reitpferde aus, um den unzuverlässigen, sehr veränderlichen Grund zu untersuchen. Der treue Tatar kehrte um, sobald er die gesuchte Gewißheit hatte, und half uns noch mit größter Teilnahme die Sachen, um sie der Gefahr des Umwerfens der Wagen zu entziehen, auf die größten und stärksten Pferde packen und vorsichtig hinüberschaffen, indem jedem Packpferd ein Reiter vorn und zwei zur Seite beigegeben wurden, weil die Strömung stark war und das Wasser den Pferden bis fast an den halben Leib reichte. Als wir etwa eine Stunde nach der Ankunft alle samt unseren Sachen glücklich hinüber waren, dankten wir dem Fremden mit freundlicher Gabe und sandten ihn noch mit einem unserer Reiter durch den Fluß auf das linke Ufer zurück.

Ein ziemlich ausgebreitetes dichtes Gebüsch bekleidet auch das rechte Ufer des Araxes, und in verschiedenen Richtungen sind Durchgänge ausgehauen, in denen sich aber nur Fußstege oder ganz schmale Wege befinden. Bald ist man mit Hilfe derselben im Freien auf der weiten, völlig ebenen Talsohle, die hier fast ganz unbebaut ist und auch einen größtenteils unfruchtbaren Sand- und Lehmboden hat, auf dem nur einzelnstehende

Ansicht des Ararat von Norden über die Araxesebene (Abich)

Gesträuche fortkommen, aber kein Baum weit und breit zu sehen ist. Diese Strecke trägt so unverkennbar die Spuren an sich, ehemals unter Wasser gestanden zu haben, daß der unbefangene Blick auch des Allerunkundigsten sich eines solchen Gedankens beim Anblick dieser Ebene nicht wird erwehren können, so ebenmäßig ist die Verteilung des Grundes, nur hie und da von einer länglichen Vertiefung wie von dem Bette eines ehemaligen Bächleins durchschnitten, an einzelnen, Werste langen Stellen so waagerecht und glatt, wie nur zur Ruhe gekommene Wasserfluten sie zu ebnen vermögen. Um halb sieben Uhr abends erreichten wir einen kleinen Fluß, der im Tatarischen, Armenischen und Russischen Schwarzbach genannt wird und diesen Namen zu verdienen scheint, weil sein Grund tief und von Moor ganz schwarz ist, was dadurch noch auffallender wird, daß seine Ufer einige hundert Schritte breit mit hohem dichtem Schilf bewachsen sind, welches den Grund des Flusses fortwährend in Schatten setzt. Solcher Schwarzbäche gibt es aber in der Ebene des Araxes, zwischen ihm und dem Ararat mehrere, alle

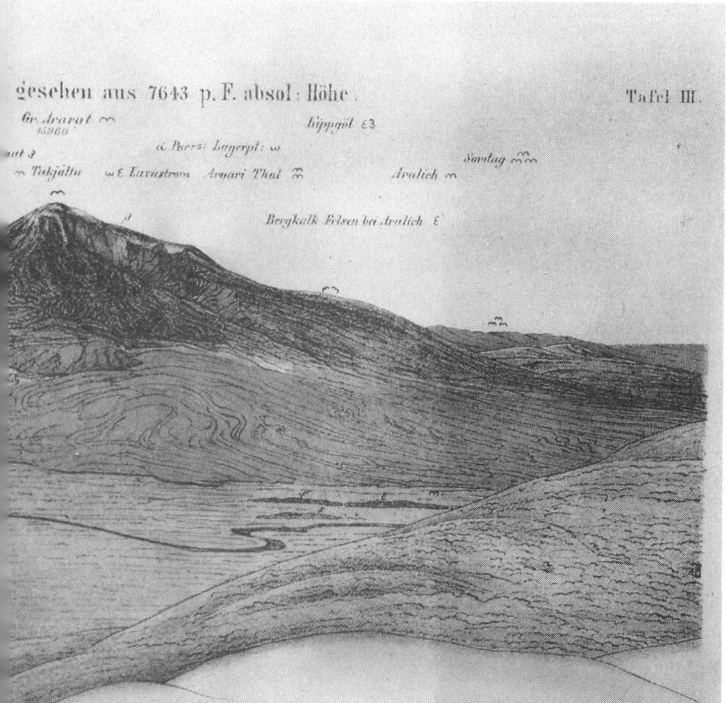

von demselben Charakter und fischreich, vermutlich auch wohl alle durch kleine Seitenströmungen des Araxes gebildet, die sich in vertiefteren Stellen der weiten Talsohle fortziehen, um sich unterhalb wieder in den Araxes zu ergießen, also wohl offenbar wieder nur Überreste einer ausgedehnten Wasserflut, welche diese Gegenden einst deckte und später einen Abfluß bekam. Diese Bäche bieten den Tataren und Armeniern günstige Punkte zu Ansiedlungen und auch besonders zum Anbau von Reis einen hinreichend feuchten Boden dar, welcher zu gewissen Zeiten durch zweckmäßige Vorrichtungen unter Wasser gesetzt werden kann.

Es dämmerte schon, als wir den Schwarzbach erreichten; wir mußten daher ein Nachtlager halten, wollten aber doch noch die kurze Zeit bis zur völlig einbrechenden Nacht dazu verwenden, den Fluß zu überschreiten, damit uns diese Operation, die mit Zeitverlust und einiger Gefahr verknüpft war, die Zeit des folgenden Tages nicht verkürze. Aus ein paar Balken mit Flechtwerk aus Reisig gemacht, war eine für Fußgänger notdürftig zureichende kleine Schwimmbrücke vorhanden, aber für Lasttiere war sie zu schwach und für beladene Dreispänner ganz unzugänglich. Mit Hilfe von etwas Gesträuch aus der Nähe, besonders aber einer großen Masse trockenen Schilfes gaben wir ihr hinreichende Festigkeit und Tragkraft, um die schweren Instrumentenkästen durch Menschen, die leichteren Sachen auf Pferde geladen, die Wagen aber leer mit einem Pferde bespannt, hinüber schaffen zu können; wir selbst gingen zu Fuß hinüber, unsere Reitpferde am Zaume nach uns führend. Sobald wir das jenseitige, sehr sumpfige und gleichfalls mit Schilf dicht bewachsene Ufer durchwatet hatten, bot sich uns eine kleine Erhöhung dar, auf welcher wir uns bequem lagern, ein Feuer anmachen und unser Zelt aufschlagen konnten, um in Ruhe des kommenden Tages zu warten. Dieser brach heran und mit ihm die Erneuerung unserer Freude bei der Betrachtung des in völliger Klarheit gegen Südsüdwest unmittelbar vor unseren Blicken sich mächtig erhebenden Gipfels. Wir konnten nicht umhin, diese günstigen Stunden zur Aufnahme einer Skizze zu benutzen. Während Herr von Behaghel hiermit beschäftigt war, zogen meine Aufmerksamkeit eine Menge von Purpurwürmchen auf sich, die zum Teil auf dem trockenen Sandboden und an den kurzen Gräsern herumkrochen, aber in ganzen großen Nestern

Kleiner und Großer Ararat von Nordosten (nach einer Originalzeichnung von Ed. Imhof)

die Wurzel einer in der Gegend häufig wachsenden sehr harten kurzen Grasart, des Küsten-Knäuelgras (Dactylis litoralis), einnahmen, und zwar in solcher Menge, daß man leicht eine sehr namhafte Lese davon hätte machen können, eine Entdeckung, welche für Rußlands Industrie nicht gleichgültig ist, indem sich durch dieselbe diesen Provinzen, unter gehöriger Behandlung des Gegenstandes, eine Erwerbsquelle eröffnen kann, deren Vorteile in Persien recht wohl bekannt sind, indem zur Bereitung von Scharlach und anderen roten Farben eine große Menge dieser getrockneten Tierchen in allen Städten des Orients um teueres Geld verkauft werden. Der Scharlach, mit welchem in Europa gefärbt wird, kommt von der amerikanischen Cochenille (60), die in Mexiko, St. Domingo, Jamaika, Brasilien und anderen Gegenden auf mehreren Kakteenarten über der Erde lebt, dieses Tier heißt in der Zoologie daher Coccus cacti. Die persische Cochenille ist eine von dieser etwas verschiedene Art und wahrscheinlich Coccus polonicus, weil man sie auch in Polen gefunden und vor Entdeckung der amerikanischen eine Zeitlang von dorther in Europa bezogen hat. Das Männchen der Cochenille ist bekanntlich ein geflügeltes Insekt, das zum Färben nicht gebraucht wird; das Weibchen, welches allein dazu benutzt wird, ist rundlich, von der Größe eines Kirschkerns, mit sehr kleinen Füßen versehen und bewegt sich daher nur kriechend. Es ist ganz weich wie eine Beere und durch und durch vom reinsten Dunkelamarant, das in der Sonne wegen der runzlichen, samtartigen Oberfläche des Tieres im schönsten Lichte, aber mild und ohne Glanz scheint. Getrocknet schrumpft es zur Größe eines Hirsekorns ein und bekommt einen bläulichen Anflug. Die eigentliche Scharlachfarbe entsteht erst bei der Auflösung und besonders durch die Beimischung von Säure, so wie die Purpurfarbe durch einen Zusatz von Pottasche. Zwischen den Wurzeln obiger Pflanze fand ich die Nester dicht gedrängt, aus drei, vier, zehn und zwanzig sehr zarten, papierähnlichen Zellen bestehend, nach der Größe der Tierchen geformt und unregelmäßig aneinandergehäuft. Aus diesem Zustand der Verpuppung geht das Insekt während des Winters in den Tod über, und aus den Nestern kommen im Frühling die jungen Purpurwürmchen hervor. Ich habe nicht ermangelt, gleich nach meiner Rückkehr vom Ararat dem Herrn Oberbefehlshaber der transkaukasischen Provinzen, Grafen Paskewitsch von Eriwan, über diese Entdeckung Bericht abzustatten und diesen mit Exemplaren von der Pflanze samt den Tierchen zu belegen, so wie ich dergleichen auch dem Kammerherrn Peltschinsky übergeben habe, welcher eben damals jene Provinzen in industrieller Hinsicht und im Auftrage der Regierung bereiste.

Erst um halb neun Uhr waren wir mit diesen Beschäftigungen fertig und zur Weiterreise bereit. Der Boden, auf welchem wir uns nun befanden, war nicht die ebene, horizontale Fläche um den Araxes, sondern er erhob sich, anfangs unmerklich, dann aber stärker, mit abwechselnden Erhöhungen und Vertiefungen, kurz, es war der Anfang, der Fuß des mächtigen Berges selbst, den wir betraten. Bald ward unser Pfad, den kein eigentlicher Weg bezeichnete, auch steinig und viel stärker ansteigend, so daß die Pferde Mühe hatten, die Wagen fortzuziehen, und als größere Steinmassen überall zerstreut herumlagen, sahen wir uns auch außerstande, auf diese Weise weiter fortzukommen.

Wir hatten unsere Richtung gegen das armenische Dorf Arguri genommen, der einzigen Ansiedlung, die sich am Ararat selbst findet, mit etwa 175 Familien, mit einer wohlgebauten Kirche, einem besonderen Geistlichen und einem wohlhabenden Dorfältesten. Alle Häuser sind aus Stein, nach morgenländischer Weise mit flachen, ebenen Dächern aus einem dicken, mit Lehm und Erde bedeckten Estrich gemacht, nach der Straße hin statt der Fenster meist nur mit Luft- und Lichtöffnungen versehen und jedes Gehöft von einer Steinmauer umzogen. Die Einwohner leben von Vieh- und Pferdezucht, von Getreidebau, der aber des steinigen Bodens wegen nicht in der Nähe getrieben werden kann, und die Wohlhabenden besitzen auch Weingärten, die beim Dorfe selbst angelegt sind. Der Hauptschatz und der wahre Lebensquell dieser Ansiedlung ist aber der kleine Bach, welcher einem Gletscher des Ararat entquillt und sich in dem großen, nordöstlichen Spalt desselben herabzieht, an dessen offenem flacherem Ausgange das Dorf sich befindet. Eine Quelle vorzüglichen Trinkwassers entspringt außerdem einige Schritte oberhalb des Dorfes aus einer Felswand jenes Spalts; hier finden sich Auffangröhren und steinerne Tröge für die von der schattenlosen Grasweide und aus der erdrückenden Sonnenhitze heimkehrenden Herden; und abends sieht man hier eine zahlreiche Jugend mit Krügen fröhlich versammelt, unter kühlem Felsabhange frisches Trinkwasser zu schöpfen. Um Arguri weht eine viel mildere Luft als in dem Tale um den Araxes, denn obgleich seine Erhebung über demselben im Vergleich mit dem klimatischen Unterschied nur gering ist, so verursacht doch die Nähe des beeisten Hauptes des Ararat und die von ihm sich herabsenkende kältere Luftströmung eine allgemeine und bedeutende Abkühlung der Atmosphäre und eine wohltätige Milderung des Klimas. Daher wird Arguri zuweilen von wohlhabenden Personen aus Eriwan während der heißesten Jahreszeit zum Aufenthaltsort gewählt, und der persische Generalissimus, Sardar Hussein Chan, hatte nicht übel getan, auf der Arguri gegenüberliegenden Anhöhe einen anständigen Sommersitz zu erbauen, mit zahlreichen Gemächern für sich, seine ganze Familie und seinen Hofstaat, mit allen Bequemlichkeiten, die das asiatische Wohlleben erheischt, versehen, aber zugleich der Sicherheit wegen mit Mauern und Türmen verschanzt. Seit Abtretung dieser Gegend von Persien an Rußland ist diese schöne Anlage unbewohnt, unbenutzt und somit, falls sie keinen Herrn und Freund findet, dem Untergange preisgegeben.

Arguri hat für den rechtgläubigen Armenier noch in religiöser Beziehung einen besonderen Wert. Der Sage nach ist es nämlich der Ort, wo Noah, nachdem er mit den Seinen und allen Tieren, die er bei sich hatte, aus der Arche getreten und vom Berge herabgestiegen war (Genesis 8, 20.), »dem Herrn einen Altar baute und von allerlei reinem Vieh und von allerlei reinem Gevögel nahm und Brandopfer opferte auf dem Altar.« Als diesen Ort gibt man gerade die Stelle an, wo jetzt die Kirche steht;

und die Weinberge von Arguri sind es, von denen die Schrift (Genesis 9, 20.) sagt: »Noah aber fing an und ward ein Ackersmann und pflanzte Weinberge«. Merkwürdig dabei ist, daß die Erbauung der Kirche aus einer zwar unbestimmten, aber sehr alten Zeit herrühren muß und daß auch der armenische Name des Dorfes eine deutliche Beziehung auf jene Begebenheit hat; denn Arghanel heißt in der armenischen Sprache setzen, pflanzen; argh: er hat gepflanzt, und Urri: die Rebe, so daß wenigstens obige Sage gewiß nicht neuerer Erfindung sein kann (61).

An einer dieser gefeierten Rebenpflanzungen, aber noch etwa vier Werst unterhalb Arguri war es, wo wir um 11 Uhr vormittags haltmachten und auf Mittel bedacht sein mußten, unsere Sachen auf eine andere Weise weiterzuschaffen als auf Wegen wie bisher. Diese Mittel konnten nur im Dorfe gesucht werden, allein dies forderte Vorsicht. Die morgenländische Pest hatte auch die freundliche Ansiedlung am Ararat nicht verschont, und obwohl sie darin so arg nicht gehaust hatte als an anderen Orten, so lagen nach der Aussage einiger Bewohner, die wir sprachen und die aus Furcht vor Sanitätsmaßregeln stets bereit sind, das Übel geringer erscheinen zu lassen, als es ist, doch noch Rekonvaleszenten hie und da in den Häusern. Mit dem Diakon Abowian ritt ich hinauf, hielt auf der Straße an einem freien Platze und ließ den Dorfältesten eben dahin rufen. Er hieß Stepan Aga, hatte schon unter persischer Oberherrschaft sich Ansehen und den bedeutenden, auf seine Nachkommen erblichen Ehrentitel Melik erworben, was soviel bedeutet als: Vorgesetzter. Sein Äußeres flößte mir Zutrauen ein, noch mehr aber sein rasches und entschiedenes Verfahren, uns zu helfen. Er befahl sogleich eine kleine Herde von 15 bis 20 Ochsen, die in der Nähe des Dorfes weideten, samt Stricken zum Aufbinden der Sachen hinunterzutreiben und begab sich selbst mit dorthin, wo meine Begleitung und alle Sachen zurückgeblieben waren. In unseren Reisekesseln wurde Wasser herbeigeschafft und darin eine gute Portion Chlorkalk aufgelöst; damit mußten sich die zum Umpacken dienenden Bauern aus dem Dorfe die Hände waschen und sich besprengen, ein Manöver, zu welchem sie anfangs keine Lust hatten, an welches sie aber ohne Umstände gingen, als unsere Kosaken es ihnen vormachten und ihnen dabei behilflich waren; von den Lasttieren, deren wir nur acht bedurften, wurden die stärksten ausgesucht und über den

ganzen Körper samt den Stricken und Traghölzern recht fleißig besprengt und dann mit unseren Sachen beladen. Während die Bauern sich mit ihnen voraus auf den Weg machten, lud uns der gastfreundliche Stepan Aga in seinen Weingarten und sah es gern, daß wir des Tages drückende Hitze und den brennenden Durst unter dem kühlen Laube und an den köstlichen, eben reif gewordenen Trauben von Vater Noahs Reben nach Herzenslust verscheuchten. Dann eilten wir heiteren Mutes unseren Sachen nach und zogen vertrauensvoll durch das Dorf, wo aber alle Gemeinschaft mit Personen und Gegenständen sorgfältigst vermieden wurde, und nachdem ich durch Stepan Aga über unser Unterkommen am Ararat beruhigende Auskunft erhalten hatte, fertigte ich auch unsere etwas kostbaren, aber treuen und unverdrossenen moskowitischen Fuhrleute ab.
Um die naturhistorische Untersuchung eines Gebirges mit einiger Bequemlichkeit, Sicherheit und nicht gar zu großem Zeitverluste anstellen zu können, ist es unerläßlich, an demselben oder wenigstens ganz in seiner Nähe einen Standpunkt zu haben, wo der Reisende für sich, seine Begleitung und die zu seiner Beschäftigung nötigen Hilfsmittel an Apparaten, Gerätschaften und Lebensmitteln auf so lange als möglich ein ruhiges und sicheres Obdach findet. Auf diesen Gegenstand hatte ich schon in Tiflis mein besonderes Augenmerk gerichtet und auch nach einiger Zeit, als ich die Bekanntschaft des früher erwähnten Fürsten Alexander Tschewtschewadse aus Kachetien die Ehre zu machen hatte, von ihm, der sich während des Persischen Krieges durch die Anlegung der Militärstraße von Eriwan nach Bayazid ein großes Verdienst und viele Lokalkenntnis erworben, von dem Dorfe Arguri und von seiner für unsere Zwecke so günstigen Lage Nachrichten erhalten; allein die Verheerung der Pest im Bezirk Eriwan hatte jede Berechnung dieser Art unsicher gemacht und mich daher bestimmt, gleichzeitig noch anderweitige Erkundigungen einzuziehen. Bayazid, die Hauptstadt des türkischen Paschaliks gleichen Namens, nur 30 Werst südlich vom Ararat gelegen, im Besitze so mancher Hilfsmittel, die ein einfaches Dorf uns versagen würde, und verschont von der verderblichen Krankheit, die unseren Plänen schon so sehr hemmend in den Weg getreten war – Bayazid schien mir hier in vorzüglichem Grade der Berücksichtigung wert, auch noch besonders durch folgenden Umstand. In Tiflis nämlich befand sich

Serail des Pascha von Dogu Bayazid (nach einer Originalzeichnung von Ed. Imhof)

zur Zeit meiner Anwesenheit daselbst mit dem Kriegsminister von Erzerum und mehreren anderen Paschas zugleich auch Mehemet Bähälühl, Pascha von Bayazid, als Staatsgefangener, doch ohne drückende Beschränkung, weshalb es auch mir ohne alle Umstände gestattet wurde, zu ihm zu gehen und eine Bekanntschaft zu machen, von welcher ich nicht umhin kann, durch einen kurzen Rückblick in die Zeit meines Aufenthalts in Tiflis einiges nachzutragen.

Um diesen orientalischen Großen, der vor anderen Paschas den bedeutenden Vorrang hat, daß sein Paschalik ein in seiner Familie erbliches ist, unter ungekünstelten Verhältnissen kennenzulernen, ließ ich mich durch niemand bei ihm ankündigen oder einführen, sondern trat eines Abends zwischen 5 und 6 Uhr als ein völlig Fremder in seine Wohnung. Die im ersten Zimmer befindliche Dienerschaft gab mir zu verstehen, ihr Herr sei im Gebet begriffen, doch wollten sie mich anmelden. Ich verbat letzteres und setzte mich, um zu warten. Bald erhob sich der Pascha, ein Mann von hohem schlankem Wuchse; in der Tracht eines orientalischen Satrapen trat er leichten, raschen, doch festen Schrittes hervor. Er begrüßte mich mit dem Gruß in seiner Sprache und mit so offener, anmutiger Miene, daß ich trotz meiner Unkunde des Türkischen nicht zweifeln konnte, ich sei ihm wirklich willkommen, und ihm in eben jenes kleinere Gemach folgte, wo er gebetet hatte. An zwei Wänden lagen Polster auf dem Fußboden; wir setzten uns zueinander. Als der Dolmetscher erschien, sagte ich kurz, wer ich sei und was meine Absicht war. Das Wichtigste und sichtlich auch das Liebste davon war ihm dieses, daß ich und mein Unternehmen unter dem Befehle

Ruinen alter Grenzbefestigungen oberhalb Dogu Bayazid
(nach einer Originalzeichnung von Ed. Imhof)

und dem Schutze des großen Kaisers Nikolai stehe, für welchen er eine aufrichtige und innige Hochachtung auf die unzweideutigste Weise zu erkennen gab, da er den Geist Seiner Regierung als Gegner und Besiegter kennenzulernen Gelegenheit hatte. Die Diener hatten uns mit Pfeife und Tabak versehen, nach türkischer Weise am langen Rohr den kleinen Tonkopf und zum Anrauchen eine kleine glühende Kohle darauf, mit einem Teller zum Schutze der Teppiche; auch schwarzer Kaffee wurde gereicht in zierlichen, kleinen, vasenförmigen Porzellantassen mit silbernem, becherförmigem Untersatz statt der Unterschale, mir mit Zucker, dem Pascha aber, wie bei den Türken überhaupt, ganz einfach. So vergingen ein paar Stunden sehr unterhaltend, worauf wir uns mit dem Wunsche des Wiedersehens trennten. Ich habe meinen Besuch erneuert, teils allein, teils mit meinen Reisegefährten, und auch er hat uns mit seinem Besuche erfreut, sich abends an der Betrachtung des gestirnten Himmels durch unser Fernrohr ergötzt, aber besonders Wohlgefallen an meinen Pistolen mit Perkussionsschlössern geäußert, deren Wirkung ihm die Zeichen höchster Überraschung und Freude entlockte; er wollte es gar nicht glauben, daß sie ohne Pulverladung auch einige Kraft hätten; daher lud ich einen leichten Pfropf hinein, setzte ein Zündhütchen aufs Schloß und bat ihn, eine Probe zu machen; er ließ in einiger Entfernung ein Licht hinstellen und legte, indem er die Flamme ausschoß, die Kraft des geringen Zündkrautes und seine Geschicklichkeit zugleich an den Tag.

Auffallend war es mir bei jenem ersten Besuch gewesen, daß der sonst so teilnehmende Mann eben kein besonderes Interesse zeigte, als ich ihm vom Ararat sprach, und da ich ihn über manches denselben Angehende befragte, er seine Betrübnis äußerte, daß er nicht wisse, was ich unter diesem Namen verstehe. Da gedachte ich, daß den Türken jener christliche Name unbekannt sei, nannte sogleich den mir erinnerlichen Namen Agri dagh, und nun war der Pascha zu Hause, und voller Freude äußerte er, daß es nicht unmöglich sei hinaufzukommen und daß sein Vater auch einmal den Versuch gemacht habe, ihn zu ersteigen. Als ich den Wunsch zu erkennen gab, erforderlichenfalls die Bereisung des Berges von Bayazid aus, d. h. von Süden her, zu unternehmen, gab er mir seine volle Zustimmung und beseitigte jede Besorgnis vor Gefahren von seiten der Bewohner, indem er mir für seine in Bayazid zurückgebliebene Familie einen Brief anbot und auch später gab, der uns den Weg zu jeder erforderlichen Unterstützung bereiten würde.

Was nun die Ausmittelung eines Standquartiers am Ararat betrifft, so hatte mir auch der aufgeklärte und wohlwollende Archimandrit Aruthion Alamdarian in Tiflis von einem kleinen armenischen Kloster gesprochen, das sich am nördlichen Abhang des Ararat, noch höher als das Dorf Arguri befinden sollte, mir aber, da er nie dort gewesen, nicht mit Bestimmtheit sagen könne, ob wir dort alle den gehörigen Raum finden würden. So war ich, schwankend mit meinen Aussichten zwischen dem nördlichen und südlichen Fuße des Ararat, zwischen einem christlichen Kloster und einer muselmanischen Stadt, nach Etschmiadsin gelangt, wo ich Entscheidung erwartete und fand. Das Kloster oberhalb Arguri, von welchem Alamdarian mir Nachricht gegeben, existierte wirklich und war nach der Aussage der Mönche für unsere Bedürfnisse geräumig genug, auch von der Pest, die bis zum Dorfe vorgedrungen, glücklich verschont geblieben. Hier konnte mir kein Zweifel übrigbleiben, was ich zu wählen hätte: wir zogen nach St. Jacob! Durch Arguri führt der Weg dahin, die Entfernung beträgt etwa drei Werst, und so hielt unsere kleine Karawane am 11. September gegen Abend unter der Ringmauer des Klosters. Meine erste Frage war beim Eintritt in den Hof nach dem Geistlichen; er stand vor mir: ein ehrwürdiger Greis, von hoher Gestalt mit Zügen, die keine Leidenschaft, tiefe Ruhe und edle Resignation ausdrückten; ein graues Haupt, erst seit Aufhebung der persischen Oberherrschaft von der Last der Tonsur befreit, und mit der spitzigen Kapuzinerkappe aus schwarzem indischem Zeuge bedeckt, ein langer grauer Bart, ein Paar große, tiefliegende Augen mit einem Blick voll sanftmütigem Sehens nach einer besseren Welt; dieser Mann, in einem einfachen, ziemlich vertragenen Gewande von blauem Zeuge, über den wollenen persischen Strümpfen nur ein Paar schlechte Pantoffeln, dies war der Archimandrit von St. Jacob Warthabed Karapet. In der einen Hand den Rosenkranz, die andere schräg über die Brust gelegt und mit einer kleinen Verneigung, sprach er mit tiefer, aber schwacher Stimme in armenischer Sprache seine Erwiderung auf meinen ehrerbietigen Gruß und meine Bitte um gütige Aufnahme. Nach einem vorläufigen Blick in das Obdach, welches er uns zu bieten geneigt sein wollte, wurden sämtliche Sachen von den

Tieren abgeladen und fürs erste nur im Hofraum zusammengestellt, wo sie einen ansehnlichen Platz einnahmen. Sobald die uns begleitenden Bauern abgefertigt waren und ehe ans Einquartieren gegangen wurde, ließ ich mir den Weinschlauch geben, der noch einen Rest echten Kachetiners enthielt, und kredenzte dem Alten ein Gläschen in reiner Herzensfreude, dann nach der Reihe einem jeden von uns und dies ein paarmal herum, bis der letzte Tropfen geleert und die Stelle des roten Kaukasiers Vater Noahs goldfarbenem Rebensafte geräumt war. Unser ehrwürdiger Wirt entzog sich diesem freudigen Erguß unserer Stimmung nicht; sein stillsanftes Wesen blieb sich zwar gleich wie in jedem Augenblick, in jedem Verhältnis unseres ferneren Zusammenseins, so auch hier, aber eine milde Freundlichkeit legte sich in die Falten seiner erfahrungsreichen Züge, und ein Ausdruck väterlichen Wohlwollens sprach aus seinem seelenvollen Blick zu meinem Herzen.

Der Ararat in Wort und Bild

Der Ararat trägt diesen seinen Namen schon seit dreitausenddreihundert Jahren, denn wir lesen ihn in dem ältesten der Bücher, in der Schöpfungsgeschichte Moses, wo es heißt: »Am siebzehnten des siebenten Mondes ließ sich der Kasten nieder auf das Gebirge Ararat« (62). An anderen, mehrere Jahrhunderte später niedergeschriebenen Stellen des alten Testaments: Jesaias 37, 38 und 2. Könige 19, 39 ist von einem Lande, Jeremias 51, 27 aber von einem Königreiche Ararat die Rede, und der glaubwürdigste armenische Schriftsteller, Moses von Chorene, berichtet gleichfalls, daß ein ganzes Land diesen Namen getragen habe, und zwar nach einem alten armenischen König des Landes, Arai dem Schönen, welcher ungefähr 1750 Jahre vor Chr. gelebt haben und in einer blutigen Schlacht gegen die Babylonier gefallen sein soll, in einer Ebene Armeniens, die deshalb Arai-Arat, d. i. Arais Verderben, genannt sei; vorher aber hatte die Gegend Amasia geheißen, nach dem Herrscher Amassis, dem sechsten Abkömmlinge Japhets, und nach ihm sei der Berg Masis genannt worden. Dies ist nun auch der einzige Name, unter welchem er jetzt noch bei den Armeniern bekannt ist; denn obgleich die armenische Ausgabe des alten Testaments ihn nicht anders als Ararat nennt, so hat doch das Volk den Namen Masis beibehalten und kennt gar den anderen nicht, so daß ein Armenier, sei er auch vom heiligen Noahberge selbst, wenn man ihn nach dem Ararat fragt, ebenso unwissend sich als ein Europäer zeigt, den man über den Masis als einen bekannten Berg befragen wollte. Natürlich ist auch den Türken und Persern der Name Ararat unbekannt: erstere nennen ihn, wie ich schon früher erwähnt habe, arabisch Agri dagh, d. i. steiler Berg; und da das Arabische in jenen Gegenden eine Art Weltsprache ist, so ist auch den Kurden, Persern und selbst den Armeniern dieser Name geläufig. Nach einigen soll der Berg bei den Persern den Namen Kuh-i-Nuh, d. i. Noahberg, haben.

In einer Ebene von etwa 50 Werst Breite und einer Längenausdehnung, von der man wohl 100 Werst übersehen kann, in der Ebene, welche der Araxes in einem großen Bogen durch-

Länder zwischen dem Schwarzen und Kaspischen Meere (Parrot)

strömt, erhebt sich am südlichen Rande derselben das Gebirge Ararat, aus zwei Bergen bestehend, dem Großen Ararat und seinem unmittelbaren Nachbarn, dem Kleinen Ararat; jener nordwestlich, dieser südöstlich, ihre Gipfel 10 ½ Werst geradliniger Entfernung voneinander und der Fuß beider Berge verschmolzen durch ein weites ebenes Tal, von den Hirten als Viehweiden und früher von den räuberischen Kurden als ein guter Schlupfwinkel benutzt, durch welchen sie zwischen den nördlich und südlich gelegenen Provinzen eine bequeme und sichere Kommunikation unterhielten.

Der Gipfel des Großen Ararat liegt in 39° 42′ nördl. Br. und 61° 55′ östl. L. von Ferro; er erhebt sich, in senkrechter Richtung gemessen, 16 254 Pariser Fuß oder beinahe 5 Werst über dem Meere und 13 530 Pariser Fuß oder etwas über 4 Werst über der Ebene des Araxes. Der nordöstliche Abhang des Berges kann auf zwanzig, sein nordwestlicher auf 30 Werst Länge angenommen werden; an ersterem erkennt man schon aus weiter Ferne die tiefe, finstere Schlucht, die manche mit einem ausgebrannten Krater vergleichen, die mir aber stets mehr als ein Spalt vorgekommen ist, wie wenn der Berg einmal von oben aus geborsten wäre. Vom Gipfel herab, fast eine Werst in senkrechter oder ungefähr 4 Werst in schräger Richtung deckt ihn eine Hülle unvergänglichen Schnees und Eises, dessen unterer Rand nach den Erhöhungen und Vertiefungen des Bodens gezackt ist, aber an der ganzen nördlichen Hälfte des Berges von 13 300 Pariser Fuß oder etwas über 4 Werst Höhe über dem Meere an als eine starre, von wenig Felszacken unterbrochene Kruste sich bis zum Gipfel hinauf und über denselben weg auf der südlichen Hälfte bis zu einer etwas geringeren Tiefe herabzieht, – dies ist das Silberhaupt des Ararat!

Der Kleine Ararat liegt in 39° 39′ nördl. Breite und 62° 2′ östl. Länge von Ferro. Sein Haupt ragt 12 284 Pariser Fuß oder etwa 3 ¾ Werst senkrecht gemessen über der Meeresfläche empor und über der Ebene des Araxes 9561 Pariser Fuß oder beinahe 3 Werst. Trotz dieser namhaften Höhe trägt er doch keinen beständigen Schnee, sondern ist im September und Oktober, wahrscheinlich auch schon im August und noch etwas früher völlig frei davon. Seine Abhänge sind bedeutend steiler als die des Großen Ararat, fast rein kegelförmig und mit vielen feinen Furchen versehen, die sich vom Gipfel strahlig herabziehen und dem Gemälde dieses Berges einen ganz eigenen, anziehenden Charakter geben.

Obgleich beide Ararat durchaus nicht als ein Teil irgendeines anderen Gebirges erscheinen, sondern selbständig und großartig dastehen, so sind sie doch nicht außer aller Verbindung mit anderen Bergen. Während der südwestliche Abhang beider sich in die Hügel von Bayazid und Dyadin verliert, welche die Quellen des Euphrat enthalten, läuft der nordwestliche Abhang des Großen Ararat mit einer langen Hügelkette zusammen, die das ganze rechte Ufer des Araxes besetzt und in welcher einige sehr steile Kegelformen auffallend hervortreten. Das westliche Ende dieser Bergkette schlägt sich um die Quellen des

Ansicht des Ararat von Tournefort (um 1780)

Ararat mit dem Kloster St. Jacob (Parrot)

Araxes herum, streift Erzerum und krönt auf gleiche Weise als das rechte Ufer dieses Flusses auch das linke mit einer Kette von Bergen, die an einzelnen Stellen, wie namentlich in der Richtung von Kars, eine sehr beträchtliche Höhe haben müssen, da

ich sie im Oktober, in einer Zeit, wo sonst nur der Gipfel des Großen Ararat von ewigem Schnee umgeben war, bis zu einer nicht unbedeutenden Tiefe herab und in einer Längenausdehnung von etwa 20 Werst fortwährend mit dichtem Schnee bedeckt gesehen. Dieses Gebirge ist vermutlich der Saganlug, ein Teil des Taurus, Zeuge der Heldentage von Kars, Assan-Kaleh

(Aşkale) und Erzerum, wie der alte Ararat deren von Eriwan und Bayazid gewesen ist.

Wundervoll und ergreifend ist der Eindruck, welchen der Ararat auf das Gemüt eines jeden macht, der nur einige Empfänglichkeit für diese großartigen Werke des Schöpfers hat; und mancher gefühlvolle und unterrichtete Reisende hat mit geschickter Feder und kunsterfahrenem Pinsel es versucht, diesen Eindruck zu schildern.

Die ersten Abbildungen des Ararat finde ich bei Chardin auf der siebenten und neunten Kupfertafel, jene von Eriwan aus, in jeder Hinsicht gänzlich verfehlt, letztere von Etschmiadsin aus, den Umrissen nach nicht ganz schlecht und selbst viel getreuer als manche aus neuerer Zeit. Tournefort hat den Gegenstand mit Geist und insofern genau aufgefaßt, als fast jeder Zug in seiner flüchtigen Skizze sich in der Natur nachweisen läßt, aber nur mit eben den grotesken Übertreibungen, zu welchen ihn seine lebhafte Phantasie auch in der Beschreibung hingerissen hat. Morier hat die beiden Ararat von der Ostseite gezeichnet, ist aber in der Darstellung den Formen der Natur nicht treu geblieben, sondern scheint mehr dem Eindrucke gefolgt zu sein, den seine warme Einbildungskraft von dem Anschauen des großartigen Gegenstandes empfangen hat. Außer dem, daß der Kleine Ararat viel zu klein, als ein bloßer Fels in Form eines Fingerhuts dasteht, herrscht viel zuviel Regelmäßigkeit in den Konturen, was der Reisende aber eben als einen ganz besonderen Vorzug dieses Gebirges vor anderen betrachtet, indem er auf S. 237 seiner zweiten Reise sagt: »Nachdem wir die Ebene von Abbas-Abad überschritten hatten, genossen wir eine herrliche Aussicht auf den Berg Ararat. Nichts Schöneres als seine Formen, nichts so Auffallendes als seine gigantische Größe: im Vergleiche mit ihm sind alle benachbarten Berge verschwindend; seine Gestalt ist vollkommen in allen ihren Teilen; kein rauher Zug, keine unnatürliche Hervorragung; überall ist Harmonie, und alles scheint sich zu vereinen, um einen der erhabensten Naturgegenstände hervorzubringen«.

Der geist- und kenntnisreiche Beobachter Ker-Porter ist in seiner sonst sehr hübsch dargestellten Ansicht der beiden Ararat gleichfalls, was die Steilheit der Abhänge betrifft, weit über die Grenzen der Natur hinausgegangen; besonders verfehlt ist die nadelförmige Zuspitzung des Kleinen Ararat.

M. von Kotzebue hat seiner humoristischen Reisebeschreibung eine kleine Anzahl, aber interessanter Blätter in Aquatinta beigegeben, unter denen sich auch eine Zeichnung des Ararat befindet. Die Hauptzüge beider Berge sind nicht zu verkennen; aber die Abdachungen, besonders des Großen Ararat sind nach einer optischen Täuschung, der wohl fast alle freien Handzeichnungen von isolierten Bergen unterliegen, auch hier viel zu steil, und der Kleine Ararat hat nach Verhältnis eine zu große Höhe; schön und charakteristisch ist der Wolkenzug um das Gebirge.

William Ouseley hat in seinem an wichtigen und ausführlichen Nachrichten sehr reichhaltigen Werke, der Frucht seiner in den Jahren 1810, 1811 und 1812 unternommenen Reisen, auch einiges über den Ararat mitgeteilt und drei kleine Zeichnungen von ihm gegeben, von welchen ich die aus der Ebene von Eriwan genommene, obgleich sie nur zwei Zoll groß ist und fast gar keine Details enthält, dennoch für das Beste erklären muß, was wir von graphischen Darstellungen bisher gehabt haben; man sieht nämlich beide Berge darin mit vollkommen richtigen Konturen und in dem wahren gegenseitigen Verhältnisse der Größe.

Außerdem sind mir noch ein paar Kupferstiche vom Ararat zu Gesicht gekommen, die nicht als Begleiter von Reisebeschreibungen, sondern als besondere Bilder und in größerem Format herausgekommen sind. Der eine stellt beide Ararat samt dem Kloster Etschmiadsin dar, ist in den Umrissen nicht ganz schlecht und mehr nur in den Details verfehlt.

Als steile und einförmige Kegel sind die beiden Berge in einem anderen Kupferstiche dargestellt, zugleich mit dem Kloster Etschmiadsin sowohl von Seiten der Kunst als der Ähnlichkeit eine Arbeit von geringem Werte. Dagegen haben wir aus neuerer Zeit über beide Ararat einen sehr schönen Kupferstich in großem Format, mit einem durch armenische Kolonisten interessant belebten Vordergrund. Der Zeichner, ein verdienstvolles Mitglied der Akademie der Künste zu St. Petersburg, Herr Maschkow, von dessen Hand man eine große Reihe der schönsten Landschaften aus dem Kaukasus und den transkaukasischen Ländern besitzt, hat auch unseren Gegenstand auf eine anziehende Weise dargestellt, nur hat er die beiden Ararat nicht genau vom Vordergrund getrennt, wodurch der Eindruck von Größe sehr verliert, ohne es durch die übermäßige Steilheit der

Kleiner und Großer Ararat vom Dorf Syrbaghan aus NNO gesehen (Parrot)

Abhänge, die auch in dieser Zeichnung bemerkt wird, wieder zu gewinnen.

Da nichts imstande ist, den Totaleindruck eines Gebirges so vollständig wiederzugeben als ein richtiges Bild desselben, so war ich bemüht, den Zeichnungen, welche ich hiermit dem Publikum vom Ararat darlege, vor allen Dingen den Charakter der Wahrheit zu erteilen. Wenn meine Zeichnungen vom Ararat außer dem Vorzuge richtiger Verhältnisse auch noch den einer

sehr naturgemäßen, treuen Perspektive haben, so gebührt das Verdienst hiervon Herrn Hagen, welcher mit Benutzung genauer Daten über die Entfernung der Gegenstände sowohl in seinen Handzeichnungen als den von ihm selbst gemachten Kupferstichen alles und weit mehr leistete, als ich nach meinen in perspektivischer Hinsicht sehr mangelhaften Skizzen erwarten konnte (63). So hoffe ich, wird die Zeichnung mit dem Kloster Etschmiadsin den Eindruck einer weiten einförmigen Ebene nicht verfehlen, in welcher sich dieses Kloster wie eine Insel auf dem Meere großartig erhebt, neben sich das kleine Kloster Gajaneh und im Hintergrunde die leichte Andeutung des Kleinen und des Großen Ararat, letzterer mit seiner ausgezackten Schneegrenze und der tiefen Schlucht. In dieser Landschaft ist für das Kloster selbst der Standpunkt imaginär; denn eine Anhöhe, von welcher man das ganze Kloster, wie hier dargestellt ist, übersehen könnte, gibt es in der Nähe desselben nicht. In nicht geringerem Grade gelungen ist die Aquatintazeichnung aus Kanakir, dem Geburtsorte meines jungen Freundes Abowian. Man sieht hier aus dem ziemlich hohen Standpunkte im Vordergrunde nur einige Ruinen des im persischen Kriege zerstörten Dorfes; rechts hinter einem Bergabhange die Zinnen der Festung Eriwan; quer durch die weite Ebene einen Nebelstreif, der, als ich zeichnete, über dem Araxes ruhte, und endlich als Hauptgegenstand den Großen Ararat mit seinem Schneehaupte und seiner Felsschlucht und den Kleinen Ararat mit einem ihm sehr charakteristischen Wolkenzuge; nirgends Baumvegetation, dagegen ganz rechts den Anfang eines weit ausgedehnten, aus lauter Lavatrümmern gebildeten Hügels. Wegen der vielen und genauen Details von den beiden Ararat, welche die aus Syrbaghan (64) entworfene Zeichnung gibt, möchte ich dieser den Vorzug vor den beiden übrigen geben. Ihr Vordergrund stellt in diesem von Tartaren bewohnten, zwischen dem Araxes und dem Ararat gelegenen Dorfe unsere Reisegesellschaft dar, auf dem ebenen Dach die Bewohner und Bewohnerinnen mit Rauchen, Spinnen und dem Verzehren von Melonen beschäftigt; in diesem Dorfe auch die einzigen Bäume, namentlich Ölweiden, hohe Weiden, einiges Gesträuch und sonst hohe Kräuter; dann die etwa 15 Werst breite Ebene und hinter derselben die beiden prachtvollen Berge mit ihren größeren und kleineren Schluchten, Klüften, Spalten und Rinnen, wie man sie nur an einem ausgebrannten Vulkan finden kann.

Die Ansicht aus St. Jacob hat ihren Standpunkt am Eingange der finsteren Schlucht, also auf dem Berge selbst und namentlich vom Gottesacker des Klosters; sie zeigt zuvörderst das einsame Kloster mit seiner niedlich gebauten Kirche und den daranhängenden Zellen nebst dem Klostergarten, alles von der Ringmauer umschlossen; außerhalb derselben angepflanzte Aprikosenbäume, kleine Pyramidenpappeln, hochstämmige Walnußbäume und schmalblättrige Weiden; dahinter den Talgrund, von dem kleinen Arguribach durchrieselt, und dann am Ende der Schlucht den majestätischen Eisgipfel selbst.

Erkundungen am Berg

Meine Sehnsucht, dem ehrwürdigen Haupte des heiligen Berges näher zu treten, ließ mich im stillen Kloster nicht lange feiern und zaudern. Besorgnisse wegen der späten Jahreszeit kamen dazu, und ein heiterer Himmel ließ den Entschluß reifen, gleich des anderen Tages nach meiner Ankunft eine Rekognitionsreise um den Gipfel zu unternehmen. Wenn ich bei der Beschreibung dieses Versuches wie der darauffolgenden von namhaften Schwierigkeiten spreche, die sich meinem Vornehmen entgegengestellt haben, so möchte dies manchem auffallen, der aus der Ansicht meiner eigenen Zeichnungen des Berges auf keine sehr große Steilheit seiner Abhänge und deshalb auch nicht so bedeutende Hindernisse des Ersteigens zu schließen geneigt sein möchte. Dem liegt aber eine sehr häufig vorkommende optische Täuschung zugrunde, von welcher sich jeder Bergreisende zur Vermeidung nachteiliger Irrtümer möglichst zu befreien suchen sollte. Sooft man nämlich einen Berg hinansteigt und seinen Abhang gerade vor sich hat, taxiert man den Steigungswinkel dieses Abhanges viel größer, als man ihn mit dem Bleilot wirklich findet (65).

Am 12. September morgens um 7 Uhr begab ich mich, von Herrn Schiemann begleitet, auf den Weg. Einen unserer Kosaken und einen der Jagd kundigen Bauern aus Arguri nahmen wir mit und richteten unsere Schritte zuerst in der Talsohle, dann an deren rechten Gehänge aufwärts zu einer Stelle, wo zwei kleine, aus Quadern gebaute Häuserchen unmittelbar nebeneinander stehen, das eine vormals eine Kapelle, das andere zum Schutz einer für heilig gehaltenen Quelle erbaut. Die Armenier geben dieser Kapelle einen sehr alten Ursprung, nennen sie auch wohl nach dem heiligen Gregor und wallfahrten sehr häufig und aus ziemlich entfernten Orten dahin; aus Bayazid fanden sich während unserer Anwesenheit öfters Armenier zu den Andachtsübungen ein, welche dort begangen werden und nach welchen die Gäste sich in dem entlegenen Tale mit Schießen und allerlei Freudenäußerungen zu unterhalten pflegen.

Die Quelle, welche an diesem Orte aus dem Felsen hervortritt, führt ein klares, trinkbares Wasser von gewöhnlichem reinem Geschmack und ist schon deshalb ein würdiger Gegenstand der allgemeinen Wertschätzung, weil es der beständigen Quellen am Ararat wohl nicht viele geben kann, da ich wenigstens auf allen meinen Exkursionen am Berge zu meinem großen Verdruß nirgend anderswo eine gefunden und auch nirgend von einer anderen gehört habe. Sie mochte daher wohl ursprünglich irgendeinem frommen Mönche alter Zeit Veranlassung gegeben haben, sich in dieser Gegend als Einsiedler niederzulassen, dessen Ruf von Heiligkeit dann auch der Quelle den Ruf von irgendeiner wundertätigen Kraft verschafft haben mag, bis in dem Laufe der Jahrhunderte und dem Sturme politischer Ereignisse auch dieser stille Bewohner verscheucht ward und nur noch der wundertätige Born übrig blieb als Gegenstand allgemeiner Verehrung und blinden Glaubens unter den Armeniern, so weit sie auf dem Erdenrund verbreitet sein mögen.

Die Sage von der wundertätigen Kraft dieses Wassers ist aber diese, daß die Heuschreckenzüge, welche die Gegenden dies- und jenseits des Kaukasus zuweilen als eine wahre Landplage in unermeßlichen Schwärmen durchziehen und oft in einem Tage einen ganzen Strich Landes verwüsten, nicht anders vertilgt und verjagt werden können als durch einen gewissen Vogel, den ich jedoch nie zu sehen bekommen habe und der nach der Beschreibung wohl eine Art Drossel sein könnte, von den im Lande befindlichen Russen aber ein Star genannt wird. Er ist nicht groß, schwarz von Farbe, an Brust und Rücken gelblichweiß und soll zur Zeit, da die Maulbeeren reif sind, man weiß nicht recht woher, sich in Scharen am Araxes einfinden und durch Zerstörung der Maulbeerfrüchte dem Lande viel Schaden bringen; sein Name in Armenien ist Tarm, auch Tetägusch, Gusch nämlich heißt tatarisch Vogel und Tut armenisch Maulbeerbaum; bei den Tataren heißt er Gasyrtschach. Erscheint er in einer Gegend, wo die Heuschrecken hausen, so ist sie sicher und in kurzer Zeit gerettet, denn er verfolgt sie als ein furchtbarer Feind. Um dies wohltätige Tier anzulocken, soll nun aber eben das Wasser von der heiligen Quelle gebraucht werden können, indem es genügt, einen Krug oder eine Flasche an Ort und Stelle damit zu füllen und in die von Heuschrecken heimgesuchte Gegend zu tragen, jedoch mit der Vorsicht, das Gefäß unterwegs nicht auf den Boden zu stellen, weil sonst das Wasser im Augenblicke verfliegt. Am Orte seiner Bestimmung aber im Freien hingestellt, soll es nie verfehlen, alsbald eine Schar Tetägusch herbeizulocken und auf solche Weise die Gegend von der Heuschreckenplage zu befreien.

Wir überstiegen von jener Kapelle aus die begraste Anhöhe des rechten Talhanges und hatten sehr unter der Hitze des Tages zu leiden, so daß unser Kosak, der wohl lieber auf seinem Pferde sitzend drei Tage lang durch die Steppe gejagt wäre, als ein paar Stunden lang über die Felsen zu klettern, vor Ermattung hinzusinken drohte und zurückgeschickt werden mußte. Um 6 Uhr abends, als auch wir ermüdet und der Schneeregion ziemlich nahe gekommen waren, wählten wir uns zwischen Felstrümmern ein Nachtlager. Wir hatten eine Höhe von 11675 Pariser Fuß erreicht, kaltes Gestein war unser Lager und das starre Eishaupt des Berges unser Ofen; an schattigen Stellen um uns herum lag schon etwas frischer Schnee, die Temperatur der Luft war auf dem Gefrierpunkte. Herr Schiemann und ich hatten uns leidlich für diesen Fall eingerichtet, uns erwärmte auch die Freude an der Unternehmung; aber unser athletischer Jäger Sahak aus Arguri ward vor Kälte gar mutlos, denn er hatte nichts als seine sommerliche Kleidung; der ganze Hals sowie der Fuß vom Knie bis zur Sandale waren ihm entblößt, und sein Haupt deckte nur ein darüber gebundenes altes Tuch.

Sobald das nächtliche Dunkel der Morgendämmerung gewichen war, setzten wir unseren Weg weiter fort gegen die östliche Seite des Berges und befanden uns sehr bald an dem Abhange, welcher sich unmittelbar vom Gipfel herabzieht; man sieht ihn auf dem Bilde des Klosters St. Jacob links hinter den rundlichen, noch begrasten Vorhügeln; er ist aus lauter zackigen Felskämmen gebildet, die sich von oben herabziehen und bedeutende Klüfte zwischen sich lassen, in welche sich die Eishülle des Gipfels mit Gletschern von bedeutender Ausdehnung verliert. Mehrere dieser Felskämme und Eisschluchten lagen zwischen uns und der Seite des Berges, nach der wir strebten. Glücklich überschritten wir den ersten Kamm und auch den darauffolgenden schönen Gletscher; auf der Höhe des zweiten Felskammes angelangt, verlor auch Sahak den Mut, weiter zu folgen; er hatte sich die von der kalten Nacht erstarrten Glieder noch nicht erwärmt, und die Eisregion, welcher er uns so raschen Schrittes zueilen sah, schien ihm auch wenig Hoffnung auf die Erwärmung zu geben; so blieb denn der eine aus Hitze, der andere aus Frost zurück; nur Herr Schiemann, obgleich in dieser Art von Strapazen noch ganz neu, verlor keinen Augenblick Mut und Lust, an meiner Seite zu bleiben, sondern teilte mit jugendlicher Kraft und männlicher Ausdauer alle Mühen und Gefahren, die sich bald in ungewöhnlichem Maße häuften. Wir überschritten vor den Augen des zurückbleibenden Jägers den vor uns liegenden zweiten Gletscher und erreichten den dritten Felskamm, indem wir aber unsere Richtung zugleich schräg aufwärts nahmen, gelangten wir hinter demselben bei einer Höhe von 13 180 Pariser Fuß zu dem unteren Rande der Eisrinne, die von hier aus ohne Unterbrechung sich bis zum Gipfel hinanzieht. Jetzt galt es, diesen mit ewigem Winter bekleideten Abhang zu ersteigen. In gerader Richtung war dies, obgleich die Neigung keine volle 30° betrug, für zwei Menschen ein Ding der Unmöglichkeit. Wir entschlossen uns also, schräg aufwärts über den Abhang zu einem langen zackigen Felskamm zu gelangen, der sich sehr hoch an den Gipfeln hinanzieht und von welchem man in der angeführten Zeichnung aus St. Jacob sowie in der aus Syrbaghan auf der linken Seite des Berges eine kleine Spur bemerkt. Es glückte uns dies dadurch, daß wir uns mittels der Eisstöcke ordentliche Vertiefungen in das Gletschereis hieben, auf welchem sich nur eine dünne Lage frisch gefallenen Schnees befand, zu schwach, um unseren Tritten die erforderliche Festigkeit zu geben. So erreichten wir glücklich den Felsenkamm und zogen uns neben ihm, wo sich der frische Schnee etwas tiefer angehäuft hatte, gerade hinauf dem Gipfel zu. Obwohl mit namhafter Anstrengung unserer Kräfte, wäre es uns dennoch vielleicht schon diesmal wider alle Erwartung gelungen, das hohe Ziel unserer Wünsche zu erreichen, aber die Tagesarbeit war groß gewesen, und als es drei Uhr nachmittags war, mußten wir daran denken, wo wir für die bevorstehende Nacht einen Ruheplatz finden würden. Wir hatten fast das oberste Ende des Felsenkammes und eine Höhe von 14 550 Pariser Fuß über dem Meere, ungefähr die Höhe des Gipfels des Montblanc, erreicht, und dennoch lag der Gipfel des Ararat in namhafter Erhebung über uns in voller Klarheit da. Ich glaube nicht, daß irgendein unübersteigliches Hindernis unserem ferneren Fortschreiten in den Weg gekommen wäre, aber die wenigen Stunden des Tages, welche uns noch übrig waren, darauf allein zu verwenden, dieses Ziel zu erstreben, wäre mehr als vermessen gewesen, da wir auf dem Gipfel auch nicht einmal einen Felsen zu unserem Schutze während der Nacht angetroffen hätten, abgerechnet, daß selbst die mitgenommenen Lebensmittel auf ein so entferntes Ziel nicht berechnet waren.

Zufrieden mit dem Resultate, den Berg von dieser Seite her nicht für durchaus unersteiglich erkannt zu haben, und nach angestellter Barometerbeobachtung wandten wir um, kamen aber dadurch in eine beim Hinaufsteigen nicht geahnte Gefahr. Es ist nämlich ohnehin beim Herabsteigen von einem jeden Berge der Tritt minder sicher als beim Hinansteigen, so ist es vollends schwer, ihn in der Gewalt zu behalten, wenn man von oben her eine solche Eis- und Schneefläche überblickt wie die, welche sich unter unseren Füßen mehr als ein Werst weit ohne Unterbrechung hinabzog, und auf der, wenn wir ausglitten und fielen, nichts unserem Hinabschießen hätte Einhalt tun können als die scharfkantigen Steintrümmer, in welche sich die Region des ewigen Eises verliert. Hier liegt die Gefahr mehr in dem Mangel an Gewohnheit als in reellen Schwierigkeiten. Die Fassung meines auf seiner ersten Bergreise begriffenen jungen Freundes, dessen Kraft und Mut wohl manche härtere Probe bestanden hatte, vermochte dieser indessen nicht zu widerstehen; ein unsicherer Tritt warf ihn nieder; weil er aber etwa 20 Schritte hinter mir zurückgeblieben war, hatte ich Zeit, meinen Bergstab, so tief es anging, vor mir ins Eis zu stoßen, auf meinen vortrefflichen, vielspitzigen Eissohlen festen Fuß zu fassen und, während meine Rechte den Stab festhielt, mit der Linken Herrn Schiemann im Vorbeischießen zu fassen. Meine Stellung war gut gewesen und widerstand der Kraft des Ankommenden; aber die Verbindung der Eisschuhe, obgleich so fest, daß sie wie ein Stück mit der Sohle des Stiefels ausmachten, hielt nicht aus; wie mit einem Messer waren die Kreuz- und Quergurte durchschnitten, welche zu ihrer Befestigung dienten, und auf der bloßen Sohle vermochte ich die doppelte Last nicht zu halten; ich wurde mit in den Fall gerissen. Herr Schiemann fand früher als ich an ein paar Steinen günstigen Aufenthalt; mein Weg, den ich fast besinnungslos zurücklegte, mochte wohl eine halbe Werst betragen haben und endete zwischen den Lavatrümmern nicht weit vom unteren Rande des Gletschers. Das Rohr meines Barometers war dabei zerschmettert; mein Halbchronometer aufgegangen und mit dem Blute meines Körpers bespritzt, und von mei-

Der Große Ararat von Südwesten. Am Hang sommerliche Hirtenzelte (nach einer Originalzeichnung von Ed. Imhof)

nen übrigen Sachen war durch die Zentrifugalkraft meiner wirbelnden Bewegungen das Letzte mir aus den Taschen geschleudert, ich selbst aber nicht wesentlich beschädigt. Sobald wir uns

vom ersten Schreck erholt und Gott für unsere Erhaltung gedankt hatten, suchten wir das Wichtigste von unseren Sachen zusammen, setzten den Rückweg weiter fort, überschritten mittels eingehauener Stufen noch einen kleinen Gletscher und freuten uns, nicht lange darauf von einer Felszacke her die Stimme unseres guten Sahak zu vernehmen, der so verständig gewesen war, in dieser Gegend unsere Rückkehr zu vermuten und abzuwarten. In seiner Begleitung brachten wir die Nacht doch wenigstens in der begrasten Region zu, in deren trockene Büschel er, der stets Frostige, Feuer legte, um sich ein wenig zu wärmen. Am dritten Tage morgens um 10 Uhr erreichten wir unser liebes Kloster, wo wir uns gleich an vollsaftigen Pfirsichen und einem guten Frühstücke labten, uns aber auch sorgfältig hüteten, von dem Unglücksfalle unter den Armeniern etwas verlauten zu lassen, da sie nicht ermangelt hätten, darin eine göttliche Strafe für unser verwegenes Streben nach dem Gipfel zu finden, den zu betreten seit Noahs Zeiten durch ein göttliches Gesetz jedem Sterblichen verwehrt sei. Denn es lebt unter allen Armeniern die feste Überzeugung, daß Noahs Arche bis auf den heutigen Tag sich auf dem Gipfel des Ararat erhalten habe und zu ewiger Bewahrung derselben sich kein Mensch ihr nähern dürfe.

Den Hauptgrund zu dieser letzteren Annahme liefern uns die armenischen Geschichtsbücher in der interessanten Legende von einem Mönch namens Jacob, der später Patriarch von Nisibis geworden ist und ein Zeitgenosse und Verwandter des heiligen Gregor gewesen sein soll. Dieser Mönch habe, um den damals entstandenen Streitigkeiten über die Glaubwürdigkeit der heiligen Geschichtsbücher, namentlich in betreff ihrer Erzählung von Noahs Begebenheit ein Ende zu machen, den Entschluß gefaßt, sich persönlich auf dem Gipfel des Ararat von der Gegenwart der Arche zu überzeugen. Am Abhange des Berges aber sei er mehrere Male vor Übermüdung in Schlaf versunken und habe beim Erwachen gefunden, daß er während des Schlummers unbewußt wieder ebenso weit herabgekommen sei, als er mit vieler Mühe hinangestiegen war. Als Gott seine unermüdlichen, doch fruchtlosen Anstrengungen mitleidig angesehen, habe er ihm während seines Schlafes einen Engel gesandt mit der Botschaft, seine Bemühungen wären vergeblich, denn der Gipfel sei unerreichbar, jedoch zur Belohnung seines eifrigen Strebens und zur Befriedigung der Wißbegierde der Menschen schicke er ihm ein Stück von dem auf dem Gipfel befindlichen Schiffe des Noah, eben dasselbe, welches in der Kathedrale von Etschmiadsin als eine vorzügliche heilige Reliquie aufbewahrt wird. Unter den Armeniern ist durch diese von der Kirche sanktionierte Erzählung die Annahme von der Unersteiglichkeit des Ararat zu einer Art von Glaubensartikel geworden, dem sie um so bereitwilliger anhängen, als er sie einer sehr großen Mühe überhebt, ein Wahn, dem ein Armenier selbst dann noch nicht abschwört, wenn man ihn auch persönlich auf den Gipfel des Ararat gestellt hat.

Ein Pascha von Bayazid, der Vater und Vorgänger des gegenwärtigen Mehemet Bähälühl, bei welchem das Religionsvorurteil der Armenier nicht statthaben konnte, hat durch einen mißglückten Versuch zur Ersteigung des Ararat die Meinung von seiner Nichterreichbarkeit noch mehr befestigt. Der Pascha nämlich traf ziemlich ernsthafte Maßregeln zur Erreichung seines Zieles, soll auch einen Preis auf die Durchführung dieses Planes gesetzt haben, aber er kam mit dem ersteren nicht weiter als bis etwa 2400 Fuß unterhalb der Schneegrenze, bis wohin man nämlich auf einem gewandten persischen Pferde zur Not auch reiten kann, und nach einem von dem Herrscher Persiens ausgesetzten Preise scheint keinem seiner Untertanen gelüstet zu haben, überhaupt aber möchte der an Wärme und Bequemlichkeit gewohnte Perser wohl nicht der Mann sein, ein solches Wagstück durchzuführen.

Auch die gelehrte Welt hat für die Annahme von der Unersteiglichkeit des Ararat eine Autorität; ich meine nicht die vielen Reisenden, welche entweder aus Mangel an Zeit, Lust und Mitteln oder auch zurückgeschreckt durch die allgemeine Meinung des Volkes keinen Versuch zur Ersteigung des Gipfels wagen wollten und im Staunen über den wahrhaft imposanten Anblick des Berges die Größe des empfangenen Eindrucks noch durch die Idee der Unerreichbarkeit seines Silberhauptes zu steigern geneigt sein mußten; sondern ich spreche von Tournefort, auf welchen sich auch besonders Morier in seiner zweiten Reise beruft, wo er sagt: »Niemand nach der Sündflut scheint auf die Spitze des Ararat gelangt zu sein, und die schroffen Abhänge seines Schneegipfels scheinen mir übrigens auch alle Anstrengungen, um dahin zu gelangen, überflüssig zu machen. Wir können versichern, daß in neueren Zeiten niemand hinaufgekommen ist. Wenn es selbst Tournefort, diesem beharrlichen und mutvollen Reisenden, nicht hat glücken wollen, wie sollten die zaghaften und abergläubischen Bewohner dieser Gegenden dazu gekommen sein?« Man hat aber nur nötig zu lesen, was Tournefort über seine Expedition zum Ararat selbst sagt und wie er den Versuch des Ersteigens beschreibt, um sich zu überzeugen, daß ihm weniger daran lag, den Gipfel des Berges zu erreichen, als, wie er sich selbst sehr naiv ausdrückt: »Um sich den Namen eines Märtyrers der Botanik zu erwerben, ... versicherten wir«, sagt er, »unsere Führer, daß wir nicht weiter als bis über einen Haufen Schnee hinaus gehen würden, den wir ihnen zeigten, und daß derselbe nicht viel größer zu seyn schien als ein Kuchen. Allein als wir zu demselben kamen, fanden wir ihn viel größer, als es nötig gewesen wäre, um unsern Durst zu löschen; denn der Haufe hatte mehr als dreyßig Schritte im Durchmesser. Ein jeder aß so viel und so wenig davon, als er wollte; und hier wurde mit allgemeiner Beistimmung beschlossen, daß wir nicht weiter gehen wollten. Wir traten also unsere Rückreise mit aller Munterkeit an, erfreut, unser Gelübde erfüllet und jetzt weiter nichts mehr übrig zu haben, als in das Kloster zurückzukehren.« Man lese die ganze, überaus komisch beschriebene und gewiß auch nicht sehr ernstlich gemeinte Expedition, als z. B. »Wir rutschten über eine Stunde lang auf dem Rücken über diesen grünen Boden fort und kamen auf eine ganz angenehme Weise viel weiter, als wenn wir unsere Füße gebraucht hätten. ... Wir fuhren demnach fort zu rutschen, so lang es der Boden erlaubte, und wenn wir auf Kieselsteine kamen, die unseren Schultern nicht behagten, rutschten wir auf dem Bauch oder gingen rücklings auf allen Vieren fort.«, um einzusehen, daß Tournefort sich selbst nicht ambitioniert, zu denjenigen gezählt zu werden, welche mit Kraft und Beharrlichkeit an die Ersteigung des Gipfels des Ararat gegangen sind; auch war er überhaupt von solchem Enthusiasmus für diesen Gegenstand nicht ergriffen als die Reisenden späterer Zeit, von denen nicht leicht einer Tourneforts Worte unterschreiben würde: »Dieser Berg, welcher zwischen Süd und Südost der drey Kirchen liegt, hat das traurigste und widrigste Ansehen, was in der Welt sein kann.« (66)

Am Tage nach meiner Rückkehr befiel mich ein starkes Fieber, vermutlich die Folge der heftigen Gemüts- und Körpererschütterung, die ich beim Herabsteigen erfahren hatte, und hieß mich ernstlich auf Heilmittel bedacht sein. Ich sah es für ein Wechselfieber an, vermied aber doch den Gebrauch von Chinin, wovon ich eine ganze Unze in meiner kleinen Reiseapotheke besaß, und setzte mich nur auf strenge Diät: kein Fleisch, keine Früchte, keine Milch, bloß einfachen Tee und als Arzneimittel den schon früher einmal mit dem auffallendsten Erfolg gebrauchten Knoblauch, der mit Salz und ganz wenig Brot gegessen wird. Das Fieber kehrte nicht zurück, ich genas und machte mich nun auch an die Kur meines Barometers, die mit Hilfe der zur Reserve mitgenommenen Röhren und Thermometer und des Quecksilbervorrats auch in kurzem bewerkstelligt war. Überhaupt traf ich alle Vorbereitungen zu der eigentlichen Ersteigung des Gipfels, mietete Begleiter und Lasttiere, sorgte für Mundvorrat und fertigte die Inschrift auf einer starken Bleiplatte, die ich mitzunehmen und an einem auf der Höhe zu errichtenden Kreuze zu befestigen gedachte. Dies Kreuz war in Etschmiadsin gemacht worden, bestand aus Tannenholz, hatte 10 Fuß Länge und etwa 6 Zoll im Quadrat, war schwarz angestrichen und in seine zwei Stücke zu zerlegen. Am 18. September in der Frühe waren wir reisefertig. Ich setzte das Kreuz zusammen; es ward im Hofraum des Klosters hingelegt und von dem ehrwürdigen Archimandriten in aller Form nach armenischem Ritus unter Gebet und Salbung mit Myron eingeweiht, dann wieder auseinandergenommen und auf die Lasttiere gebunden, wobei ich bemerkte, daß die damit beschäftigten Armenier es sorgfältigst vermieden, die an drei Stellen angeklebte und mit dem heiligen Salböl getränkte Baumwolle abzustreifen.

Um halb acht war der Zug in Bewegung. In ihm befanden sich außer mir der Herr von Behaghel, Herr Schiemann, der Diakon Abowian, vier armenische Bauern aus Arguri, drei russische Soldaten vom 41. Jägerregimente und ein Treiber für die vier Ochsen. Eine Hauptperson in der Expedition war aber der schon früher erwähnte Dorfälteste Stepan Melik aus Arguri, der sich selbst erboten hatte, teil an ihr zu nehmen, und der, wie sich's bald zeigte, vollkommen geeignet war, ihre Schritte zu leiten. Ich folgte gern dem Rate dieses 53jährigen erfahrenen Mannes, diesmal die Ersteigung des Gipfels von der Nordwestseite des Berges zu versuchen, auf welcher der Weg zwar bedeutend länger ist als auf dem östlichen Abhange, aber auch im allgemeinen weniger steil. Nachdem wir etwa eine Werst am linken Talgehänge hingezogen waren, stiegen wir an demselben hinan und überschritten quer den nördlichen Abhang in westlicher Richtung ohne große Schwierigkeiten, da der Boden hier keine bedeutenden Ungleichheiten darbot und selbst noch Stege benutzt werden konnten, die sich auf demselben zeigten.

Anfangs fanden wir ihn mit verdorrtem Grase und nur wenig blühenden Kräutern bedeckt, und dann kamen wir in eine mit vulkanischem Sande und bimssteinartigem Gerölle bedeckte Gegend, vielleicht die, von welcher Tournefort etwas hyperbolisch sagt: »Man muß gestehen, daß sich das Auge sehr betrügt, wenn man einen Berg von unten bis oben hinauf ausmisset, besonders wenn man durch einen Sand waten muß, der ebenso verdrüßlich ist als auf den großen Sandebenen in Africa. Man kann auf dem Sand, der sich auf dem Berg derart befindet, keinen festen Tritt tun, und man wird ungleich müder, als wenn man auf einem festen Boden gehet. Gewiß eine lustige Reise für Leute, die nichts als Wasser in dem Magen haben, wenn sie immer bis an die Knöchel im Sande waten müssen.« Indem wir auf diesem, meiner Meinung nach wenig beschwerlichen Boden immer weiter in östlicher Richtung fortgingen und uns dabei zugleich immer etwas höher hinauf begaben, kamen wir bald an die steinige Region, welche unterhalb der Grenze des ewigen Schnees rings um den Berg herum eine breite Zone einnimmt und aus lauter eckigen, großen und kleinen Trümmern vulkanischen Gesteins von dunkler Farbe besteht, die sich in chaotischer Wildheit bald zu einer rauhen Mauer, bald zu einem zakkigen Kamm, hier zu einer engen Schlucht und dort wieder zu einem Gletschertal aneinandergefügt haben. Hier kam uns ein kleiner Pfad zustatten, der vermutlich durch die kleinen Viehherden entstanden war, die im Sommer aus Mangel an hinreichendem Grasfutter ihre Nahrung oft an sehr entlegenen Punkten des Berges suchen. Diese Spur geleitete uns bis zu einer beträchtlichen, mit Gras bewachsenen, fast horizontalen Ebene, welche auf der Nordwestseite des Berges wie eine samtene Stufe den wilden Trümmergrund unterbricht. Herr von Behaghel, Herr Schiemann und ich, wir hatten vom Kloster aus jeder ein Reitpferd mitgenommen und uns derselben auch anfangs bedient, aber am ersten steilen Trümmerabhang die Notwendigkeit eingesehen, sie mit einem Kosaken zurückzuschicken, weil sie den Strapazen des Schreitens zwischen so rauhem Gestein nicht gewachsen waren. Dagegen sah ich mit Verwunderung, wie das kleine persische Pferdchen des Stepan seinen hochstämmigen Herrn mit unermüdlicher Kraft und Geschicklichkeit durch die schwierigsten und gefährlichsten Stellen und an unglaublich steilen Anhöhen glücklich fortbrachte.

Die Ebene, die wir erreicht hatten, wird tatarisch Kip-Göl, d. i. Kip-Quelle (67), genannt infolge eines von der persischen Regierung hier beabsichtigten Kanals, welcher dazu dienen sollte, das Schneewasser vom Ararat zu sammeln und einem Bache zuzuführen, an welchem ehedem das Dorf Gorgan am Wege nach Bayazid existierte, nun aber verlassen und verfallen ist, weil, man weiß nicht aus welchem Grunde, das Wasser dieses Baches allmählich versiegte. Es tat uns allen sehr wohl, nach fünfstündigem ununterbrochenem Steigen an einem Platze verweilen zu können, der wieder an die belebte Natur erinnerte. Während die Lasttiere an dem noch halbgrünen Grase Nahrung fanden, stärkten wir uns an einer einfachen, aber kräftigen Mahlzeit, zu der wir uns sogar eine Suppe kochen konnten, weil in der ganzen Gegend, die im Sommer vermutlich als Weide benutzt wird, viel trockener Dünger lag, der ein sehr gutes Brennmaterial abgab. Gleich von dieser Ebene aus, die eine Höhe von 10862 Pariser Fuß über dem Meere hat, erhebt sich der Abhang des Ararat sehr steil, doch ist er hier noch leicht zu ersteigen, weil er mit etwas Erde bedeckt ist und Graswuchs hat; bald aber tritt man, höher steigend, wieder in die öde Felsenregion, um sie nicht eher zu verlassen als an der Grenze des ewigen Eises. Auf diesem Wege kamen wir unfern von Kip-Göl an einen bedeutenden Gletscher, der sich aber bald den Blicken des Wanderers entziehen wird, wenn der Berg fortfährt, ihn, wie bis jetzt, mit Lavasand und Trümmern zu bedecken, so daß man schon jetzt das Eis nur an tieferen Spalten gewahrt und unwillkürlich an den merkwürdigen, mit üppigem Graswuchs bedeckten Eisberg erinnert wird, den Eschscholtz jenseits der Beringstraße im Kotzebue-Sund entdeckte (68). Jener Gletscher schien mir keine Fortsetzung von dem Eishaupte des Ararat zu sein, sondern für sich zu bestehen, wenn nicht etwa seine Verbindung mit ihm unter einer dichten Steindecke schon verborgen lag, worüber ich mir, weil ich nicht ganz nahe hinan konnte, keine Auskunft zu verschaffen imstande war. Den untersten Anfang einer ausgedehnten Schneebank, die sich unmittelbar von der Schneeregion des Ararat herzog, fand ich in einer Höhe von 11844 Pariser Fuß über dem Meere. Um 6 Uhr abends, da wir uns bis zu einer Höhe von 12346 Pariser Fuß erhoben hatten und uns nicht mehr gar weit von der Schneegrenze befanden, glaubte ich einige besonders große und passend gelegene Felsmassen zur

Einrichtung unserers Nachtlagers benutzen zu müssen, zumal da es bei den stets wachsenden Schwierigkeiten auch kaum möglich war, den kleinen und bis dahin geschonten Holzvorrat noch weiter hinaufzuschaffen. Mit unglaublicher Anstrengung hatten nämlich die starken und geduldigen Lasttiere bis hierher

Am obersten Steilaufstieg zum Gipfel des Großen Ararat (nach einer Originalzeichnung von Ed. Imhof)

ihre Bürde getragen und manchen Kreuz- und Querweg einschlagen müssen, um uns folgen zu können. Selbst Meliks Pferd hatte alle Hindernisse des tausendfältig zerklüfteten Felsengrundes bis hierher glücklich überwunden und seinen Herrn bis zu einer so bedeutenden Höhe gebracht. Nun war das gemeinschaftliche Los dieser armen Tiere, nach Befreiung von ihrer Last losgegeben und verlassen zu werden, in einer Einöde, wo sie zur Stillung ihres Hungers auf nichts als die wenigen Kräuter und Gräser dieser Höhe und zur Stillung ihres Durstes auf nichts als den festen Schnee des benachbarten Gletschers angewiesen waren; — sie dauerten mich wahrhaft! Es wurde ein kleines Feuer angemacht, aber die Luft war kühl und das Lager nicht warm; der Schlaf wollte mir diesmal nicht schmecken, und mein Inneres war mehr von Besorgnissen als von Hoffnungen für die Erreichung unseres Zieles erfüllt. Ich weiß gerade nicht, was mich zu diesem Vorgefühl berechtigte, vielleicht war es nur die Sprache meines eigenen körperlichen Zustandes; denn die, wenngleich nur oberflächlichen Verletzungen, welche mir der Sturz am 13. zugezogen hatte, waren noch nicht geheilt, eine bei derselben Gelegenheit zugezogene starke Quetschung an der rechten Hüfte hatte sich auf dem ganzen Wege fühlbar gemacht, das Fieber mochte mich auch etwas geschwächt haben, kurz, obgleich ich auf unserem Zuge nicht der Letzte war und keinen Aufenthalt veranlaßte, so fühlte ich doch auch nicht die erforderliche Kraft und Munterkeit in mir, um des folgenden Tages beim Überschreiten der beschwerlichen Eisregion, so wie ich es wohl früher gewohnt gewesen, durch Übernahme der größeren Mühen zur schnelleren Erreichung des Zieles etwas beitragen zu können.

Die Nacht ging indessen vorüber, und um halb 7 Uhr morgens setzte sich bei anderthalb Grad Kälte unser Zug wieder in Bewegung. Nach zwei Stunden hatten wir die eigentliche Grenze des ewigen Eises und Schnees erreicht, d. h. die Stelle, wo dieses Element sich, nicht etwa vermöge der Kühle eines Tales in geringerer Höhe schon zu erhalten vermag, sondern da, wo die Eisfläche sich an dem gleichmäßigen Abhange ununterbrochen herabzieht und nur durch die ihr begegnende Wärme der tieferen Region sich zu begrenzen gezwungen ist. Ich fand diese Grenze hier bei 13448 Pariser Fuß über dem Meere. Der Weg bis dahin vom Nachtlager aus war besonders durch die

Steilheit mancher Felsgehänge beschwerlich gewesen, die nur dadurch gangbar wurden, daß sie aus übereinander getürmten Felsmassen bestanden, die durch ihre scharfen Kanten und Ekken Stützpunkte für Hand und Fuß darboten, aber auch dagegen der Fortschaffung des großen Kreuzes große Hindernisse in den Weg legten; denn vergeblich ward es versucht, den langen Teil desselben durch zwei Menschen tragen zu lassen, da auf einem Terrain, wo die Wahl eines jeden Trittes stets nur auf ganz bestimmte Punkte beschränkt war, der Gang des einen Trägers den des anderen störte und gefährdete und überdies das 10 Fuß lange Holz in den zackigen, kurzen Windungen unseres Pfades jeden Augenblick Anstoß fand. So groß war aber der heilige Eifer eines der armenischen Bauern, daß, als sich fast die Notwendigkeit einstellte, das Kreuz zurückzulassen, er das lange Holz quer über seine Schulter legte, die Enden seines Rokkes von hinten drüber hinzog und vorne mit den Händen hielt (wodurch zugleich die Baumwolle mit dem heiligen Salböl geschützt war) und nun wie ein Athlet und mit bewundernswürdiger Geschicklichkeit seine Bürde zwischen den Rauhigkeiten des Pfades hindurchführte.

Einen Augenblick hielten wir inne am Fuße der mächtigen Schneepyramide, die sich vor unserem Blicke an dem heiteren blauen Himmel wundervoll projizierte, trafen noch eine Auswahl der entbehrlicheren Gegenstände, die wir hinter einem Felsen zurückließen, und betraten nun ernst und still, nicht ohne einen gewissen heiligen Schauer die Region, in der sicher seit Noahs Zeiten kein menschlicher Fuß geweilt hatte. Am Anfang war das Fortkommen leicht, weil der Abhang nicht sehr steil und überdies mit einer Lage frischen Schnees bedeckt war, auf der sich's behaglich wanderte; auch konnten die wenigen Querspalten im Eise wegen ihrer geringen Breite leicht überschritten werden. Diese Freude währte aber nicht lange, denn nach ein paar hundert Schritten vermehrte sich schon die Neigung dergestalt, daß wir im Schnee nicht mehr festen Fuß fassen konnten, sondern, um nicht auf der darunterliegenden Eisfläche zu gleiten, unsere Zuflucht zu dem Hilfsmittel nehmen mußten, auf dessen Gebrauch ich mich und alle meine Begleiter gefaßt gemacht hatte, nämlich das Aushauen von Stufen. Obgleich das, was man an solchen Bergen Eis nennt, in der Regel nur vergletscherter, d. h. mit Wasser getränkter und wieder gefrorener

Schnee ist, der lange nicht die Festigkeit des wirklichen Eises hat, so weicht er dennoch dem Fußtritt ebensowenig als dieses und fordert bei etwas starker Neigung der Fläche das Anlegen von Stufen. Zu diesem Zweck hatten einige von uns kleine Hakken bei sich, andere kleine Beile, noch andere bedienten sich des Eisstockes; die allgemeine Regel aber war, daß der Vordermann die Stufe nur notdürftig groß zu machen habe, um sich weiterhelfen zu können, jeder Nachfolgende aber seinen Teil an der Erweiterung der Stufe zu nehmen verpflichtet war, teils um dem Vorangehenden die Arbeit zu erleichtern, teils weil beim Herabsteigen viel größere Vertiefungen nötig sind, um sicher zu gehen, als beim Hinansteigen. Durch diese, von der Notwendigkeit und mehrfacher Erfahrung an die Hand gegebene Maßregel, die ferner keinen Schritt weit entbehrt werden konnte, sowie durch die Hindernisse neuer Art, die sich hier wieder dem Hinaufschaffen des Kreuzes entgegenstellten, erfuhr unser Fortkommen solchen Aufenthalt, daß, während wir in der eben nicht sehr gangbaren Felsenregion in einer Stunde uns um etwa 1 000 Fuß senkrecht erhoben, wir hier in derselben Zeit kaum 600 Fuß höher kamen. Wir mußten über einen etwas starken Buckel des Abhanges hinweg und fanden gerade auf demselben und quer über die Richtung, in der wir gingen, einen tiefen Spalt im Eise, etwa 5 Fuß breit und so lang, daß wir nicht wohl absehen konnten, ob er zu umgehen sein würde; zu unserem Troste aber hatte zusammengewehter Schnee an einer Stelle den Zwischenraum ziemlich gut ausgefüllt, so daß wir mit gegenseitiger Hilfe glücklich hinüberkamen, was dadurch etwas Schwierigkeit machte, daß der Eisrand, zu welchem wir hinüber mußten, um ein Bedeutendes höher stand als der, auf welchem wir uns befanden. Sobald diese kleine Arbeit vollbracht und nur noch ein mäßiger Abhang erstiegen war, befanden wir uns auf einer fast waagerechten Schneefläche, die einen Hauptabsatz an dieser Seite des Ararat machte und in allen meinen Zeichnungen gleich erkannt werden kann, wenn man die dem Gipfel zunächst liegende, fast horizontale Stelle des Abhanges auf der rechten Seite im Bilde aufsucht. Diese Höhe wurde das Ziel unserer diesmaligen Bestrebungen; denn wir hatten, dem Augenschein zufolge, noch für gute drei Stunden Arbeit, und zu unserem Schmerz erhob sich ein starker, feuchter Wind, der Schneegestöber erwarten ließ und uns allen Mut und alle Hoffnung auf

Erreichung des Gipfels benahm. Ich beschloß, auf dieser Höhe das mitgebrachte Kreuz aufzurichten, und suchte dazu eine Stelle aus, die vom Kloster oder wenigstens von Eriwan her sichtbar wäre; wir fanden sie, nachdem wir eine kleine Werst weit gegen Osten gegangen waren, ohne dadurch namhaft anzusteigen. Während die einen von uns beschäftigt waren, mittels ihrer Eisstöcke und Beile ein Loch von zwei Fuß Tiefe ins Eis zu hauen, setzten andere die beiden Stücke des Kreuzes mit Hilfe zweier großer Holzschrauben zusammen und befestigten über der Kreuzungsstelle die Bleiplatte von 27 Pfund Gewicht gleichfalls mit starken Schrauben. Das Kreuz wurde nun unter gemeinsamer Teilnahme aufgerichtet und in der Vertiefung mit Eisstücken und Schnee fest eingemauert; es ist mit seiner Fläche ungefähr gegen Eriwan gerichtet und hat in dieser Richtung hinter sich die steile Schneewand des Gipfels, so daß es durch seine schwarze Farbe dagegen abstechen und mit einem guten Fernrohr sichtbar sein muß. Es trägt auf der Bleiplatte die Worte:

Nicolao Pauli filio
totius Rutheniae autocratore
jubente
hoc asylum sacrosanctum
armata manu vindicavit
fidei Christianae
Joannes Friederici filius
Paskewitsch ab Erivan
Anno Domini MDCCCXXVI.

Getreu dem Befehl
des Zaren Nikolaus Pawlowitsch,
des allerhöchsten Herrschers
von ganz Rußland,
hat diesen heiligen Ort
Iwan Feodorowitsch
Paskewitsch Eriwanski
im Jahre 1826
mit Waffengewalt
für den christlichen Glauben
in Besitz genommen.

Motiv am Ararat (Abich)

Am Kreuze hing ich nun mein Barometer auf, um die Höhe über dem Meere zu bestimmen; sie beträgt mit Hinzuziehung des bis zum Ufer des Schwarzen Meeres fortgesetzten Nivellements 15 138 Pariser Fuß oder fast 4 ⅔Werst und ungefähr 350 Fuß mehr, als der Gipfel des Montblanc hat.

Wie von einem gemeinsamen Gefühle getrieben, wandten wir uns noch einmal dem Gipfel zu, und ich konnte die Frage nicht unterdrücken, ob wir denn jetzt wirklich auf seine Erreichung Verzicht leisten müssen. Ein Blick auf die Uhr, welche Mittag zeigte, auf den Himmel, der sich verdüsterte, auf die unzulänglichen Mittel, eine Nacht auf dem ewigen Eishaupte zu verbringen, gab uns ein kategorisches Nein zur Antwort und die Erklärung des wackeren Führers Stepan Melik: es fehle ja nur an Zeit, übrigens seien wir so gut als auf dem Gipfel gewesen, beruhigte vollends die niedergeschlagenen Gemüter, nur eins nicht, dem allein die Hoffnung auf einen erneuerten und mit mehr Glück durchgeführten Versuch Trost zu geben vermochte. Die Stufen, die uns hinaufgeführt hatten, halfen uns auch wieder hinunter, und wir erreichten ohne Widerwärtigkeiten noch vor völlig eingetretener Nacht den Ort unserer Mittagsruhe auf dem Hinwege, das für den müden Wanderer wahrhaft reizende Kip-Göl, wo wir auch Meliks Pferd, die Ochsen und den Treiber vorfanden, denn sie hatten es vernünftigerweise für gut befunden, aus der unwirtlichen Felsen- und Gletscherregion, in der sie von uns verlassen worden waren, herabzusteigen und uns lieber hier zu erwarten. Auch wir waren froh, bei einem tüchtigen Feuer uns erwärmen zu können, denn kaum hatten wir beim Herabsteigen die Schneeregion verlassen, so fiel über die ganze Gegend, in der wir uns befanden, bis in die Nähe von Kip-Göl ein ziemlich reichlicher feuchter Schnee, der aber am anderen Tage schon

wieder verschwand. Nachdem wir uns an Tee und Abendbrot gelabt hatten, suchte jeder von uns an den größten Felsen, deren auch in dieser Ebene viele zerstreut herumlagen, Schutz und Unterkommen für die Nacht, und des folgenden Tages, am 20. September, um 10 Uhr morgens erreichten wir St. Jacob.

Im Kloster St. Jacob

Ich habe den Leser noch nicht mit unserer häuslichen Einrichtung und Lebensweise im Kloster bekannt gemacht, die indessen, wenn sie auch an sich ziemlich einfach war, künftigen Reisenden einiges Interesse darbieten kann. Hart am rechten, etwa 25 Fuß hohen Ufer des Arguribaches zwischen den felsigen und begrasten Abhängen am unteren Teile der mächtigen Schlucht, die hier noch eine Tiefe von 600 bis 800 Fuß hat, liegt das kleine Kloster St. Jacob in einer Höhe von 6000 Pariser Fuß über dem Meere. Eine Darstellung davon findet sich in der Ansicht vom Großen Ararat (69); es besteht aus einer kleinen, kreuzförmig gebauten Kirche mit einer halb kugelförmigen Kuppel in der Mitte, ganz und gar, selbst bis auf die Dächer aus gehauenem Stein von harter Lava. Der Haupteingang ist aber durch die an die Kirche angebauten Gemächer so versteckt worden, daß man selbst bei hellem Tage nicht ohne Anstoßen sich durch den engen und gebrochenen Gang hindurcharbeitet, welcher längs der Nordseite nach einer dunklen Vorhalle an der westlichen Seite des Tempels zu dem dort befindlichen Eingang führt. An die Ostseite schließt sich ein längliches, mit einem Kamin versehenes Gemach an, das wir in den ersten Tagen zu unserem gemeinschaftlichen Schlaf- und Wohnzimmer, nachher aber zu unserer Küche machten; denn es fand sich zu jenem Zwecke bald ein viel größeres, trockeneres und auch mit zwei Lichtöffnungen versehenes Gemach neben den Zellen des Archimandriten, der, nachdem er uns ein wenig kennengelernt hatte, keinen Anstand nahm, einige dort befindliche Kornsäcke anderweitig unterzubringen und den Raum zu unserer Disposition zu stellen. Unsere Lager bestanden in den mitgebrachten Decken, Pelzen, Mänteln und Kissen; unser Speisetisch war ein wunderliches Gefüge aus gespaltenen und aneinandergeflochtenen Brettchen, etwas niedriger als ein gewöhnlicher Stuhl; als Arbeitstisch wäre er zu wackelig gewesen; wir schrieben lieber auf dem Knie oder liegend auf unserem Lager und, wenn's was Zierliches galt, auf einem der Stative unserer Instrumente. Wer nicht Lust hatte, stehend zu speisen, dem stand als Tafelstuhl ein tüchtiger Stein zu Gebote.

Alle diese Gemächer um das Kirchlein herum sind von ziemlich dicken Lehmwänden aufgeführt und mit einem gemeinschaftlichen, ganz flachen Dache aus starkem Estrich gedeckt, das in der Mitte der einzelnen Zellen noch mit besonderen Stützen versehen ist, an denen sich die in Vorrat mitgebrachten Schraubhaken für die Garderobe ganz vorzüglich gut anbringen ließen. Für die zahlreichen und wichtigen Instrumente, die wir bei uns hatten, wäre es aber in diesem Lokal zu eng und zu dunkel gewesen; sie fanden einen zweckmäßigeren Platz in einem hübschen Zelt, aus Segeltuch und weißem Wolltuch genäht, das mitten im Hofraum aufgestellt war, wo die Instrumente nach ihrem jedesmaligen Gebrauche aufbewahrt wurden und wo ich mir zu ihrer Bewachung mein eigenes Nachtlager, in der Art wie das oben beschriebene meiner Reisegefährten, eingerichtet hatte. Als Standpunkt für die Beobachtungen mit dem Theodoliten hatte Herr Fedorow den großen vorspringenden Eckstein einer Scheidemauer im Hofe, ganz nahe am Zelte, für passend gefunden. Um mit einiger Bequemlichkeit zu beobachten, hatte er sich einen kleinen Graben herum angelegt, in welchem er stand, und dadurch die Einrichtung des Observatoriums vollendet.

Die Sorge für Leibes Nahrung und Notdurft war nicht die geringste von allen. Wir waren unserer fünf Gelehrte, ein junger Geistlicher, ein Feldjäger, sechs Kosaken und vier Soldaten, in Summa 17 Mann und hatten 11 Pferde bei uns, worunter fünf eigene. Zwei Kosaken hatten wir aus Tiflis mitbekommen, und vier andere wurden uns auf Befehl des Militärchefs in Eriwan zugeteilt, der uns auch die vier Soldaten vom 41. Jägerregiment abließ. Dieses Geschäft sowie manche Einkäufe zu besorgen, hatte ich schon von Etschmiadsin aus den Feldjäger Herrn Schütz mit den nötigen Papieren und Geld nach Eriwan abgefertigt, und während ich meine erste Expedition auf den Berg unternahm, war er nach wohlvollbrachtem Geschäfte gleichfalls in St. Jacob angekommen. Einer der Soldaten war in der Kochkunst erfahren und leistete uns während der ganzen Zeit unseres Aufenthaltes am Ararat wesentliche Dienste. Ein zweiter, schon ältlich, eignete sich vortrefflich zum Aufseher über das ganze kleine Kommando sowie zur Verteilung der Rationen und Portionen; dieser war's auch, der mir jeden Abend und jeden Morgen in bester Form nach militärischem Brauche rapportierte, was den Tag oder die Nacht über beim Kommando vorgefallen war. Das Pferdefutter bestand teils in Gerste, denn nirgends baut man in diesen Gegenden Hafer, sondern füttert die Pferde überall und ohne irgendeinen Nachteil ganz einfach mit reiner unpräparierter Gerste; teils in Heu, dessen Herbeischaffung aber Mühe verursachte, weil es in jener Jahreszeit, besonders wegen der Dürre des Sommers schon sehr selten wird.

Für unsere Beköstigung ward auf folgende Art gesorgt: an Schaffleisch fehlte es nicht, denn sooft es nötig war, konnte in Arguri ein Schaf gekauft werden; auch erhielten wir zwei dieser Tiere zum Geschenk, eines am Tage unserer Ankunft zum Gruß von unserem würdigen Archimandriten, ein anderes etwas später von Stepan Melik; ungleich wohlschmeckender und kräftiger aber war das Fleisch von wilden Schweinen, die unsere Kosaken später in den Schilfmorästen am Karasu (Schwarzbach) schossen und von denen sogar manches eingesalzen wurde, wozu wir uns einer ungeheuren Tonschüssel bedienten, die sich im Kloster vorfand. Herr Schiemann ermangelte auch nicht, unsere Tafel, sooft sich Gelegenheit fand, mit Wildbret zu versehen, und später brachte man getrocknete Fische, besonders eine sehr wohlschmeckende Art Lachsforellen aus dem Goktschai zum Verkauf. Eier, Milch und Hühner waren in Arguri zu haben; da ich aber anfangs strenge Quarantänebestimmungen gegen das Dorf einhalten ließ, weil in demselben die Pest geherrscht hatte und wenigstens noch einige Rekonvaleszenten von derselben vorhanden waren, geschahen alle diese Einkäufe mit großer Vorsicht. Die Leute, welche aus dem Dorfe kamen, durften sich nicht länger, als notwendig war, in St. Jacob aufhalten; die eingekauften Schafe wurden mit Chlorkalk besprengt und ebenso auch die wollenen Säcke, in welchen aus benachbarten Ortschaften die Gerste für die Pferde eingeführt wurde. Etwas Rahm lieferte uns der gefällige Archimandrit, dem wir dafür täglich mit Tee und Wein aufwarteten. Vorräte an Grütze, Linsen, getrockneten Aprikosen, Kischmisch oder Rosinen ohne Kern, Reis, Zwiebeln, Salz, Pfeffer, Zucker, Tee und Rum bekamen wir aus Eriwan, die letzteren Artikel jedoch nur zu hohen Preisen, den Zucker namentlich zu 2 bis 3 Rubel das Pfund. Ein kleiner Luxus, den ich mir allein erlaubte, war ein Täßchen schwarzen Kaffees nach der Mahlzeit, wenn ich zu Hause war.

Dann und wann gab es auch einen Korb voll Trauben und anderer Früchte; Eriwanschen Wein lieferte der Schlauch; nur an recht schönem Trinkwasser fehlte es unmittelbar am Kloster, weil das Wasser des Arguribaches beständig trüb und daher nur zum Tränken der Pferde und zum Kochen brauchbar war; selbst für die Wäsche taugte es nicht, so viel erdige Teile enthielt es, und mußten unsere Leute beide Male, da es große Wäsche gab, ein paar Werst abwärts gegen Arguri gehen, wo aus dem Felsen an mehreren Stellen ein reines Quellwasser hervortritt, von dem wir uns auch täglich einen kleinen Vorrat zum Trinken holen ließen.

Mit dem wichtigsten Artikel der täglichen Nahrung aber, dem Brote, sah es anfangs nicht gut aus. Bei den Armeniern nämlich ist eine Art Brot im Gebrauch, die sonst wohl manches Gute haben mag, aber für einen europäischen Gaumen und Magen weder Geschmack noch Kraft genug hat; es ist das sog. Losch, große dünne Lappen, eine Elle lang, eine halbe breit und etwa einen Messerrücken dick aus schwach gegorenem Brotteige ausgewalzt, auf ein ledernes Kissen gelegt und vermittels desselben an die innere Wand des geheizten Backofens gedrückt, so daß es daran kleben bleibt, bis es nach ein paar Minuten, während ein zweites oder drittes Stück ausgewalzt wird, durchgebacken, auch wohl hier und da ein wenig durchgebrannt ist, und nun abgerissen wird. Der Ofen zu dieser Art von Bäckerei ist auch ganz eigener Art: eine Grube in einem Zimmer oder Vorzimmer der Wohnung, unten weiter, oben enger, mit feinem Lehm gut ausgeschlagen und mit Reisig erhitzt, das ist der Backofen, der wenigstens den Vorteil hat, daß er im Zimmer keinen Raum einnimmt, weil er außer dem Gebrauche fest zugedeckt wird. Jenes Losch ist nun das bei den Armeniern allgemein gebräuchliche Brot, es gewährt ihnen auch mancherlei Nutzen, den man sonst vom Brote nicht erwartet; nämlich bei ihren Mahlzeiten wird auch der Tisch damit bedeckt, und jeder Tischgast erhält ein ganzes Losch vor sich als Serviette, mit der er sich den Mund wischen kann, ehe er das Stück verzehrt; wenn saure Milch gegeben wird, reißt man sich ein Stückchen Losch herunter, biegt es löffelförmig zusammen, faßt etwas Milch aus der Schüssel damit auf und verschluckt Milch und Löffel zugleich; rohe und eingemachte Wurzeln und Stengel eßbarer Pflanzen, die stets auf dem Tische des Armeniers zu finden sind, werden in ein Stückchen Losch gewickelt, auch wohl ein Bissen Fisch und Fleisch dazugelegt und das ganze Päckchen samt Hülle und Fülle wohin gehörig befördert. Nun, ländlich, sittlich, und gar nicht so übel! Ich kann versichern, daß ich mir mehr als einmal auf diese Art den Losch habe schmecken lassen, indessen sehnten wir uns doch nach einem Stück ordentlichen, kräftigen Brotes; denn auch die andere Art von Brot, deren sich die Armenier jedoch seltener bedienen und die sie Bockon nennen, ist kein Ersatz dafür; den Teig nehmen sie fast ganz ungegoren, machen flache, aber doch daumendicke runde Brötchen daraus und backen sie auf Kohlen oder im Ofen. Unsere Kosaken halfen sich ohne lange Überlegung. Gleich beim Kloster befindet sich ein etwas steiler Hügelrücken aus tonigem Sand. In diesen wird von der Seite her ein tiefes weites Loch gegraben, der Backofen; ein passender Stein ist die Ofentür; eine muldenförmige Vertiefung daneben, mit Lehm gut ausgeschlagen, der Backtrog, in welchem das Mehl eingeteigt und volle zwei Tage gesäuert wird; eine andere geebnete und geglättete Stelle daneben diente als Backtisch, und so kamen nicht nur diese braven Leute, sondern auch wir zu einem äußerst wohlschmeckenden und gesunden Brote aus gutem Roggenmehl.

Unser ganzes Küchengerät bestand aus einem Paar eisernen Kesseln und einer Pfanne, die auch ohne Umstände vom Feuer auf die Tafel gestellt wurden, und für kleinere Zwischengerichte hatten wir auch noch ein paar verzinnte Schüsseln, nach grusinischer Art zum Reisen eingerichtet, mit einem halben Dutzend gleichfalls verzinnter Teller. Jeder hatte seinen silbernen Löffel, sein Messer und seine Gabel und jeder sein Glas, das er während der Reise trotz der Philosophie des Diogenes stets bei sich trug. Das Holz für die Küche mußte ziemlich weit hergeholt werden und bestand nur in zerbrochenen, krummen Ästen und Stämmchen; für den Kamin in unserem Zimmer, der in der letzten Zeit doch täglich geheizt werden mußte, bedienten wir uns getrockneten Düngers, wovon die Bewohner jener Gegenden sich ebenso bestimmte Vorräte für den Winter anlegen als wir bei uns von Brennholz; man schichtet zu dem Ende die getrockneten Massen in einen großen Kegel zusammen, wie man in der Zeichnung von St. Jacob an demjenigen sehen kann, der vor der Umfangsmauer innerhalb einer besonderen kleinen Umzäunung steht, und es ist außerordentlich, wie gut dieses Material in Glut kommt und welche Hitze es ausstrahlt, ohne Geruch zu geben.

Sobald ich mich ein wenig erholt hatte, ging ich an die Beobachtung der Magnetnadel, welche in neuerer Zeit von den Reisenden mit großem Fleiße betrieben wird, weil sie uns zu der näheren Kenntnis unseres Erdkörpers in Hinsicht seiner so wichtigen magnetischen Kraft führt. Die zu solchem Zwecke dienlichen Apparate sind aber von den gewöhnlichen Magnetnadeln verschieden und sollen hauptsächlich dazu dienen, die Stellung der nach allen Richtungen hin höchst beweglichen Magnetnadeln aufs genaueste auszumitteln; und weil es sehr schwer ist, eine einzige Magnetnadel so einzurichten, daß sie mit gleicher Leichtigkeit jede Lage einnehme, so hat man stets zweierlei Magnetnadeln bei sich, eine, welche immer horizontal hängt und in dieser Lage sich mit größter Leichtigkeit nach dem Nord- und Südpol der Erde richtet, und eine andere, die zwar auch gegen Norden und Süden gestellt werden kann, aber besonders leicht auf- und abwärts schwankt, etwa wie eine empfindliche Waage. Diese Beobachtungen konnte ich aber nicht innerhalb der Klostermauer anstellen, sondern wählte mir dazu ein paar freie Punkte außerhalb derselben, um den Einfluß des Eisens zu vermeiden.

Während ich hiermit beschäftigt war, begaben sich die Herren von Behaghel und Schiemann auf eine interessante Exkursion nach dem großen Salzbergwerk von Kulp am Araxes stromaufwärts etwa 90 Werst vom Ararat und nicht weit von der Grenze des türkischen Paschaliks von Erzerum, wo unter einem Berg von mehreren hundert Fuß Höhe ein so mächtiges, von Gipsschichten durchschnittenes Lager von schönem Steinsalz sich befindet, daß, obgleich es von den Eingeborenen schon seit langen Zeiten und noch dazu nicht besonders zweckmäßig benutzt wird, dennoch keine Spur von einer etwaigen Erschöpfung dieser reichen Fundgrube zu bemerken ist.

Dritter Anlauf und Gipfelsieg

Unterdessen aber heiterte sich der Himmel auf, die Luft ward rein und still, am Berge selbst ward's ruhiger, das Getöse herabstürzender Eis- und Felsenmassen ereignete sich seltener, kurz, alles schien darauf hinzudeuten, daß trotz der sehr vorgerückten Jahreszeit noch einmal ein sehr günstiger Wendepunkt in der Witterung eintreten sollte, und ich säumte nicht, ihn zu meinem dritten Versuch der Ersteigung des Gipfels zu benutzen, denn Unternehmungen dieser Art wollen mit Vorbedacht zwar, aber, ist der günstigste Moment vorhanden, auch ohne Verzug durchgeführt werden. Am 25. September nachmittags ließ ich Stepan fragen, ob er teilnehmen wolle; erhielt aber eine abschlägige Antwort, denn er kam zwar selbst nach St. Jacob, sagte aber, daß er sich von den Strapazen der vorigen Reise noch zu sehr

Großer und Kleiner Ararat von Südwesten (nach einer Originalzeichnung von Ed. Imhof)

angegriffen fühle, um jetzt schon einen neuen Versuch machen zu können. Doch versprach er mir, vier rüstige Bauern zu schikken, um die ich ihn bat, und auch drei Ochsen mit einem Treiber zu mieten. Des anderen Tages in der Frühe waren statt der vier Bauern fünf in St. Jacob, um die Expedition mitzumachen; nun, auch den fünften, der sich unaufgefordert eingestellt hatte, hieß ich willkommen und fügte ihnen zwei unserer Soldaten hinzu. Der Diakon war auch diesmal in unserer Begleitung, und Herr Hehn, um die Vegetation in größeren Höhen kennenzulernen, folgte uns, jedoch nicht in der Absicht, die Schneeregion zu überschreiten. Die Erfahrung des vorigen Versuches hatte mich gelehrt, daß alles darauf ankommt, die erste Nacht so nahe als möglich an der Schneegrenze zuzubringen, um in einem Tage von da aus den Gipfel zu erreichen und wieder zu jener zurückkehren zu können; daß aber zu dem Ende das Gepäck der Tiere sowohl als der Menschen nur auf das Allernotwendigste beschränkt werden müsse. Ich ließ daher nur drei Ochsen mit einigen warmen Kleidungsstücken, der erforderlichen Nahrung für uns und einem kleinen Holzvorrat beladen, nahm auch ein kleines Kreuz, aber nur aus Stöcken von etwa zwei Zoll Durch-

messer, jedoch von Eichenholz geschnitzt, mit hinauf und richtete es so ein, daß der längere Teil dem Träger desselben als fester Wanderstab dienen konnte. Wir richteten unseren Weg nach der nämlichen Seite als das vorige Mal; und um unsere Kräfte möglichst zu schonen, ritten wir diesmal, Abowian und ich, soviel als es die felsige Beschaffenheit des Bodens gestattete, bis in die Nähe der Grasebene Kip-Göl. Wir ließen aber unsere Pferde nicht dort, wie Stepan es gemacht hatte, sondern schickten sie durch einen deshalb mitgenommenen Kosaken zurück; auch Herr Hehn begab sich von hier aus auf den Rückweg. Es war noch nicht ganz 12 Uhr, als wir diesen Punkt erreichten, und nach eingenommenem Frühstück und etwa anderthalbstündiger Ruhe schritten wir mit etwas abweichender Richtung gegen die unseres früheren Versuches weiter aufwärts; die Lasttiere konnten uns aber nicht so rasch folgen; eins derselben besonders schien schwächer als die übrigen und drohte unser Fortkommen wesentlich zu verzögern, wollten wir noch ferner von ihm abhängig bleiben; vor einer Anhöhe von steil aufgetürmten Felstrümmern, über welche hinwegzukommen diesen Tieren nicht wohl möglich gewesen wäre, machten wir halt, befreiten sie von ihrer Bürde, teilten diese redlich unter sämtliche Personen, so daß jeder seinen Teil an Kleidungsstücken und an Holz erhielt, und ließen die Ochsen mit ihrem Hüter zurück. Um halb sechs Uhr abends waren wir nicht mehr weit von der Schneegrenze und bedeutend höher als bei unserem vorigen Nachtlager angelangt; die Erhebung des Punktes über dem Meere beträgt 13036 Pariser Fuß. Die vorhandenen größeren Felsmassen bestimmten mich, hier unser Nachtquartier zu nehmen. Alsbald wurde ein Feuer angemacht und etwas Warmes für den Magen zubereitet; es bestand für mich in der Zwiebelsuppe, deren Gebrauch ich Bergreisenden für ähnliche Fälle als sehr erwärmend und kräftigend empfehlen kann, und mehr als Fleischbrühen und Fleischspeisen, weil diese zur Verdauung mehr Kraft erfordern, die sie dem Körper freilich wiedergeben, aber nicht so schnell, daß man innerhalb so kurzer Zeit den Nutzen davon vermerken könnte. Leider konnte Abowian an dieser vortrefflichen Mahlzeit keinen Anteil nehmen, weil ein Kirchenfeiertag ihm das Fasten auferlegte. Also noch fasten bei solchen Anstrengungen und Sorgen! Jawohl, und überdies ohne Überwindung und Umstände und ohne es mir vorher gesagt zu haben, sonst hätte ich ihm eine passendere Fastenspeise besorgt als einen Aufguß oder Tee aus zerstoßenem Pfeffer, durch welchen er ohne Verletzung des Kirchengebotes seine Kräfte zu stärken versuchte. Auch die anderen Armenier hielten streng an der Vorschrift des Fastens und begnügten sich daher mit dem mitgebrachten Brote und dem ihnen und den Soldaten in bestimmter Portion von mir selbst dargereichten Branntwein; denn der Gebrauch dieses Stärkungsmittels muß besonders da, wo die Kräfte unter solchen Umständen in Anspruch genommen werden, wie die des Bergsteigens sind, mit äußerster Vorsicht geschehen, weil sonst gar zu leicht das Gegenteil von dem erfolgt, was man erwartet, nämlich ein Gefühl von Ermüdung und Hang zum Schlafe.

Es war ein herrlicher Abend, den ich hier vollbrachte, die Blicke bald auf die wohlgelaunten Gefährten, bald auf den schönen Himmel mit dem wundervoll darauf projizierten Gipfel und dann wieder gegen die graue Nacht gerichtet, die sich in weiter Ferne und Tiefe unter mir lagerte, umfing mich wieder dieses einzige Gefühl von Ruhe, Wehmut, Liebe, Dank, Ergebung, dieses stille Hervorrufen der Vergangenheit, dieses sanfte Blicken in die Zukunft, kurz – dieses unbeschreiblich behagliche Empfinden, das den Reisenden auf großen Höhen, bei angenehmen äußeren Verhältnissen zu ergreifen nie verfehlt, und so legte ich mich denn, von einer für meinen Standpunkt nicht unbeträchtlichen Wärme der Luft von 4 ½° begünstigt, unter einem etwas überhängenden Lavafelsen zur Ruhe nieder, während meine Gefährten noch eine Zeitlang in traulichen Gesprächen um das Feuer herum saßen.

Als der Morgen dämmerte, rafften wir uns auf und begannen um halb sechs Uhr unsere Wanderung fortzusetzen. Die letzten Trümmerabhänge waren in Zeit von einer halben Stunde überschritten, und wir betraten wieder die Grenze des ewigen Schnees ungefähr an der nämlichen Stelle als das vorige Mal, nachdem wir noch einen Teil entbehrlicher Gegenstände an den letzten Steinmassen zurückgelegt hatten. Die Schneeregion hatte aber eine für uns nicht günstige Veränderung erfahren; durch die eingetretene größere Wärme war der frischgefallene Schnee, dessen Gegenwart uns bei dem früheren Versuche zustatten gekommen war, angeschmolzen und vergletschert, so daß schon gleich von unten auf trotz der noch geringen Neigung des Abhanges das Aushauen von Stufen beginnen mußte. Dies erschwerte das Fortkommen und nahm unsere Kräfte gleich anfangs in vollem Maße in Anspruch. Einen der Bauern hatten wir schon beim Nachtlager zurücklassen müssen, weil er sich unwohl fühlte; zwei andere wurden nacheinander beim Ersteigen des Gletscherabhanges marode, blieben anfangs liegen, zogen sich aber später auch zum Nachtlager hinab. Ohne uns dadurch im geringsten aufhalten zu lassen, verfolgten wir übrigen, durch die überwundenen Schwierigkeiten mehr ermutigt als niedergeschlagen, rastlos unser Ziel. Bald kamen wir auch wieder an den großen Spalt, welcher den oberen Rand des großen Gletscherabhanges bezeichnet, auf dem wir hinangestiegen waren, und um 10 Uhr befanden wir uns schon wieder da, wo wir das vorige Mal um die Mittagsstunde gewesen waren, nämlich auf der großen Schneefläche, welche die erste mächtige Stufe auf dem Eishaupte des Ararat bezeichnet. Wir sahen aus der Entfernung von etwa einer Werst das am 19. September errichtete Kreuz, aber es erschien mir, vielleicht eben seiner schwarzen Farbe wegen, so ungewöhnlich klein, daß ich wohl daran verzweifeln mußte, es aus der Ebene des Araxes mit einem gewöhnlichen Fernrohr wiederzufinden und zu erkennen.

In der Richtung zum Gipfel hatten wir einen kürzeren, aber steileren Abhang vor uns als den zurückgelegten, und zwischen ihm und der äußeren Kuppe schien nur noch ein kleiner Anberg zu liegen. Nach einer kurzen Ruhe überschritten wir stets mit Hilfe ausgehauener Stufen den ersten Abhang, den steilsten von allen, und nach ihm auch noch die nächste Erhöhung; statt aber nun das allendliche Ziel unserer Mühen unmittelbar vor uns zu sehen, hatte sich noch eine ganze Reihe von Hügeln entwickelt und uns sogar den Blick auf den Gipfel verdeckt. Dies schlug unseren Mut ein wenig nieder, der keinen Augenblick geschwankt hatte, solange wir die zu überwindenden Schwierigkeiten zu überblicken glaubten, und unsere Kräfte, von der harten Arbeit an den Stufen mitgenommen, schienen der Erreichung des unsichtbar gewordenen Zieles kaum mehr gewachsen. Doch ein Überschlag des Getanen und dessen, was zu tun noch übrig sein konnte, die Nähe der hintereinander hervortretenden Erhöhungen, ein Blick auf meine rüstigen Gefährten verscheuchten die Sorgen, und mutig vorwärts! klang es in meiner Brust. Wir überschritten ohne Aufenthalt noch ein paar Hügel; da wehte Gipfelluft; ich trat hinter einem der Schneebuckel des Abhanges hervor und — der äußerste Kegel, die höchste Kuppe des Ararat lag unverkennbar vor meinen freudetrunkenen Blicken. Noch ein letztes Aufgebot unserer Kräfte war nötig, nur noch eine Eisfläche mittels Stufen zu ersteigen, und wir standen auf dem Gipfel des Ararat um ein Viertel nach 3 Uhr des 27. Septembers 1829!

Mein erstes Streben und Genießen war Ruhe; ich breitete meinen Mantel unter mir aus und setzte mich nieder. Ich befand mich auf einer schwach gewölbten, fast kreisförmigen Fläche von ungefähr 200 Schritt im Umkreise, die am Rande nach allen Seiten hin ziemlich steil abfiel; besonders aber gegen Süd- und Nordost; es war das starre, von ewigem Eise gebildete, durch keinen Felsen, keinen Stein unterbrochene Silberhaupt des alten Ararat. In der Richtung gegen Osten lief dieser Gipfel sanfter aus als nach irgendeiner anderen und stand hier mittels einer flachen, jedoch gleichfalls von ewigem Eise bedeckten Einsenkung mit einem zweiten, um etwas niedrigeren Gipfel in Verbindung, dessen Entfernung von demjenigen, auf welchem ich mich befand, fast eine Werst zu betragen schien, nach Herrn Fedorows trigonometrischer Messung aber nur 187 Toisen oder etwas über eine Drittel Werst ausmacht (70).

Wenn irgendein Punkt des Gipfels dafür angenommen werden soll, derjenige zu sein, auf welchem Noahs Arche sich niedergelassen hat, dann diese Vertiefung; denn an Raum würde es daselbst nicht gefehlt haben, da die Arche, wenn sie auch nach Genesis 6, 15 dreihundert Ellen lang und fünfzig Ellen breit gewesen ist, noch nicht den zehnten Teil ihrer Oberfläche eingenommen hätte. Fragt man nun nach der Möglichkeit von Überresten der Arche auf dem Ararat, so kann die Physik eine solche Möglichkeit nicht verwerfen, falls wir nur annehmen, daß der Gipfel des Ararat bald nach der Sündflut wieder angefangen habe, sich mit unvergänglichem Eis und Schnee zu bedecken, was zu bezweifeln kein triftiger Grund vorhanden ist, besonders wenn man erwägt, daß Eis- und Schneedecken von hundert und mehr Fuß Tiefe in großen Gebirgen gar nichts Ungewöhnliches sind, also wohl auch in der Vertiefung auf dem Gipfel des Ararat leicht so viel Eis liegen mag, als nötig ist, die 30 Ellen hohe Arche zu bedecken.

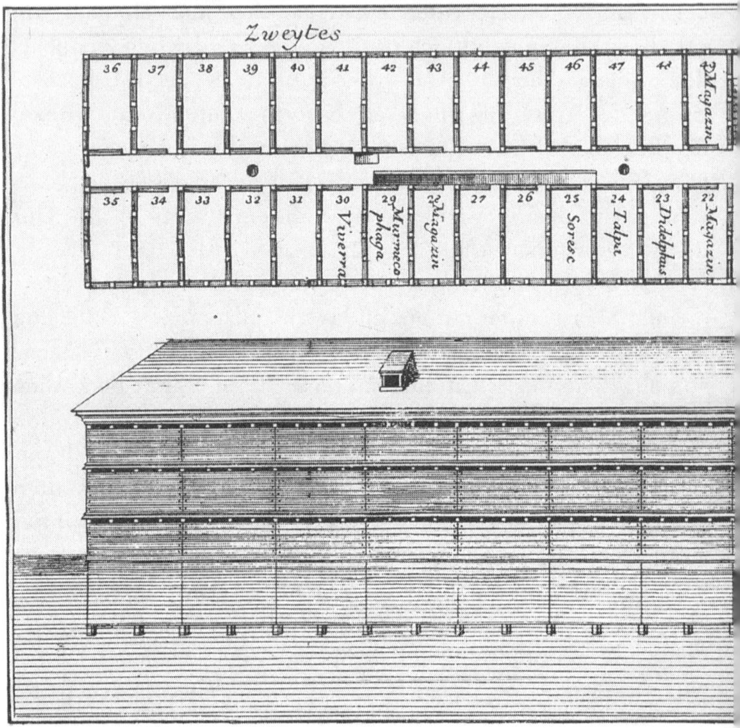

Die Arche Noah (Silberschlag)

Von dem Gipfel aus hatte ich einen weit ausgedehnten Gesichtskreis, in welchem aber, der ungeheuren Distanzen wegen, nur größere Massen deutlicher unterschieden werden konnten. Das ganze Tal des Araxes deckte ein grauer Nebelduft, durch welchen hindurch Eriwan und Sardarabad (71) nur als dunkle handgroße Flächen erschienen; deutlicher zeigten sich im Süden die Hügel, hinter denen Bayazid liegen sollte. In Nordnordwest prangte das zackige Haupt des Alagöz, in seinen Vertiefungen mit bedeutenden Schneemassen bedeckt – eine wahrscheinlich unerreichbare Felsenkrone (vgl. hierzu Anm. 46). Zunächst um den Ararat, besonders in Südost und weit entfernt auch gegen West eine Menge kleiner Berge, meist von kegelförmiger Zuspitzung und mit Vertiefungen in der Mitte, ehemaligen kleinen Vulkanen nicht unähnlich; dann in Ostsüdost der Kleine Ararat, dessen Haupt sich hier nicht mehr als die einfache Spitze eines Kegels zeigte, wie es von der Ebene aus er-

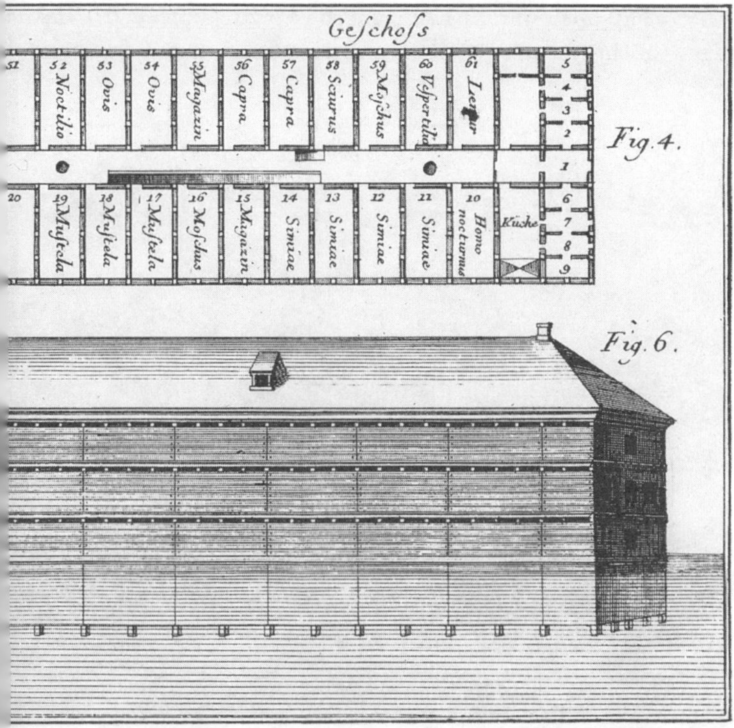

scheint, sondern wie die Fläche einer abgestutzten viereckigen Pyramide, auf den Ecken und in der Mitte mit größeren und kleineren Felsenerhöhungen versehen. Was mich aber zu sehen überraschte, war ein großes Stück des Goktschai, der als schöne dunkelblau schimmernde Fläche in Nordost hinter der hohen Bergkette sehr deutlich hervortrat, die den See von Süden her unmittelbar einschließt, und so hoch ist, daß ich nimmer geglaubt hätte, vom Gipfel des Ararat über sie hinweg in den von ihr verdeckten Wasserspiegel blicken zu können.

Nach diesen Betrachtungen sah ich mich unter meinen Gefährten um und vermißte den treuen Abowian; »er richtet das Kreuz auf«, hieß es. Das hatte ich selbst zu tun mir vorgenommen, und zwar in der Mitte des runden Platzes, wo es am sichersten stände, und an der würdigsten Stelle. Abowian aber hatte im heiligen Eifer sich der Sache angenommen und für das Kreuz am nordöstlichen Rande der Gipfelhöhe einen Standpunkt ausgesucht, weil es, wie er richtig bemerkte, in der Mitte stehend, aus der Ebene gar nicht sichtbar sein würde, da es nur etwa 5 Fuß hoch war. Er hatte, um so weit zu kommen, daß das Kreuz nicht nur aus der Ebene, sondern auch aus Arguri und

Der Kleine Ararat, gesehen vom Südwestaufstieg zum Großen Ararat (nach einer Originalzeichnung von Ed. Imhof)

St. Jacob gesehen werden könne, sich mit Lebensgefahr an dem steilen Abhange des Randes so weit hingewagt, daß er wohl dreißig Fuß tiefer stand als die Mitte der Fläche und daher von mir nicht bemerkt worden war; dort sah ich ihn nun daran arbeiten, ein Loch ins Eis zu hauen, um das Kreuz darin zu befesti-

gen. Augenscheinlich war es, daß dieser Standpunkt für die Erhaltung des Kreuzes der ungünstigere war, denn bei der starken Neigung der Fläche muß man annehmen, daß das Eis hier einem öfteren Wechsel in Massen, einem Fortrücken abwärts oder auch wohl einem plötzlichen Hinabstürzen unterliegen mag, wie man es bei den Gletschermassen aller Gebirge wahrnimmt, und daß vielleicht schon nach wenigen Jahren dies einzige Merkmal unserer Gegenwart vom Gipfel verschwunden sein würde. Doch gewann bei mir der Gedanke die Oberhand, daß dieses Zeichen wohl vielleicht lange vergeblich auf die Ankunft eines Reisenden warten dürfte und daß es dagegen für uns nicht weniger ehrenvoll wäre, wenn schon jetzt gleich ein aus der Ebene sichtbares Signal für die Unternehmung zeugen könnte, das wir zu vollbringen so glücklich gewesen waren; vorzüglich aber ward ich bestimmt, das Kreuz an diesem Punkte zu lassen, weil ich hoffte, es bei Herrn Fedorows trigonometrischer Messung des Berges benutzt zu sehen. Ich ließ den Diakon also machen und schritt selbst zur Beobachtung meines Barometers, das ich gerade im Mittelpunkt des Gipfels aufrichtete; sein Quecksilber stand nicht höher als 15 Zoll und ¾ Lin. Pariser Maß bei einer Temperatur von – 3,7 °C. Durch den Vergleich dieser Beobachtung mit derjenigen, welche Herr Fedorow so gefällig war, gleichzeitig in dem Kloster zu machen, findet sich die Höhe des Gipfels über dem Kloster 10272 Pariser Fuß, und nach der Höhenbestimmung des letzteren hat der Gipfel des Ararat über dem Meere eine senkrechte Erhebung von 16254 Pariser Fuß oder beinahe 5 Werst.

Wir waren unser sechs auf dem Gipfel, namentlich außer mir: Chatschatur Abowian, Diakon in Etschmiadsin, Sohn eines Landmannes aus Kanakir bei Eriwan, Alexej Sdrowenko und Matwej Tschalpanow vom 41. Jägerregimente sowie Owannes Aiwassian und Murat Pogossian, Bauern aus Arguri.

Der Diakon, obgleich erst 20 Jahre alt und an ein ruhiges Klosterleben gewöhnt, entzog sich keinen Augenblick den Anstrengungen, welche das Unternehmen forderte, und legte während der ganzen Dauer desselben stets Beweise seines Mutes und seiner Beharrlichkeit sowie seiner höheren Beseelung für das Gelingen der Sache an den Tag. Sein heiliger Eifer, der ihn in Etschmiadsin uns zu begleiten drang, führte ihn trotz der vielfach hindernden Klostertracht, aus drei weiten langen Talaren bestehend, auch glücklich über die Felsentrümmer und Gletschergehänge des Ararat, hieß ihn auf dem Gipfel, ohne an Ruhe zu denken, für das Kreuz sorgen und von dieser ihm teuren Stelle in einem Tuche ein großes Stück Eis bis ins Kloster hinabtragen, wo er es zergehen ließ und als Wasser von heiliger Stätte in ein Fläschchen füllte.

Alexej Sdrowenko, ein wackerer Krieger, ausgezeichnet durch und für seine Teilnahme an den heißen Kämpfen unseres transkaukasischen Heeres gegen die Feinde des christlichen Glaubens; ein einfaches treues Herz, in dem kein Falsch, keine Gemeinheit Raum fand, dabei bescheiden und still, unterzog sich bei diesem Versuche, wie er es schon bei dem vorigen getan hatte, mit männlicher Kraft und Ausdauer jeder Mühe, jeder Gefahr.

Matwej Tschalpanow war noch ein jugendlicher Held, von liebenswürdig bescheidenem Wesen; fern wie sein Kamerad von niedriger Schmeichelei respektierte er wie jener in meiner Person gebührend den Rang, war empfänglich für die ihm erwiesene Freundlichkeit und aufopfernd in seiner Hilfe, deren ich beim Herabsteigen bedurfte. Auch er schien den Begriff von einer höheren Bedeutung unseres Zieles in seinem Herzen zu tragen und legte dies auf eine seinem Alter und seinem Stande entsprechende, aber eigene Weise an den Tag; denn während der Ersteigung des Gipfels hatte er unter seinem Mantel statt, wie ich dachte, irgendwelche möglichst bequeme und warme Bekleidung seine Sonntagsuniform, sauber geputzt und ordentlich, angezogen, wie wenn es zur Parade ginge!

Owannes Aiwassian, ein 26jähriger junger Mann von ungewöhnlicher körperlicher Kraft und Gewandheit, schönem schlankem Wuchs und angenehmen Gesichtszügen, war diesmal derjenige, der sich den größten Mühen unterzog, indem er öfter und länger als jeder von uns es übernahm, der Vordermann im Zuge zu sein.

Murat Pogossian, 30 Jahre alt, durch kleinere Statur und rundliche Gesichtszüge von der allgemeinen Bildung seiner Landsleute abweichend, war eben jener ungebetene Gast, der sich mit den übrigen aus eigenem Antriebe in St. Jacob eingefunden hatte, um sich der Expedition anzuschließen, die aber, was die körperlichen Arbeiten betraf, von seiner Gegenwart wenig Nutzen hatte; denn obgleich er bis ans Äußerste aushielt und uns gar keine Beschwerden machte, so suchte er auch sich selbst die Beschwerden soviel als möglich zu erleichtern, indem er stets der Letzte im Zuge war, wo er die schon fertig gehauenen großen Stufen benutzen konnte, auch wohl dann und wann ein Weilchen ausruhte, bis wir mit der Arbeit weiter fortgerückt waren; übrigens wegen seines heiteren Humors doch ein willkommener Gast in der Gesellschaft; eine Art Possenreißer, der seine für ihn arbeitenden Kameraden durch witzige Bemerkungen stets in gute Laune versetzte.

Nach einem Aufenthalte von etwa ¾ Stunden mußten wir auf die Rückkehr bedacht sein, nahmen zuvor nur noch einen Imbiß an Brote und brachten von dem bis dahin mitgenommenen Rebensaft dem Vater Noah dankbar eine kleine Libation, eine Trankspende für Götter. Es ging dann die Abhänge rasch nacheinander hinab vermittels der tiefen Stufen, die beim Hinansteigen ins Eis gehauen waren; doch war das Herabsteigen auch sehr ermüdend und für mich in den Knien besonders schmerzhaft; wir eilten aber, weil die Sonne schon tief stand und, bevor wir noch die Schneefläche des großen Kreuzes erreicht hatten, schon unter den Horizont getreten war. Ein herrliches Schauspiel war es, erst die dunklen Schatten zu sehen, welche die in West unter uns liegenden Berge in die Ebene warfen, dann die tiefe Nacht, welche alle Täler umfing und sich am Ararat immer höher und höher hinanzog, während nur noch sein beeister Gipfel von den Strahlen der untergegangenen Sonne beleuchtet ward. Bald aber streiften sie auch über ihn hinaus und würden unseren Pfad in ein für unser Herabkommen gefährliches Dunkel geworfen haben, wenn nicht auf der anderen Seite des Firmaments die himmlische Leuchte der Nacht zu unserem Troste aufgegangen wäre, unsere Tritte klar und lieblich zu erhellen.

So erreichten wir ohne Unfall um halb sieben Uhr abends den Ort unseres Nachtlagers, wo ein fröhliches Feuer von dem zurückgelassenen Holze angemacht, ein kleines Nachtmahl bereitet und eine ebenso heitere warme Nacht verbracht wurde, als die vorige gewesen war. Auch fanden wir daselbst unsere zurückgebliebenen Begleiter vor samt den Sachen, die wir dort gelassen hatten. Des anderen Tages um 6 Uhr gingen wir wieder aus, erreichten um halb neun Uhr Kip-Göl, wo die Lasttiere unserer warteten, und um die Mittagsstunde des 28. September zogen wir glücklich in St. Jacob ein, wie vor 4 000 Jahren der Erzvater Noah »mit seinen Söhnen und mit seinem Weibe und mit seiner Söhne Weibern« vom Berge Ararat herabgezogen war, und brachten des Tages nach unserer Heimkehr in sonntäglicher Andacht dem Herrn die Opfer unseres Dankes vielleicht nicht weit von der Stelle dar, wo Noah »dem Herrn einen Altar gebaut und Brandopfer darauf geopfert hat«, den Abend unserer Rückkehr aber verherrlichte das Aufsteigen einiger Raketen, welche wir der Freundlichkeit des Herrn Artillerie-Kapitäns von Dunant in Eriwan verdankten.

Unerfreuliches Nachspiel

Im Vertrauen auf die Wahrheitsliebe, welche in meinen Augen die erste Pflicht eines jeden Berichterstatters ist, wird der Leser, wie ich hoffen darf, meiner bisherigen Erzählung ohne Mißtrauen gefolgt sein und den Glauben gewonnen haben, daß ich wirklich auf dem Gipfel des Ararat gewesen bin. Daher kann ich nur ungern, doch nicht ohne hinreichenden Grund mich entschließen, einiges hier folgen zu lassen, was auf die Möglichkeit einer von mir gegen das Publikum begangenen Mystifikation Beziehung hat. Es ist nämlich denkbar, daß von jetzt an, in einer längeren Reihe von Jahren kein neuer Versuch zur Ersteigung des Ararat gemacht würde oder, was für mich noch schlimmer wäre, daß Umstände, die oft nicht in der Gewalt des Reisenden liegen, ein solches Unternehmen scheitern machten, dann könnte es leicht geschehen, daß die alten Vorurteile von der Unersteiglichkeit des Ararat wieder auflebten und mit ihnen wenigstens bei diesem und jenem Zweifel über die Wahrheit meines Berichtes, Zweifel, die ohnehin schon jetzt in den Herzen vieler recht- und festgläubiger Armenier leben und von diesen selbst schon während meiner Anwesenheit in jenen Gegenden, jedoch nicht gegen mich geäußert worden sind. Desto empfindlicher und überraschender war es mir, als schon ein Jahr nach Beendigung dieser Reise ein Mann, welcher dem gebildeten Publikum angehört, ein Mann von Verdienst in seinem Fache, ein Mann, der wegen seines mehrjährigen Aufenthaltes in jenen Gegenden gerechte Ansprüche auf Vertrauen in seine Lokalkenntnisse besitzt, daß dieser den ersten Stein gegen mich aufhob und in öffentlicher Erklärung die Unmöglichkeit der von mir behaupteten Tatsache nachzuweisen versuchte. Ich habe getan, was die Ehre meines Namens erheischte; der Jahrgang 1831 der bekannten und geschätzten Tifliser Zeitung enthält in Nr. 11 und 22 Erklärung und Gegenerklärung, und die Sache scheint damit abgetan. Man wird mich aber entschuldigen, daß ich, durch diesen Vorgang aufmerksam gemacht, um zur Steuer der Wahrheit beizutragen, was noch in meinen Kräften steht, die Personen, welche mich auf den Gipfel des Ararat begleiteten, durch die Güte meiner und ihrer jetzigen Vorgesetzten zu einer eidlichen Deposition über den Hergang der Sache aufgefordert habe und daß ich das Resultat davon in richtiger Übersetzung und Kopie, deren Original der Herr Minister der Volksaufklärung Fürst Lieven Durchlaucht mir zu übersenden die Güte hatte, Wort für Wort mitzuteilen (72).

Wer sich für diese Sache näher interessiert, wird ohne einen langen Kommentar von meiner Seite auch von selbst durch einen Vergleich der verschiedenen Aussagen mit meinen pünktlich nach Uhr und Kalender gemachten und an Ort und Stelle niedergeschriebenen Bemerkungen und Angaben leicht abnehmen können, auf welcher Seite die Wahrheit liegt. Ich erwähne hier nur noch zur Beseitigung von Zweifeln über die Offenheit, mit welcher ich die Sache von Anfang an behandelte, daß die Tifliser Zeitung vom Oktober 1829 nicht nur die unmittelbar von mir an den Herrn Herausgeber gemeldeten Nachrichten von meinen Reisen auf den Gipfel des Ararat, sondern auch die Angabe der barometrisch gemessenen Höhe des Berges enthält, die doch nicht anders als durch die Beobachtung eines Barometers auf dem Gipfel gefunden werden konnte. Mit ihr aber stimmt bis auf 200 Fuß die trigonometrische Messung überein, welche Herr Fedorow in der ersten Hälfte des Oktobers von der Ebene des Araxes aus veranstaltete, deren Beobachtungen er sogleich, ohne ihr Resultat zu kennen, weil die Berechnung etwas weitläufig ist, mit einer Kopie seines übrigen Journals an das Conseil der Universität abfertigte und erst nach seiner Rückkehr in Dorpat unter den Augen des Herrn Professors Struve berechnete.

Bei der Rückkehr vom Gipfel fand der Diakon in St. Jacob den Befehl aus Etschmiadsin vor, uns zu verlassen und sich sogleich ins Kloster zurückzuverfügen. Obwohl diese Maßregel meiner Berechnung und den mir in Etschmiadsin selbst gegebenen Versprechen entgegen war, auch kein Grund für dieselbe angeführt wurde und, wie sich's zeigte, auch keine Translatgeschäfte Veranlassung gegeben haben konnten, so entließ ich doch den jungen Mann auf der Stelle mit einem höflichen Schreiben an den Pater Joseph, worin ich meine Wünsche und Erwartungen aussprach. Der Diakon ward gleich nach seiner Ankunft in Etschmiadsin zu der eben beim Patriarchen versammelten Geistlichkeit geführt, mußte über unsere Versuche zur Ersteigung des Ararat Auskunft geben und überreichte seinen hohen Vorgesetzten auch das Fläschchen mit Wasser vom Gipfeleise. Einige kosteten davon, andere besprengten und bestrichen sich das Gesicht damit, alle betrachteten es als eine Kostbarkeit von seltenem Werte. Die Herren hatten die Güte, den Diakon nicht weiter zurückzuhalten, und am dritten Tage kam er zufriedenen Sinnes wieder in St. Jacob angeritten.

Naturwissenschaftliche Beobachtungen am Berg

Bei den drei größeren Reisen nach dem Gipfel des Ararat und den vielen kleineren Exkursionen, die ich von St. Jacob aus machte, hatte ich Gelegenheit, mit der Felsbeschaffenheit dieses Berges ziemlich genau bekannt zu werden. Das allgemeinste Resultat davon ist, daß alles auf demselben vorkommende Gestein, wie es auch aussehen mag, vulkanischer Beschaffenheit ist, bald förmlich geschmolzene Lavamasse, bald Schlacken, bald trachytisches Gestein in vielfachen Abstufungen seiner Farbe, Dichtigkeit und Zusammensetzung mit dem deutlichen Merkmale einer bald stärkeren, bald schwächeren Einwirkung vulkanischer Hitze; fast durchgängig aber tritt an diesen Felsmassen die Natur des Porphyrs, an einigen mehr, an anderen minder deutlich hervor. Bei mehreren Gattungen dieser Gesteine ist die Ähnlichkeit, ja bei einigen die völlige Gleichheit mit denen nicht zu verkennen, welche Herr Akademiker Kupffer am Elbrus im Kaukasus angetroffen, beschrieben und mir zur Ansicht zu überschicken die Güte gehabt hat. Bei einer solchen Beschaffenheit kann von einer regelmäßigen, geschichteten Verteilung der Felsmassen nicht die Rede sein, ja es kann nicht einmal mit Bestimmtheit behauptet werden, daß irgendein namhafter Teil des Berges aus dieser oder jener Felsart bestehe, sondern es scheint vielmehr, als ob nur Trümmer auf Trümmer gehäuft seien, freilich zuweilen von solchem Umfange und so tief hinabreichend, daß sie für anstehendes Gestein gehalten werden können. Die vielen überall dort vorkommenden Massen lassen sich unter folgenden Hauptarten zusammenfassen:

1. Schwärzliche Porphyrlava, hier und da mit glasigem Feldspat von schwarzer Masse, aber voll kleiner länglicher Löcher; gehört zu den eigentümlichsten vulkanischen Massen des Ararat ebenso wie

2. eine schwärzliche, schlackenartige Lava mit großen länglichen Löchern, die stark mit Eisenoxid ausgekleidet sind.

3. Eine schwarze, pechsteinartige Lava von sehr dichter und schwerer Masse kommt sehr häufig und in ungeheuren Blöcken in den höchsten Regionen vor sowie auch

4. Pechsteinporphyr und

5. eine dunkelstahlgraue, dichte, steinartige Porphyrlava mit roten Adern und glasigem Feldspat.

6. Ein schönes, mittelgraues, vulkanisches Gestein mit glasigem Feldspat ist ebenfalls in abgesonderten Massen und scheinbar auch anstehend am Ararat sehr häufig. Es eignet sich sehr gut zum Schneiden und Schleifen. Man findet diese auch nur durchs Feuer veränderte Porphyrmasse in vielen Abstufungen der Farbe, hell und dunkelgrau, rötlichgrau bis ins Ziegelrot, sowie in verschiedenen Graden der Festigkeit.

7. Stahlgrauer Tonporphyr mit schwächeren Merkmalen vulkanischer Einwirkung findet sich 9 000 bis 10 000 Fuß hoch am Ararat in Platten, fast wie geschichtet und anstehend.

8. Traß, ein Trachyttuff, meist braun, porös, mit glasigem Feldspat, in großen und kleinen kugligen Massen, geht durch Zerfallen in vulkanischen Schutt und Sand über.

9. Schwarze, sehr leichte, bimssteinartige Lava, mit erbsengroßen Löchern scheinbar anstehend und in abgerundeten, kugligen Stücken, am Berge selbst und weit um denselben nördlich bis über das Pambakgebirge hin verbreitet.

10. Obsidianporphyr, der in den oberen und mittleren Regionen des Ararat sehr häufig ist, und

11. wirklicher Obsidian in größeren und kleineren Massen, besonders an der westlichen Seite des Berges.

12. Endlich hat Herr von Behaghel auch in der finsteren Schlucht am Fuße des Gletschers auf dem Bergschutt eine namhafte Masse von einem Salz gefunden, dessen chemische Zusammensetzung Herr Professor Göbel zu bestimmen die Güte hatte und als schwefelsaure Tonerde (Alaun) 97,3 Teile mit 2,7 schwefelsaurem Eisenoxydul erkannte.

Eine reiche Ausbeute in botanischer Hinsicht konnte ich mir von diesen Exkursionen nicht versprechen, schon zum Teil wegen der soeben angedeuteten dürren Felsbeschaffenheit des Berges, auf dessen härteren Lavamassen selbst nicht einmal die Vegetation von Flechten und Moosen festen Fuß fassen kann, teils aber auch wegen der sehr vorgerückten Jahreszeit, in welcher schon so manches Pflänzchen abgestorben und unkenntlich geworden sein mochte. Desto fleißiger aber sammelte ich alles, was auf den mit etwas Erde bedeckten Abhängen der niederen und zwischen den Steinen der höheren Regionen des Berges von Pflanzen sich darbot, und erkannte überall die deutlichen Spuren hoher Gebirgsvegetation durch die auffallenden Veränderungen des Baues dieser Pflanzen im allgemeinen sowie durch die verschiedenen Abweichungen im Bau ihrer einzelnen Gebilde. Man hat schon lange an den Gewächsen hoher Berge den eigentümlichen Charakter der sog. Alpenvegetation erkannt, welcher darin besteht, daß die Pflanzen, seien es Bäume, Sträucher oder Kräuter, in ihrem ganzen Wuchse das Bestreben zeigen, sich nicht hoch über den Erdboden zu erheben, auf welchem sie stehen, und demnach entweder einen kurzen und starken oder einen gekrümmten und niederliegenden Stamm oder Stengel zu haben, an welchem Äste, Blätter und Blüten auffallend gedrängt beieinanderstehen. Der allgemeine Grund dieser Veränderung liegt darin, daß die Pflanzen ein gewisses Maß an Kälte nicht ertragen können; und da alle Wärme in der Luft vom Boden ausgeht, den die Sonne erwärmt, der Erdboden auf hohen Bergen also durch die Atmosphäre stärker abgekühlt wird, so ist's begreiflich, wie dieselbe Pflanze, die in der Tiefe z. B. einen Fuß hoch wächst, auf einem hohen Berge schon bei ein paar Zoll über dem Boden die Grenze der Temperatur antrifft, bei welcher sie zu wachsen aufhören muß, weshalb denn auch die Bäume zuerst verschwinden, dann die Sträucher und so die übrigen Gewächse nach Maßgabe ihrer gewöhnlichen Größe und ihres Vermögens, in Gegenden von rauherem Klima zu leben.

Allein außer dieser allgemeinen Veränderung des Baues der Vegetabilien auf großen Höhen zeigen sie auch noch ganz besondere Veränderungen in Hinsicht ihrer einzelnen Teile. Die Wurzel ist in der Regel stark und groß, wenn es dem Boden nicht gar zu sehr an nährenden Bestandteilen fehlt, deren Übergang in die Säfte der Wurzel durch den höheren Standort nicht gehindert werden kann; die Blüten sind vollständig in Größe und jeglicher Beschaffenheit; sie prangen sogar an den Alpenpflanzen mit ungewöhnlicher Fülle und Farbe, und wenn man ein Gewächs bis zu den äußeren Regionen seines Fortkommens auf großen Höhen verfolgt, so wird man dort die Blüten verhältnismäßig nur wenig verkleinert finden, niemals verkrüppelt und eher gedrängter und reicher als gewöhnlich, und selbst ihre fruchtbringende Kraft trotzt den Einflüssen der höheren Region; denn das Hauptgeschäft der Blütenblätter besteht in der Aushauchung luft- und dunstartiger Bestandteile, welche durch die Verdünnung der freien Atmosphäre eher noch gefördert als geschmälert werden muß. Die Blätter dagegen, die Haut, die den Stengel umkleidet, und alles Grüne an den Pflanzen verkümmert mit der Erhebung des Standortes, und es ist auffallend zu sehen, wie diese Teile, welche doch überall der Kälte viel stärker zu widerstehen vermögen als die Blüten, auf hohen Standorten stets einer Schmälerung ihres Lebensprozesses unterliegen. An Gräsern und allen schmalblättrigen Pflanzen sieht man dies weniger, aber höchst auffallend ist es an den anderen, deren Blätter je weiter hinauf, desto kleiner werden, ja zuletzt selbst nicht mehr ihre natürliche Form behalten, ihr reines bestimmtes Grün gegen ein unbestimmtes lichtes Gelb vertauschen und das Ansehen einer dünnen Membran erlangen, unverkennbare Wirkungen der verdünnten Atmosphäre, aus welcher die Blätter bestimmt sind, Nahrungsstoffe aufzusaugen. Diese Veränderungen der Pflanzen durch die Höhe des Standortes habe ich zuerst bei der Bereisung des kaukasischen Hochgebirges wahrgenommen und genauer beschrieben, später aber auf den Alpen der Schweiz und Italiens, auf den Pyrenäen und jetzt auch am Ararat auf die unzweideutigste Weise wiedergefunden, so zwar, daß manche Pflanzenart auf mehreren dieser Gebirge zugleich vorkommt und die vollständigste Übereinstimmung zeigt, während sie mit denselben Pflanzen der niederen Regionen desselben Gebirges oft kaum noch so viel Ähnlichkeit hat, daß man sie sogleich für dieselbe Art erklären möchte. Besonders angenehm war es mir, das merkwürdige Hornkraut (Cerastium), welches ich am Kasbek im Kaukasus selbst noch hoch über der äußersten Schneegrenze mit so ganz eigentümlichen Abweichungen des Baues fand, dieses Hornkraut, welches Herr Meyer auch auf den Höhen des Elbrus antraf, nun auch am Ararat als die höchste Pflanze wiederzufinden, und zwar mit einer solchen Übereinstimmung ihrer ganzen Beschaffenheit, daß, wenn die Exemplare aus meinem Herbarium zusammengelegt würden, kein Merkmal aufzufinden wäre, um zu sagen, welches Exemplar dem Berge Noahs, welches dem des Prometheus angehört.

In der nämlichen Region mit diesem Hornkraut, d. h. 12000 bis 13000 Fuß über der Meeresfläche, fand ich auch den Moschus-Steinbrech (Saxifraga muscoides auct. [Saxifraga moschata Wulfen]) mit zahlreichen Blüten, die Blätter aber überaus klein, ganz gegen die Wurzel zusammengedrängt und membranös, während sie an den Exemplaren in geringerer Höhe sich schon mehr der gewöhnlichen Beschaffenheit näherten. Ein schönes Pflänzchen, eine liebliche Zierde jener rauhen Felsengegend war die Alpen-Aster (Aster alpinus L.), hier wie auf der Höhe des Kasbek die Blätter ganz klein, der Stengel kaum einen halben Zoll hoch, aber die Blüten ganz frisch, ziemlich groß und mit schönem violettem Blütenstrahl. Mit ihr untermengt zeigten sich das Felsenblümchen (Draba incompta) zum Teil in der Blüte, zum Teil in reifen Samen, sowie auch die Rückwärtsgekrümmte Sandmiere (Arenaria recurva), dann eine zierliche Bergaster (Aster pulchellus), deren Blütenkrone auf dem kurzen Stengel mit kleinen Blättern, der Region des starren Winters nahe, doch nichts von ihrer heiteren schönen Lichtfarbe verloren hatte. Sehr charakteristisch zeigten sich auch die klimatischen Einflüsse an der Steinbrech-Glockenblume (Campanula saxifraga) und genau so, wie ich sie an der verwandten Felsen-Glokkenblume (Campanula rupestris) im Kaukasus und Rasen-Glokkenblume (Campanula caespitosa) in den Pyrenäen gefunden hatte. Ebenso die Kaukasische Wucherblume (Pyrethrum caucasicum) am Ararat wie in den Pyrenäen die Alpen-Wucherblume (Pyrethrum alpinum), ferner den Winzigen Bocksbart (Tragopogon pusillum) mit vollen kräftigen Blüten und den Filzigen Steinbrech (Saxifraga hirculus) ebenso, wie auf den Höhen des Kaukasus drei andere Steinbrecharten vorkommen. Am Weichen Tragant (Astragalus mollis) fand ich keine Blüten mehr, aber sehr große Samenkapseln, die sehr auffallend waren gegen die ganz klein zusammengezogenen, gefiederten Blätter, und auch ein Fingerkraut (Potentilla) zeigt in diesen höheren Regionen des Ararat wie das Großblütige Fingerkraut (Potentilla grandiflora) im Kaukasus die dem Standorte eigentümlichen Charaktere.

In etwas geringerer Höhe, d. h. zwischen 10 000 und 12 000 Fuß über der Meeresfläche, fand ich auf ähnliche Weise, doch schon minder auffallend verändert, außer den vorigen noch die Steife Hundskamille (Anthemis rigescens), hier der Stellvertreter der Berg-Hundskamille (Anthemis montana) auf den Gipfeln der Pyrenäen und von Rudolphs-Hundskamille (Anthemis rudolphiana) auf den Höhen des Kaukasus; ferner die Mittlere Ziziphore (Ziziphora media), die Krähenfußblättrige Schwarzwurzel (Scorzonera coronopifolia), den Sparkblättrigen Ehrenpreis (Veronica telephiifolia), die Felsen-Nelke (Dianthus petraeus), die Igel-Strandnelke (Statice echinus), den Kaukasischen Süßklee (Hedysarum caucasicum), den Behaartköpfigen Klee (Trifolium trichocephalum) mit auffallend großen, violetten Blütenköpfen gegen die überaus kleinen Blätter; dann die Weiße Küchenschelle (Pulsatilla albana), die Schöne Flokkenblume (Centaurea pulcherrima) und die Gelbe Flockenblume (Centaurea ochroleuca) geradeso, wie ich sie auf dem kaukasischen Hochgebirge gefunden hatte. Von Sträuchern fand ich in den tieferen Regionen etwa 7 000 bis 8 000 Fuß über dem Meere nur zwei, nämlich den Spitzblättrigen Wacholder (Juniperus oxycedrus) und die Einblütige Zwergmispel (Cotoneaster uniflora) mit reifen Früchten (73). Wo die Baumvegetation am Ararat ihre obere Grenze hat, läßt sich nicht wohl bestimmen, da so bedeutende örtliche Hindernisse anderer Art als klimatische vorhanden sind, die am Ararat weit und breit um denselben dem Fortkommen von Bäumen entgegenstehen. Daß hochstämmige Walnußbäume, Aprikosenbäume, Weiden (Salix alba) und Pyramidenpappeln, diese letzteren jedoch schon von kleinem Wuchse bei einer Höhe von 6 000 Fuß über dem Meere noch sehr gut fortkommen können, wenn sie Erde und Feuchtigkeit finden, zeigt sich bei St. Jacob; und daß Birken, jedoch nicht mehr recht gerade und hochstämmig, bei 7 800 Fuß Höhe vom Klima noch nicht völlig verdrängt werden, zeigt das Wäldchen am Fuße des Kleinen Ararat; eine auffallende Übereinstimmung übrigens mit der Birkengrenze im Kaukasus bei 6 700 Fuß über dem Meere.

Ein anderer Gegenstand, dessen genaue Ausmittelung ich bei der Ersteigung des Ararat vor Augen hatte, war die Grenze des unvergänglichen Schnees. Ihr Entstehen ist dadurch bedingt, daß die Wärme der Luft je höher desto schneller abnimmt, weil sie nur auf der Erdoberfläche durch die Einwirkung der Sonnenstrahlen erzeugt wird. So findet man denn auch auf Bergen eine allgemeine Abnahme der Wärme mit der Höhe ebensowohl im Boden als in der Luft, so daß man im Durchschnitt auf jede 600 Fuß Erhebung ein Grad Wärmeabnahme rechnen kann. Natürlich muß es daher an jedem hinreichend hohen Berge eine Region geben, in welcher der während des Winters gefallene Schnee durch die größere Wärme im Sommer nicht gänzlich weggeschmolzen werden kann, und der untere Rand dieser Region ist das, was man Schneegrenze nennt. Freilich ist ihre Höhe von manchen örtlichen und zeitlichen Verhältnissen abhängig und daher veränderlich, wie namentlich von der größeren oder geringeren Hitze eines Sommers, von der Weltgegend des Berges, an welcher man die Schneegrenze untersucht, von der Steilheit des Bodens, ob er Schluchten und Täler hat oder ebenmäßig geneigt ist usf., so daß man durchaus konstante und horizontal fortlaufende Linien sich dabei nicht denken kann, sondern jedesmal auf solche Umstände Rücksicht nehmen muß, immer aber innerhalb gewisser, ziemlich genau zu bestimmender Grenzen diese Region doch auszumitteln vermag.

Besondere Beachtung verdient indessen die Jahreszeit, in welcher man die Schneegrenze sucht; darüber läßt sich im allgemeinen nur so viel bestimmen, daß nur im Spätherbst, ehe der Winter viel neuen Schnee gebracht, die Wärme des Herbstes aber auch noch vom alten Schnee, was sie vermochte, weggeschmolzen hat, eine solche Untersuchung zu einem richtigen Resultate führen kann. Für Gebirge wie den Ararat, den Kaukasus, die Alpen, die Pyrenäen und überhaupt alle Berge der mittleren geographischen Breiten sind nur der August und September zur Ausmittelung der wahren Schneegrenze zu gebrauchen, weil während dieser Monate, obgleich die Sommerhitze schon zum größten Teil vorübergegangen sein mag, immer noch bedeutende Schneemassen weggeschmolzen werden, bis der wirklich eintretende Winter in jener Region diesem Prozesse Schranken setzt, ein Prozeß, dessen Heftigkeit und Dauer bei dem Ararat noch besonders dadurch erhöht wird, daß in der ganzen Umgegend desselben eine ganz ungewöhnliche Hitze herrscht, indem die Strahlen der Mittagssonne die Südseite des Berges direkt bescheinen, auf seiner Nordseite aber, von den hohen Bergabhängen des Gegamgebirges aufgefangen, im Tal des Araxes bis spät in den Herbst eine ungewöhnliche Hitze unterhalten, welche im Juli und August die Menschen aus der Ebene verscheucht, eine Hitze, die mir in der zweiten Hälfte des Oktobers nicht gestattete, in meinem gewöhnlichen Rocke im Freien zu arbeiten, und gegen Ende Oktober noch 20 °C betrug. Diese im Sommer brennendheiße Luft erhebt sich vermöge ihres geringeren Gewichts fortwährend an den Seiten des Ararat empor, erwärmt seinen Boden und zehrt ununterbrochen an seinen Schneemassen. Dadurch allein kann ich mir die Wärme erklären, bei der ich in den letzten Tagen des Septembers (man denke immer alten Stils) in einer Höhe von 13 036 Pariser Fuß über dem Meere zwei Nächte auf ödem Felslager ohne Pelz, doch ganz behaglich zubrachte. Rechnen wir zu diesem Umstand von den heißen Luftströmen, die den größten Teil des Jahres hindurch am Ararat sich erheben, noch die isolierte Lage des Berges, dessen beeistes Haupt weit und breit das einzige ist, welches von der Erde emporragt und der Erwärmung von unten her also nicht so kräftig widersteht als eine ausgebreitetere Masse ewigen Schnees wie z. B. die der Alpen, so erklären wir uns auch ganz genügend die so außerordentliche Höhe der Schneegrenze am Ararat, die nach meinen Beobachtungen bei 13 300 Pariser Fuß über der Meeresfläche anzunehmen ist. Bei jeder meiner drei Reisen zum Gipfel achtete ich nämlich besonders auf die Stellen, wo der mächtige Schneekegel, der das obere Viertel des Ararat einnimmt, sich in einem größeren Umfange auf gleichmäßig geneigtem Abhange ohne Unterbrechung herabzieht, und bestimmte ihre Höhe. So fand ich den Rand des ewigen Eisdaches des Ararat am 13. September auf der Ostseite des Berges 13 180 Pariser Fuß, am 18. und 27. September an seiner Nordwestseite bei 13 448 Pariser Fuß über dem Meere, und das Mittel beider Beobachtungen sind ungefähr obige 13 300 Fuß. Es nimmt mich nicht wunder, daß die östliche Seite des Berges hierin offenbar wärmer erscheint als die nordwestliche, denn diese hier ist völlig frei, neben jener ragt aber in geringer Entfernung der Kleine Ararat, ein Berg von 12 284 Fuß empor, auf dessen Abhängen die Sonnenstrahlen auch ihre wärmende Wirkung nicht versagen, die sich der benachbarten Schneegrenze des Großen Ararat mitteilen muß.

Diese starre Eis- und Schneehülle sendet nun von ihrem unteren Rande aus so viel Ausläufer abwärts, als sich unterhalb derselben Felsentäler am Ararat herabziehen, und geben der Schneegrenze dieses Berges für den fernen Beobachter das eigentümliche Aussehen eines schönen gezackten Kragens von blendendweißem Stoff auf dunklem Grunde, wie man dies auf dem größeren und kleineren radierten Blatte der beiliegenden Zeichnungen auszudrücken versucht hat.

Diese Ausläufer, die man auch, wenn man will, jedoch nicht recht eigentlich Gletscher nennen könnte, stellen als bleibende Schneemassen einen Teil der Schneegrenze dar, und ich habe ihr unteres Ende einmal an der östlichen Seite des Berges bei 11 675, ein anderes Mal an der nordwestlichen bei 11 844 Pariser Fuß durch bestimmte Messung und alsdann noch an mehreren Stellen durch Augenmaß in ähnlicher Erhöhung gefunden. Die tiefsten Massen unvergänglichen Eises und Schnees finden sich aber in der finsteren Schlucht von St. Jacob, doch bin ich selbst nicht bis zu ihnen gekommen und kann ihre Höhe deshalb nicht genau angeben.

Kurz vor meiner letzten Expedition zum Gipfel des Ararat hatten, wie früher gesagt, die Herren Schiemann und von Behaghel eine kleine Exkursion nach einem in ganz Armenien und bis Tiflis berühmten Salzbergwerk gemacht, und wenige Stunden nach mir kamen auch sie zurück (74).

Wissenschaftliche Arbeiten in St. Jacob und der Araxesebene

Die nächsten 8 Tage nach meiner Rückkehr vom Gipfel des Ararat benutzte ich teils zur Wiederholung meiner früher erwähnten magnetischen Beobachtungen, teils zur Anstellung von Pendelversuchen. Die Abweichung der Magnetnadel vom Meridian, welche ich in Dorpat 9° 1′, in Tiflis 3° 47′ westlich gefunden hatte, betrug am Ararat 4° 29′. Die Neigung des Nordendes der Magnetnadel, die in Dorpat 70° 43′, in Tiflis 55° 31′ gewesen war, fand ich am Ararat mit demselben Instrumente 53° 6′. Zu den Pendelversuchen, welche einen sehr festen Punkt zur Aufhängung des Apparates nötig machten, bediente ich mich der Klostermauer, die aus regelmäßig gehauenen Steinen poröser Lava besteht und sehr geeignet war, meine scharfen Stahlnägel aufzunehmen, die ich bei mir hatte, ohne daß ich zu den Fugen der Steine Zuflucht zu nehmen brauchte.

Diese Pendelbeobachtungen beschäftigten mich eine Woche lang morgens, abends, mittags und mitternachts etwa eine Stunde lang und ließen mir daher in den Zwischenstunden Zeit zu einigen anderen, minder wichtigen Arbeiten.

Herr Fedorow hatte unterdessen durch eine schöne Reihe von Beobachtungen am Reichenbachschen Theodoliten die geographische Lage des Klosters und dadurch sowie vermittels der später angestellten Messungen aus der Ebene des Araxes die geographische Lage des Großen wie des Kleinen Ararat, die des Aragaz und des Dorfes Bajat mit einer Genauigkeit ausgemittelt, die nichts zu wünschen übrig läßt und die mir bei Anfertigung der kleinen Karte für diesen Teil derselben von wesentlichem Nutzen gewesen ist. Nach Beendigung seiner Arbeiten im Kloster begab sich Herr Fedorow am 2. Oktober in die Ebene des Araxes hinab, wo er zuerst zwei Standpunkte für seine Winkelmessungen und dann eine Stelle zur Ausmessung einer Standlinie suchte und erstere auch bald auf ein paar kleinen Hügeln fand, deren mehrere hier und da aus der Ebene hervorragen, die Stelle für die Standlinie aber sehr glücklich in einer Gegend wählte, wo der Boden auf einer bedeutenden Strecke fast ganz eben und waagerecht ist (75).

Ihn begleiteten die Herren Schiemann und von Behaghel, und außer einer Abteilung unserer Mannschaft an Kosaken und Soldaten hielt ich es auch für notwendig, ihnen den Feldjäger, Herrn Schütz, mitzugeben, um etwaige Schwierigkeiten hinsichtlich des Unterkommens zu beseitigen, zu welchem Zwecke uns auch von der Bezirksbehörde in Eriwan ein spezieller Befehl an die Dorfältesten in russischer und tatarischer Sprache ausge-

Der von Parrot benutzte Pendelapparat

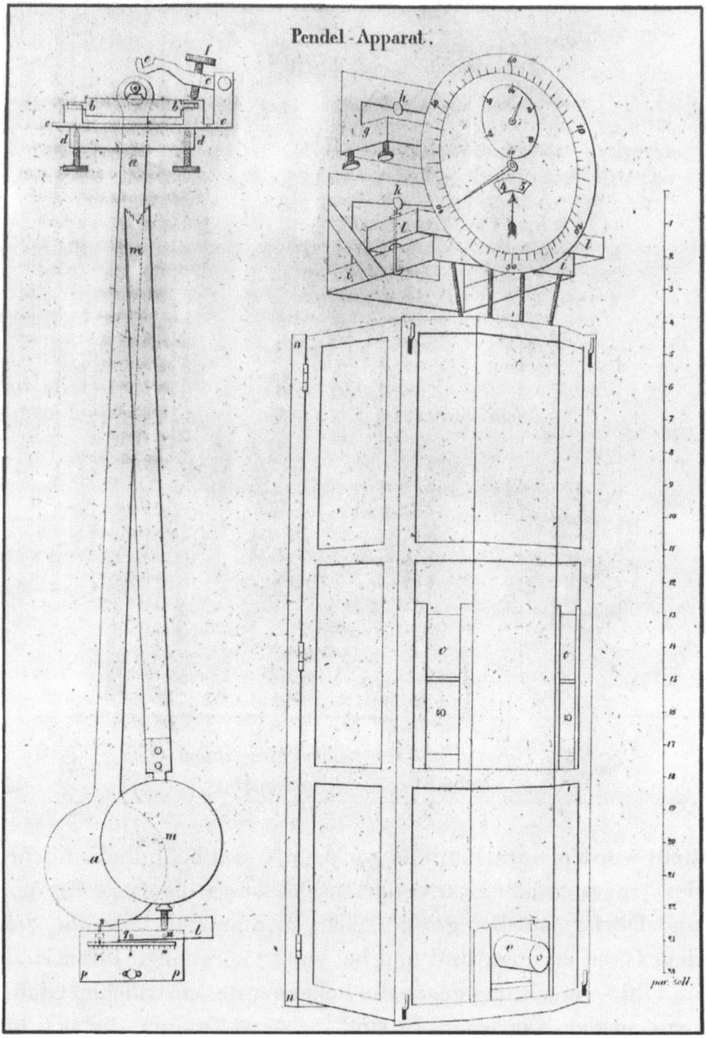

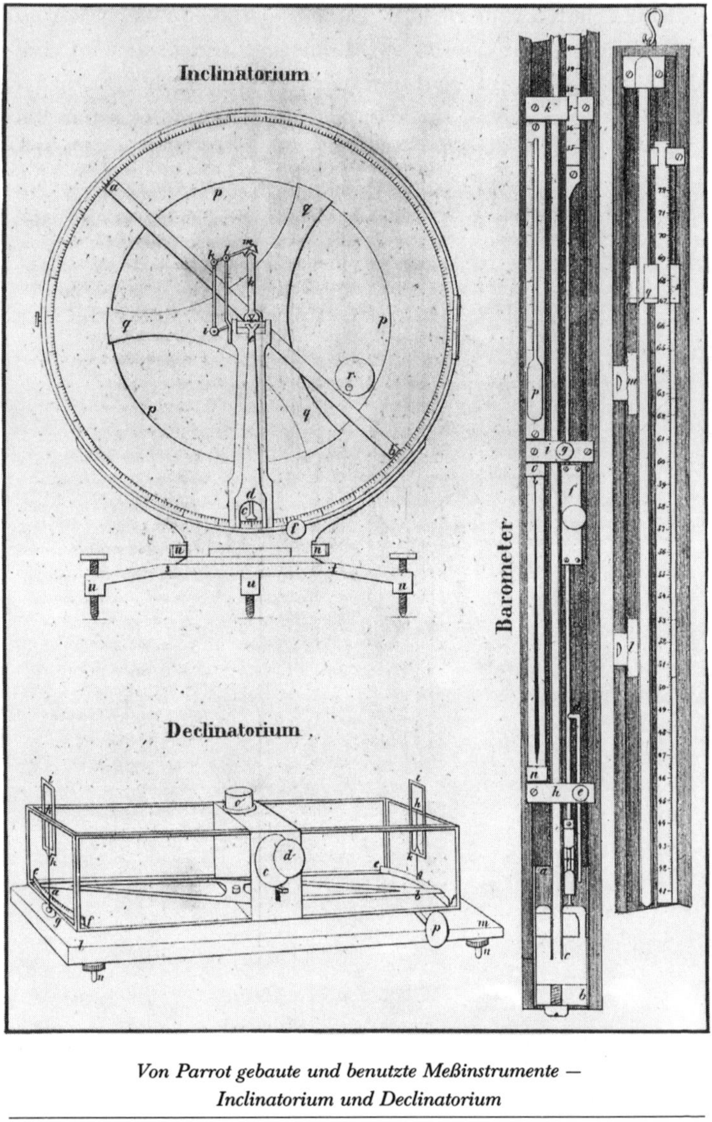

Von Parrot gebaute und benutzte Meßinstrumente —
Inclinatorium und Declinatorium

stellt worden war. Denn die vor dem Ararat befindliche Ebene des Araxes enthält zwar einige ansehnliche armenische Klöster und Dörfer, ist aber größtenteils von Stämmen bewohnt, die dem Islam ergeben sind und bei jeder Gelegenheit ihren Haß und ihre Verachtung gegen die Bekenner des christlichen Glaubens an den Tag legen. Es sind meistens Tataren, die sich in einigen Dörfern angesiedelt haben, Feld- und Gartenbau treiben und vorzüglich viel mit Vieh- und Pferdezucht beschäftigt sind, aber doch insofern nomadisieren, als sie in den Sommermonaten der drückenden Hitze wegen diese Ebene verlassen und sich in die Gegend der Festung Maku begeben, deren Khan sie bisher zinsbar waren. Es geschieht dieses Wandern auch noch jetzt, nachdem eine feste Grenzlinie vom Ararat aus in südöstlicher Richtung zum Araxes gezogen, die das russische Gebiet, auf welchem diese Leute angesiedelt sind, von dem persischen, in welches sie sich im Sommer begeben, scheidet. Außer diesen Tataren halten sich auch noch, aber als völlige Nomaden in der Ebene des Araxes Kurden auf, die in größeren und kleineren Familien mit ihren meist schmutziggrauen Filzzelten und bedeutenden Viehherden bald diesen, bald jenen Fleck Landes besetzen. Die Kurden haben von jeher die fruchtbaren Ebenen des alten Mesopotamiens um den Euphrat und Tigris bewohnt und in den Tälern des Taurus ihre Schlupfwinkel gehabt, doch weiß man nichts Gewisses über ihren Ursprung, denn von den Türken sowohl als den Persern unterscheiden sie sich durch Gesichts- und Körperbildung wie durch Charakter und Lebensweise. Drouville, der sie genauer kennengelernt hat, findet, daß sie viel Ähnlichkeit mit den Beduinen haben, und ist geneigt, sie für die Nachkommen einer arabischen Niederlassung zu halten.

Kurdische Träger am Ararat (Lynch)

Sommerliche Zeltsiedlung kurdischer Bauern. Alpwirtschaft am Südhang des Ararat in 2 800 bis 3 000 m Höhe (nach einer Originalzeichnung von Ed. Imhof)

Obgleich dem persischen Szepter untertan, bekennen sie sich doch nicht zu der in Persien herrschenden mohammedanischen Sekte des Ali, sondern zu der des Omar, die bei den Türken gilt; verschmähen aber nicht, auch bei den Türken ihr Glück zu versuchen, und finden es nicht selten durch ihre Verschmitztheit

und ihren kriegerischen Sinn, der ihnen den Weg selbst zu den ausgezeichnetsten Stellen bahnt, wie denn auch z. B. der damalige Pascha von Bayazid ein Kurde war, und diese ihre Abkunft halten sie stets in Ehren, indem sie die eigentümliche Kurdentracht beibehalten.

Sind uns die Kurden wegen ihres feindschaftlichen Verhältnisses zum christlichen Glauben wichtig, so werden sie es noch mehr durch die enge Verbindung, in welcher sie sich mit einem der merkwürdigsten christlichen Stämme aus der ältesten Zeit der Verbreitung unseres Glaubens befinden; es sind die in der Religionsgeschichte bekannten Nestorianer, die bei den Tataren, Kurden und Armeniern Jedsdih heißen. Der Ursprung dieser christlichen Sekte schreibt sich aus der ersten Hälfte des fünften Jahrhunderts her, wo der Patriarch Nestorius in Konstantinopel in Folge einer über das Ansehen der Mutter Gottes entstandenen Religionsstreitigkeit auf zwei Synoden der Ketzerei beschuldigt, verdammt und abgesetzt wurde, seine zahlreichen Anhänger aber sich dadurch, wie es häufig geschieht, nicht belehren ließen, sondern es vorzogen, sich gänzlich von der katholischen Kirche zu trennen und, da auch ihre Bischöfe des Reiches verwiesen wurden, sich nach Persien zu flüchten, wo sie bei ihren Glaubensgenossen freundliche Aufnahme fanden und von wo aus sie ihren Glauben nach Ägypten, Syrien, Arabien, Indien, der Tatarei und selbst bis China verbreiteten. Besonders faßten sie in dem alten Chaldäa festen Fuß, und bis auf den heutigen Tag bedienen sie sich bei ihrem Gottesdienste der chaldäisch-syrischen Sprache. Sie stehen jetzt großenteils unter der unumschränkten Oberherrschaft der Kurden, haben mit ihnen gleiche Tracht und Gewohnheiten, folgen ihnen willig in den Krieg und schlagen sich mit Tapferkeit für ihre Unterdrücker, denen sie in Friedenszeiten auch noch die Früchte ihres Fleißes hingeben müssen.

Ich hatte noch auf einige Tage in St. Jacob zu tun und fand mich daher erst einige Tage später in der Ebene des Araxes ein. Wie es meinen Reisegefährten bei ihrer Ankunft und in den ersten Tagen ihres dortigen Aufenthaltes ergangen ist, möge folgender von Herrn Schiemann niedergeschriebene kurze Bericht andeuten.

»Am 29. September sagte uns einer von unseren Kosaken, der in das tatarische Dorf Bajat an der Tschornaja retschka (Karasu; Schwarzbach) nach Heu geschickt war: ein Bauer aus dem Dorfe lasse bitten, man möchte ihm Pulver und Blei schicken, er wolle für uns wilde Schweine schießen, die ihm seine Reisfelder verwüsten. Ich beschloß, mich selbst hinzubegeben. Am 30. September ritt ich mit dem Herrn Feldjäger Schütz in Begleitung zweier Kosaken nach dem Dorfe, ungefähr 15 Werst vom Kloster St. Jacob entfernt. Gegen Mittag kamen wir dort an. Die Tschornaja retschka hat sehr sumpfige Ufer, die an vielen Stellen sich auf mehrere Werst ausbreiten und mit sehr hohem undurchdringlichem Schilf bewachsen sind; hier halten sich die wilden Schweine von schmutzigdunkler gelbgrauer Farbe in großer Menge auf. Wir waren kaum eine halbe Werst vom Dorfe entfernt, als wir schon eine Sau mit vier Jungen sahen; wir versuchten, an sie heranzukriechen, es gelang uns aber nicht, weil unser Gang im Moraste zuviel Geräusch machte. Weiterhin mußten wir durch einen Arm der Tschornaja retschka gehen; das Wasser reichte weit über die Knie. Die wilden Schweine haben im Schilf breite Wege eingetreten, auf denen sie zu den Reisfeldern gehen; hier hatte sich der Kosak, tollkühn genug, hingestellt und war glücklich zum Schuß gekommen. Das erlegte Schwein wurde den anderen Morgen durch ein Pferd nach dem Dorfe geschleppt; es war von sehr ansehnlicher Größe und wog über 7 Pud oder 280 Pfd. (76). Nachdem das Tier zerlegt war, wurde das Fleisch auf zwei Ochsen geladen, und am Abend erreichten wir mit unserer Beute das Kloster. Da Herr Fedorow zur trigonometrischen Messung des Ararat in die Ebene des Araxes mußte, so ritt er am 2. Oktober nach dem Dorfe Bajat, wo er sein Quartier nehmen wollte. Herr von Behaghel, Herr Schütz und ich begleiteten ihn dahin. Herr von Behaghel und ich waren zwei Abende auf der Lauer, um wilde Schweine zu schießen, kamen aber nicht zum Schuß. Nachdem wir zwei Tage in Bajat gewesen, verließen wir es und ritten nach einem drei Werst von Bajat gelegenen tatarischen Dorfe namens Syrbaghan, weil hier ein einzeln stehender Hügel, dessen Herr Fedorow zur Messung bedurfte, in der Nähe war. Als wir im Dorfe angekommen waren, brachte uns unser Führer zur Wohnung des Jus-Bassa, damit dieser uns ein gutes Quartier anweise. Er war aber nicht zu Hause so wie auch kein einziger Bauer im Dorfe und nur Weiber gegenwärtig, die uns auf keinen Fall Quartier geben wollten. Da wir nun keine Möglichkeit sahen, unsere Absicht zu erreichen, so ritt Herr Schütz mit einem Kosaken nach einem eine Werst weiter gelegenen Dorfe, um, wenn es möglich wäre, uns dort Quartier zu schaffen. Dieses Dorf war aber bis auf drei oder vier Wohnungen ganz zerstört. Glücklicherweise fand hier Herr Schütz den Schreiber eines Khans; diesem zeigte er unsere Papiere, worauf der Schreiber, nachdem er dieselben gelesen, sich entschloß, mit nach dem ersten Dorfe zurückzureiten, wo er die Amazonen bewog, uns Quartier und auch etwas Brot und Milch zu geben. Dieser Auftritt hatte ganze drei Stunden gedauert. Was diese Weiber bestimmte, uns so hartnäckig und mit solcher Wut Quartier zu verweigern, war vermutlich das Kosakenpferd, welches mit Schweinefleisch beladen und, mit dem Fell des Tieres bedeckt, in unserem Gefolge war. Schweinefleisch unter ihrem Dache zu haben, würde ihr Haus und sie als Mohammedaner verunreinigt haben; daher ihre Wut. Ein paar Stunden später, nachdem wir von unserer Wohnung Besitz genommen hatten, fanden sich auch drei Tataren ein, von denen einer, wie es sich nachher ergab, der Besitzer unserer jetzigen Wohnung war.

Im ganzen Dorfe waren nicht mehr als vier Männer, die übrigen waren zu einigen Khans nach Persien gegangen, denen sie den ganzen Sommer über arbeiten halfen, um zum Winter erst in ihre Wohnungen zurückzukehren. Diese vier Männer und die Weiber mußten so lange alle Arbeiten besorgen.

Dieses Dorf hatte so wenig Felder, daß es uns nicht einmal Gerste für die Pferde liefern konnte. Den 9. Oktober machte ich mich wieder auf den Rückweg zum Kloster«.

Am Tage, bevor ich Herrn Fedorow in die Ebene des Araxes zu folgen beschlossen hatte, entstand auf einmal ungewöhnliches Leben im stillen Kloster; ich fand den Archimandriten, seine zwei Dienstleute, ein paar fremde Bauern, den Diakon und die zwei bei mir zurückgebliebenen Soldaten vor der Klostermauer ängstlich und neugierig zusammengelaufen und mußte freilich auch bald ihre Stimmung teilen, denn ich sah fünf Wölfe gravitätisch den Abhang des Ararat herabsteigen und 50 Schritt von der Klostermauer ein der kleinen Herde abgejagtes Kalb vor sich her treiben; aber als Menschen schreiend und bewaffnet hinzuliefen, machten sie der Sache ein schleuniges Ende, indem sie dem armen Tier den Leib aufrissen, es in diesem Zustande dem rechtmäßigen Besitzer zurückließen und ihren Weg zur Ebene dann ruhig fortsetzten.

Am 10. Oktober vormittags machte ich mich in Begleitung des Diakons und eines Kosaken aus St. Jacob auf, in die Ebene des Araxes zu ziehen. Gleich hinter Arguri wandten wir uns rechts, d. h. östlich, an mehreren Wein- und Aprikosengärten vorbei, in denen auch einige Ölweiden vorkommen, und traten dann bald aus dem Bereiche der großen Lavatrümmer heraus, welche auf dem ganzen Abhang des Ararat, von der Grenze des ewigen Schnees bis über St. Jacob und unterhalb Arguri hinab ausgestreut liegen. Der Boden zeigte schon lehmige Erde, mit kleinerem Geschiebe und Gerölle vermengt; in diesem Boden hatte der Arguribach sich ein tiefes Bett eingerissen, doch fanden wir es in jener Jahreszeit trocken, denn schon bei St. Jacob war der Bach so wasserarm, daß man kaum die Pferde daraus tränken konnte, obgleich er im Frühling oft dermaßen anschwillt, daß er das ganze, wohl sechs Faden breite und drei Faden tiefe Gerinne ausfüllt, Felsmassen übereinander fortrollt und nicht selten so plötzlich herandringt, daß Tiere, die sich eben im Bache befinden, keine Zeit haben, sich zu retten, und der alte Archimandrit fast alle Jahre einige Kälber von seiner kleinen Herde bei dieser Gelegenheit einbüßt.

Sobald man den eigentlichen Fuß des Ararat erreicht hat und sich in der Ebene befindet, welche von den schon früher beschriebenen sogenannten Schwarzbächen durchschnitten ist, finden sich auf dem schwach bewachsenen Boden, je weiter hinab, immer kleinere Stücke der Lava vom Ararat und von immer leichterer, poröserer Natur. Dieses Gerölle wird je weiter in die Ebene hinein, desto feiner und gleicht am Ende nur noch einem groben, aber sehr leichten Sande. Am Schwarzbache selbst hat man Mühe, nur noch einen ordentlichen Stein zu finden. Diese große Gleichförmigkeit in der Verteilung der Steinmassen am Abhange des Ararat nach ihrer Schwere und Größe muß einen besonderen Grund gehabt haben. Oben also, in der Nähe der Schneegrenze noch fast hausgroße Massen der festesten, dichtesten Lava, von welchen der Hammer des Mineralogen nicht leicht ein Stückchen ablöst, weiter hinab dieselbe Masse, aber in kleineren Stücken zu 6 bis 8 Fuß im Durchmesser, bei St. Jacob schon mit Lavafelsen von etwas leichterer Art und in geringerer Größe untermengt, unterhalb Arguri nur mehr ein Gerölle von leichterer, bimssteinartiger Beschaffenheit, das durch sehr allmähliche Abstufungen in förmlichen Sand übergeht, das ist nicht das Werk zufälliger Umstände, das hat eine mechanische Kraft zuwege gebracht, die nach einem bestimmten Gesetz wirkte, und diese Kraft, was war sie anderes als die Fluten, die vor 6 000 Jahren sich ergossen und deren »Gewässer überhand nahm und so sehr wuchs auf Erden, daß alle hohen Berge unter dem ganzen Himmel bedeckt wurden«. Dann aber »wurden die Brunnen der Tiefe verstopft, samt den

Fenstern des Himmels; und dem Regen vom Himmel ward gewehret, und das Gewässer verlief sich von der Erde immerhin«. Betrachtet man die Wirkung dieser sich hebenden und senkenden Fluten an einem Berge, dessen Oberfläche von Steinmassen der verschiedensten Größe und Leichtigkeit bedeckt ist, nach einfachen Grundsätzen der Hydrostatik, so wird es leicht begreiflich, daß nur die großen und schweren Felsen an der Stelle bleiben konnten, wo sie waren, die kleineren aber, von der wogenden Oberfläche hin- und hergewälzt, weiter herabkommen mußten, ohne jedoch bei ihrem Fall große Tiefen zu erreichen, weil im Wasser jeder Körper so viel leichter ist als sonst und daher lange nicht mit seinem ganzen Gewicht fällt. Je tiefer die Wasserfläche sich senkte, je mehr andere Berge aus ihnen hervorragten, desto schwächer mußte ihr Wogen, desto ruhiger ihre Oberfläche und desto geringer ihre bewegende Kraft gegen die Steinmassen sein, es konnten nur noch die leichteren und kleineren Stücke von ihrem Platze gerückt und längs dem Abhange herabgeführt werden, bis endlich im Tale selbst nur noch die leichteren und bröckligen Trümmer hin- und hergetrieben sich in eine Art Sand verwandelten, während alles, was von erdigen Teilen auf dem Abhange war, sich ebendaselbst ansammelte und unter den immer tiefer sinkenden und immer ruhiger werdenden Wassermassen jene auffallend ebene und horizontale Fläche darstellte, die wir jetzt noch um den Araxes als sprechendes Denkmal, daß die ganze Gegend einmal unter Wasser gestanden, unzweifelhaft erkennen (77). Setzt man damit in Verbindung, was ich früher bei der Beschreibung meines Eintritts in die Ebene des Araxes über die Beschaffenheit der Wasseradern gesagt habe, die unter dem Namen der Schwarzbäche den Boden durchschneiden, so möchte dieser physische Beweis von der Richtigkeit der historischen Nachricht von der Sündflut nicht wohl von der Hand gewiesen werden mögen und auf solche Weise ein neuer Beleg dafür gegeben sein, daß eine aus reiner Quelle geflossene Wahrheit, was auch Zweifelsucht und Unglaube darüber sagen mögen, selbst nach Jahrtausenden noch ans Licht treten kann.

Beim Herabsteigen in die Ebene führt ein Rückblick auf den Ararat mir ein schönes Schauspiel vor. Es war nämlich einige Tage lang trübes Wetter gewesen, und obgleich es weder in St. Jacob noch in der Ebene geregnet hatte, war doch auf den

Bergen Schnee gefallen; dieser lag aber über dem sonst nicht beschneiten Teil derselben bis weit über die Schneegrenze herab nur wie ein leichter, helldurchsichtiger Schleier, durch welchen hindurch die ganze Gestalt der Abhänge, und am kleineren Ararat besonders die schöne Zeichnung der Furchen sichtbar war, die sich nun wie die Falten des Schleiers vom Gipfel herabzogen.

Wir waren um 10 Uhr vormittags aus St. Jacob geritten und erreichten um 4 Uhr das tatarische Dorf Syrbaghan am Schwarzbache. Die arbeitsfähigen Männer dieser Dorfbewohner, die den Sommer über auf persischem Gebiete leben und ihre Dienste besonders dem Khan von Maku (78) leisten, waren bereits heimgekehrt, und mit ihnen hatten sich meine Reisegefährten in ein ziemlich gutes Vernehmen gesetzt, so daß jeder von uns unbesorgt seiner Beschäftigung nachgehen konnte. Diese Tatarendörfer bieten dem Reisenden einen sonderbaren Kontrast von Anmut und Öde zugleich dar. Sie sind mit hochstämmigen Baumpflanzungen geziert, die sich aus einiger Ferne in der weiten Ebene sehr lieblich ausnehmen; meistens sind es Weiden, Pyramidenpappeln, Maulbeerbäume, Aprikosenbäume und die Ölweide mit ihrer dattelähnlichen eßbaren Frucht. Der Schwarzbach oder irgendein Arm desselben zieht sich durch das Dorf, zahlreiche Rindvieh-, Pferde- und Schafherden leben

Das Khanschloß Maku im Südosten des Ararat (Abich)

auf der weiten Steppe, und mächtige Scharen von Zugvögeln durchschwärmen die Atmosphäre. Wilde Gänse und Enten sah ich in Schwärmen von vielen, vielen Tausenden herumziehen, sich auf einige Stunden in der Steppe niederlassen, um von dem weiten Fluge über den Kaukasus auszuruhen und dann den Ararat vorbei weiter gegen Süden zu eilen. Auf der anderen Seite bietet der Anblick der menschlichen Wohnungen in diesen Dörfern nichts Erheiterndes dar. Da sieht man keine Wand, zierlich aus Balken gezimmert, keine weiße Mauer, die von weitem leuchtet, kein rotes Ziegel- oder sauber geschichtetes Strohdach mit weißen Schornsteinen; nur düstere Wände, aus grauem Lehm gemacht, mit dem dürren Boden fast von gleicher Farbe. Da zeigt sich von der Straße her nichts von einer zierlichen Fensterreihe, nichts von einer freundlich geöffneten Tür; alles ist fest und in sich geschlossen, und der Fremde weiß anfangs nicht, welche der sich darbietenden Wände man durchbrechen wird, um ihn in das Innere eines solchen Raumes zu führen. Übrigens ist dieses die in holz- und steinarmen Gegenden auch bei den Armeniern und Georgiern niederen Standes gebräuchliche Bauart selbst in den Vorstädten von Tiflis. Die Gassen dieser Dörfer sind teils von den fenster- und türlosen Wänden der Häuser, teils von einer niedrigen Mauer gebildet, die jedes Gehöft einschließt und von dem anderen absondert; alles aber ist von bloßem Lehm aufgeführt, der wegen seiner grauen Farbe und seines trockenen Wesens im Sommer keinen angenehmen Anblick gewährt. Das Dach, aus Estrich und Lehm gemacht, ist eben und waagerecht, und dient dem Tataren als ein zweites Stockwerk, dessen Dach aber der freie Himmel ist. Der Eingang zum Hause ist im Hofe; da ist eine kleine Tür, durch die man häufig nur gebückt eintreten kann, und dann befindet man sich in der für die Pferde und anderes Hausvieh bestimmten Abteilung des Hauses. Von hier aus führt eine schmale Stiege um einige Fuß höher hinauf zu einer Estrade, die bloß durch ein Geländer von dem Stall geschieden ist und auf welcher sich nun die häusliche Einrichtung der Bewohner selbst befindet. Einige der größeren Wohnungen haben auch nach der Hofseite einen Dachvorsprung und darunter eine Art von Galerie, wo man im Freien und doch im Schatten ist. An einer Wand oder Ecke befindet sich ein Kamin mit einem Rauchfange, der durch des Hauses Dach führt, und ein paar kleine Ausschnitte in der Wand lassen ein wenig Licht eintreten. Geradeso waren wenigstens die Häuser eingerichtet, welche man uns in dreien jener Tatarendörfer zur Wohnung anwies, und nach dem Äußeren zu urteilen, waren die übrigen nicht viel anders beschaffen, denn ihr Inneres kennenzulernen, verbot uns die Ungastfreundlichkeit der Bewohner, an denen mir vorzüglich die große Verstellungskunst widerlich war, mit welcher sie uns behandelten. Die Männer waren zwar klug genug, nach Ansicht unserer Papiere und unserer militärischen Begleitung keine offenen Maßregeln gegen unsere Aufnahme zu ergreifen, wie es die Weiber anfangs versucht hatten; im Gegenteil erzählten sie viel von der Freude und dem Glück, das sie empfänden, uns bewirten zu können, und es sollte uns an nichts fehlen, und doch fingen sie an demselben Tage schon an, uns das Gewöhnlichste zu versagen, anfangs unter sehr nichtigen Vorwänden, es sei nur vergessen, man habe gerade nur so viel vorrätig gehabt usf., nachher aber dadurch, daß der Wirt und seine Leute ganz aus dem Hause gingen und sich nicht finden ließen. Nachdem ich einem unserer Wirte ein Schaf abgekauft und mehrere Tage lang von ihm Butter, Milch und Brot für gute Bezahlung, deren Wert von ihm allein bestimmt worden, genommen hatte, bat ich den letzten Abend, uns eine Portion Milch zu überlassen, und erhielt, wie aus Spott, eine kleine Schale voll; ich verlangte mehr und bekam noch eine Kleinigkeit; ich bestellte an dem Abend das gewöhnliche Milchquantum für den folgenden Morgen, um es ganz früh in Bereitschaft zu haben, konnte es aber nicht erhalten, sondern wurde auf den Morgen vertröstet, und doch hatte der Wirt 68 Kühe in seinem Hofe stehen und mehrere hundert Schafe auf der Steppe. Im Dorfe Syrbaghan, wo der Wirt mich hatte zwei-, dreimal fragen lassen, wie lange wir noch bleiben würden, obgleich wir erst einige Tage dagewesen waren, bot er mir zuletzt an, in ein anderes Haus zu ziehen, wo ich nach seiner Versicherung viel besser aufgehoben sein würde, und endlich glaubte er mir dadurch zu imponieren, daß er mir seinen Vetter, der eben von der Armee angekommen war, in Offizierstracht zuschickte, um seine Anfrage zu wiederholen. Durch diesen ließ ich ihm aber sagen, er möge sich nicht beunruhigen, wir empfänden kein Verlangen, auch nur einen Tag länger bei ihm zu verweilen, als die Notwendigkeit es erheischte, würden aber auch gewiß keine Stunde früher fortgehen, als unser Geschäft es erlaubte. Von nun an ließ er mich in Ruhe, bekümmerte sich aber auch weiter nicht um uns, und wir suchten uns die wenigen Lebensmittel, deren wir noch bedurften, anderweitig im Dorfe zu verschaffen. Einen wichtigen Anteil an diesem Betragen hat wohl die Neuheit der Sache gehabt, denn sonst haben Tataren sich vielfältig gegen andere Reisende sehr gefällig und gastfrei gezeigt, wie denn ich selbst es ehemals während eines mehrmonatigen Aufenthaltes unter den liebenswürdigen Tataren der Krim auf die überzeugendste Weise erfahren habe. Die Tataren der beiden Dörfer am Ararat, in denen ich mich aufhielt, gehörten auch zu dem Stamme der Tschubankerah, d. i. Hirten ohne feste Wohnsitze, dagegen das von Herrn Fedorow zuerst bewohnte Dorf Bajat von ganz heimischen Tataren bewohnt ist.

Interessant waren mir die bei diesen Tataren gebräuchlichen Frachtwagen, welche sie mit Heu und Feldfrüchten hoch beladen und dann auf die hier gezeichnete eigentümliche Weise führen. Die Räder sind volle Scheiben, auf der Achse fest und drehen diese daher mit sich herum. Ihr sehr regelmäßig gerundeter und sehr schmaler Umfang hat einen leichten eisernen Reifen.

Am Tage nach meiner Ankunft begab sich in der Frühe ein jeder von uns an sein Geschäft; der Feldjäger Schütz mit einem Kosaken ritt in Proviantgeschäften nach St. Jacob; Herr von Behaghel mit dem Diakon begab sich auf eine Exkursion nach den roten Bergen gegen das Gegamgebirge nach dem Kegartha-Wank, d. i. Kloster zum heiligen Speer, und nach Eriwan; Herr Fedorow führte mich ein paar Werst von Syrbaghan in die Gegend, welche er zur Absteckung und Ausmessung der trigonometrischen Standlinie sehr zweckmäßig ausgesucht hatte, und begab sich dann zu den Standpunkten seiner Winkelmessung,

Frachtwagen der Tataren (Parrot)

an denen er schon seit seiner Ankunft in dieser Gegend aufs eifrigste beschäftigt gewesen war. Ich hatte die Ausmessung der Standlinie übernommen und brachte darauf fünf volle Tage zu, denn sie war anderthalb Werst lang und mein einziger Gehilfe ein gemeiner Kosak; überdies mußte ich jedesmal zur Nacht ins Dorf zurück und also meinen ganzen Meßapparat immer mitnehmen.

Der Boden in dieser Gegend ist ein Gemenge aus Lehm mit Dammerde und feinstem Sande; auf ihm kristallisiert auf Flächen von beträchtlicher Ausdehnung eine dünne Salzkruste, die aus der Ferne schon an ihrem weißen Schimmer erkannt wird und nach einer Untersuchung, die ich Herrn Professor Göbel verdanke, aus 84,6 Teilen Kochsalz und 14,5 Teilen Glaubersalz besteht. Ein schwacher Graswuchs und einige Sträucher bedekken diesen Boden nur spärlich; die Nähe des Schwarzbaches und seiner Arme bezeichnet hohes, undurchdringliches Schilf, und in der Nähe der Dörfer sind diese Flächen vorzüglich dem Reisbau gewidmet, weil sie sich mit Leichtigkeit unter Wasser setzen lassen. Das ist nun eine ganz vortreffliche Lokalität für das Gedeihen des Erzfeindes der Tataren, des wilden Schweines, das in den Schilfdickichten seinen sicheren und kühlen Schlupfwinkel findet und nicht weit davon sich ruhig an den Reisfeldern laben kann, da der Tatar in seinem Religionsvorurteil von der Unreinheit dieses Tieres so weit geht, nicht einmal Jagd darauf zu machen, weil er sich auf keine Weise damit befassen würde, das erlegte Tier fortzuschaffen, und sich lieber die Reisfelder verwüsten läßt, als daß er dem benachbarten Christen das Recht einräumte, über das Vorurteil der Mohammedaner hinwegzusehen und zu beiderseitigem Nutzen sich mit dieser Jagd zu beschäftigen.

Die astronomischen Arbeiten des Herrn Fedorow machten es nötig, unser Quartier nach einem der Basis nähergelegenen Dorfe, Prtschoh, zu verlegen, wo wir nur noch ein paar Tage zubrachten und ich am 18. Oktober vom Morgen bis zum Abend alle zwei Stunden Barometerbeobachtungen an der Standlinie anstellte, während Herr von Behaghel, der ein paar Tage vor mir nach St. Jacob zurückgekehrt war, daselbst die gleichzeitigen Beobachtungen machte, um die barometrische Messung des Gipfels bis zur Basis zu führen und ihr Resultat mit dem der geometrischen Messung vergleichen zu können (79).

Ich war der letzte von uns, welcher die Ebene verließ und am 19. Oktober nach St. Jacob zurückkehrte. Der Diakon war in meiner Begleitung. Bei den Gärten von Arguri trafen wir eine große Schafherde an, und da wir trotz der vorgerückten Jahreszeit noch ziemlich unter der Hitze litten, schlug mir der Diakon vor, meinen großen Durst einmal mit Schafmilch zu stillen; der freundliche Hirte hatte eben für sich einen kleinen Vorrat dastehen und reichte uns freigiebig davon, soviel wir begehrten; es ist dies ein herrlicher, kühlender Trank, dessen man sich auch bei der stärksten Erhitzung stets ohne Gefahr bedienen kann, und von einem recht angenehmen Geschmacke. Sehr wohltuend war es, in dieser spätherbstlichen Jahreszeit noch unter dem Schatten dicht belaubter Bäume Kühlung suchen und finden zu können, besonders in dem herrlichen Aprikosenwäldchen rechts am Wege. So kam ich sehr heiteren Sinnes nach Arguri und verwandte ein Stündchen Zeit, um den dortigen Priester in seiner Wohnung aufzusuchen und mit ihm etwas näher bekannt zu werden. Wie alle Weltgeistlichen Armeniens war auch er ursprünglich aus weltlichem Stande und zum Geistlichen gemacht, weil er sich einmal entschlossen hatte, in diesen Stand zu treten, aber wie fast alle seinesgleichen ohne Vor- und Nachbildung und daher im ganzen von sehr geringem Ansehen und Einfluß bei der Gemeinde, überdies auch in einer wenig bemittelten Lage und daher, was noch das Erfreulichste dabei war, einfach in seinem Haushalte und anspruchslos in seinem Betragen. Er war gegen mich sehr freundlich, bezeigte viel Freude an meinem Erscheinen in seiner Wohnung und veranlaßte mich dadurch, seiner gefälligen Einladung zu einem Mittagsmahle Folge zu leisten, wobei mich ein gesunder Appetit leitete und sehr bald mit allen Eigentümlichkeiten der armenischen Art zu speisen, wie ich sie früher beschrieben habe, vertraut werden ließ, was auch im ganzen nicht schwer fällt, da es dabei ziemlich natürlich zugeht. Unsere Tafel, d. h. die runde Platte auf einem niedrigen Gestelle wie ein Schemel, war außer dem im Überflusse vorhandenen Losch, ein dünnes Brot, mit folgenden Speisen serviert: gesalzene Lachsforellen aus dem Goktschai und schon gereinigt; kaltes, gekochtes Schaffleisch in Stücken; hart gesottene Eier, aus der Schale genommen und in die Hälfte geschnitten; gekäste Milch; weißer Käse und ein paar Arbusen. Jedes dieser Gerichte war mit Ausnahme der letzteren auf einem besonderen metallenen Teller aufgetragen, und alle diese Teller standen auf einem sehr großen flachen Teller von verzinntem Kupfer, der fast die ganze Tischoberfläche einnahm. Jeder aß nun nach Belieben, aber mit den Fingern, von welcher Schüssel er mochte, und eine Kanne goldfarbenen Weines aus den Gärten von Arguri, also echter Noahwein, würzte die fröhliche Mahlzeit. Mit einem herzlichen Händedruck schied ich von dem freundlichen Manne, der wahrlich nicht schuld ist, daß sein Volk keine aufgeklärten Geistlichen hat, und der vielleicht gern das Bessere und Höhere erstrebt hätte, wenn ihm der Weg dazu gewiesen worden wäre.

Bald befand ich mich im Angesicht des lieben kleinen Klosters, das ich nun nicht mehr lange sehen sollte. War es ein ähnliches Gefühl der bevorstehenden Trennung, was den ehrwürdigen Archimandrit veranlaßte, mir auf dem Wege entgegenzukommen, oder war es sein täglicher Weg zum Gottesacker, der das Zusammentreffen zufällig veranlaßte, ich weiß es nicht, genug, der alte Mann begegnete mir in einiger Entfernung vom Kloster, wandte sich zu mir und drückte durch seine würdigen und bescheidenen Mienen und Gebärden in seinem orientalischen Gruße so viel innige Freude des Wiedersehens, so viel rein menschliches Wohlwollen aus, wie ich nie geglaubt hätte, daß der unter lauter Entbehrungen und Drangsalen dem Grabe herangereifte alte Mann zu hegen und zu äußern fähig wäre. In der Tat war das Grab schon seit vielen Jahren ihm das heiterste Ziel seiner Wünsche gewesen. In einem ärmlichen Kloster, hoch am Abhange des alten Ararat, in völliger Abgeschiedenheit selbst von dem, was man in Armenien die zivilisierte Welt nennen könnte, bloß von zwei Dienstleuten umgeben, die seinen geringen Hausstand wie seine kleine Viehherde besorgten, hätte der Archimandrit von St. Jacob in erbaulichen Betrachtungen über Gottes Werke und Fügungen immerhin ein glückliches Leben führen und ein beneidenswertes Los genießen können, wenn es ihm nur vergönnt gewesen wäre, für seine gänzliche Resignation auf Glücksgüter auch frei zu bleiben von den empfindlichen Wirkungen des Eigennutzes und der Habsucht persischer Unterbeamter. Die allgemeine Ruhestätte, zu der er so manchen seiner Brüder geleitet hatte, mußte daher auch ihm schon im Leben ein Ort der Sehnsucht sein, und weil er nicht hoffen konnte, daß nach seinem Tode sich jemand bemühen würde, für diese seine Friedensstätte zu sorgen, so machte es ihm Vergnügen, dies selbst zu tun; seit Jahren daher arbeitete er schon auf dem hübschen Hügel unweit St. Jacob, auf welchem der Friedhof von Arguri sich befindet, an seinem eigenen Grabe. Nachdem er die Gruft ausgegraben hatte, war er beschäftigt, sie auch hübsch mit Steinen auszulegen, und täglich sah ich den Alten in seiner abgenutzten Klostertracht die Kelle und etwas Mörtel in der Hand zufriedenen Herzens hinaufwandeln und wieder einen Stein zu dem anderen fügen, soviel seine schwache Hand zu leisten vermochte; nicht selten aber sah man ihn, auf einem der Steine sitzend, eingeschlummert, vielleicht in behaglichen Vorgefühlen der baldigen, keiner Störung mehr unterworfenen Ruhe. Liebenswürdig war der Anflug von kindlichem Stolz auf den Zügen des Alten beim Anblick der großen Steinplatte, die er sich von einem Steinhauer hatte zurichten und mit einer armenischen Grabschrift versehen lassen, dem einzigen Zeugnis von Freude an vergänglichem Gute, wenn man einen Grabstein so nennen darf, welches Archimandrit Karapet in der ganzen Zeit unserer Bekanntschaft wahrnehmen ließ.

Tags nach unserer Rückkehr ins Kloster fertigte ich vier Kosaken ab, die wir aus Eriwan erhalten hatten und deren wir nicht mehr bedurften, und am 21. Oktober machten meine sämtlichen Reisegefährten nebst dem Feldjäger, dem Diakon, einem der zurückbehaltenen Kosaken aus Tiflis und einem Wegweiser aus Arguri eine kleine Ausflucht nach dem etwa 35 Werst von St. Jacob südlich vom Ararat gelegenen Bayazid, teils des Vergnügens wegen, teils damit Herr von Behaghel die geognostische Beschaffenheit des westlichen und südlichen Fußes des Ararat näher kennenzulernen Gelegenheit fände. Es war mir von einem Bauern aus Arguri auch noch viel über die bedeutenden Ruinen des Klosters St. Aruthion nordöstlich von Bayazid auf eine Art erzählt worden, daß ich die Vermutung bekam, es möchten vielleicht gar Ruinen aus weit älterer Zeit dabei vorhanden sein, und darüber hoffte ich durch diese Ausflucht meiner Freunde Aufschluß zu erhalten. Sie fanden aber die Stadt und die umliegende Gegend noch viel zu sehr mit Merkmalen der jüngst vergangenen Kriegsszenen behaftet, als daß sie auf hinreichende Sicherheit bei etwas entfernteren Ausflüchten hatten rechnen können, und mußten daher ihren Besuch auf die Stadt allein beschränken.

Ausflug zum Kleinen Ararat

Am 26. Oktober, da wir uns wieder alle in St. Jacob vereinigt hatten, wurde noch, da das Wetter günstig schien, die Ersteigung des Kleinen Ararat beschlossen, zumal da man uns von Steintafeln mit Inschriften sprach, die sich auf dem Gipfel desselben vorfinden sollten und deren Sinn noch niemand von den Reisenden, welche sich hinaufbegaben, hätte entziffern können. Herr von Behaghel, Herr Schiemann, der Diakon und der Feldjäger Herr Schütz machten sich mit mir auf diese kleine Expedition, zu der ich einen Kosaken und den Soldaten Tschalpanow mitnahm. Wir gingen zu Fuß bis Arguri; dort fanden wir fünf Reitpferde und ein Packpferd vor, die wir uns bestellt hatten; zwei Armenier, aber namentlich mein früherer Begleiter Sahak und sein Bruder Hako dienten uns als Führer. Von Arguri, welches wir um halb vier verließen, nahmen wir unsere Richtung südöstlich und mußten, um zum Fuß des Kleinen Ararat zu gelangen, über ungefähr sechs Bergrücken hinweg, die sich vom Großen Ararat herabziehen und wieder nichts als Lavamassen, teils anstehend, teils in Trümmern, aber von den weniger kompakten Gattungen zur Grundlage haben. An vielen Stellen tritt sie sogar in schroffen Wänden hervor, bedeutende Anhöhen verdecken den Gesichtskreis, und man wähnt sich in den Anfängen eines ausgedehnteren Gebirges. Trüge der Boden Bäume, wenn auch nur in einzelnen Gruppen, so müßten sich hier die schönsten Gebirgslandschaften finden. Um halb sieben erreichten wir mit Mondschein den nördlichen Fuß des Kleinen Ararat an einer Stelle, wo ein kleines Birkenwäldchen von etwa 3 Werst im Umkreise steht, doch nur mit ungefähr 10 Fuß hohen Bäumen von ziemlich unregelmäßigem Wuchse. Wir hatten nichts Angelegentlicheres zu tun, als nach Abladung unserer Waffen, Instrumente, Gerätschaften u. dgl. trockenes Holz zu sammeln, aus welchem auch bald eine herrliche Flamme hoch in die klare, ruhige Luft hinanloderte und uns zur Freude, aber auch besonders während der Nacht zur Erwärmung diente, denn jeder suchte sich ein gutes Plätzchen in ihrer Nähe und richtete sich's mit trockenem Laube und mitgebrachten Kleidungsstücken so gut es ging zum Nachtlager ein. So viel Schießgewehre, als wir hatten, wurden aber geladen und schußfertig zur Seite gehalten, denn obwohl im ganzen seit der Anwesenheit der russischen Armeen die Räuberhorden aus ihren fernen Schlupfwinkeln noch nicht wieder hervorgekommen waren, so befanden wir uns doch gerade an ihrem gefährlichsten Übergangspunkte aus Persien herüber, an dem flachen, begrasten Bergrücken, welcher den Großen und den Kleinen Ararat miteinander verbindet. Ehe wir uns niederlegten, wurde noch, was der schon empfindlichen Kälte wegen besonders nötig war, eine gute Suppe gekocht, zu der wir aber das Wasser aus dem Arguribache in einem großen Weinschlauche hatten mitnehmen müssen, weil man uns schon gesagt hatte, daß wir auch auf diesem Wege nirgends eine gute Quelle antreffen würden. In der Nacht wurde es aber so kalt, daß am Morgen das Wasser im Schlauche zum Teil gefroren war. Mit Betrübnis gewahrte ich schon während der Nacht, wenn ich aufstand, um das kleine Lager zu mustern, daß der bisher heitere und ruhige Himmel sich mit verdächtigem Gewölke bezog, das hinter beiden Ararat emporstieg, und meiner Reise zum Gipfel einen schlimmen Ausgang drohte.

Am 27. morgens um 7 Uhr, nachdem etwas Warmes genossen war, machten wir uns alle auf den Weg, mit Ausnahme des Kosaken und des Armeniers Sahak, die wir bei den Sachen zurückließen, indem wir ihnen angelegentlichst aufgaben, sich nicht außerhalb des Wäldchens sehenzulassen. Bald konnte ich mich durch unmittelbaren Augenschein überzeugen, daß auch der Kleine Ararat ein Berg vulkanischen Ursprungs sei, indem sich von seinem Fuße bis zum Gipfel hinauf nichts als vulkanische Felsmassen in sehr verschiedenen Graden der Festigkeit, Farbe und äußeren Beschaffenheit zeigten. Besonders aber scheinen hier die leichteren, zerreiblicheren Lavagattungen die Oberhand gehabt zu haben, denn man findet auf dem Berge je weiter nach unten, in desto tieferen Schichten wieder jenen groben, leichten Lavasand verbreitet, den ich schon früher erwähnt habe, und nun zeigte sich's auch, daß die vom Gipfel herablaufenden Striche, welche schon aus weiter Ferne diesen Berg auf eine ganz eigene, schöne Weise charakterisieren, wirkliche Furchen in diesem lockeren Boden sind, die höchstwahrscheinlich beim Schmelzen des Schnees im Frühjahr entstehen und sich aus derselben Ursache entweder erweitern oder auch wohl der Richtung nach verändern.

Der nordwestliche Abhang des Berges, an welchem wir hinanstiegen, ist, wenigstens an seiner oberen Hälfte, minder steil als der östliche, doch war er noch steil genug, um uns das Fortkommen überaus schwer zu machen, wozu noch der Umstand hinzukam, daß auf dem lockeren, sandartigen Grunde der Fuß nicht gut fassen konnte und hier fast immer drei Schritte getan werden mußten, um einen Schritt vorwärts zu kommen. Dennoch war das Ansteigen auf solche Weise unendlich leichter, als wenn der Abhang mit Eis bedeckt wäre, da alsdann das Fortkommen nur mittels Stufen und wegen der größeren Steilheit mit viel mehr Gefahr verknüpft gewesen wäre als am Eishaupte des Großen Ararat. Gegen den Gipfel hin waren diese Sandmassen nur mehr in den Vertiefungen zu finden; hier starrten überall rauhe, schroffe Felsen hervor. An einem dieser Felskämme zogen wir uns hinan und gelangten an ein gewaltiges Felsenhorn, 40 bis 50 Fuß hoch über dem Boden hervorragend; man erkennt es aus der Ebene des Araxes und hält es für einen gewöhnlichen Stein von mittlerer Größe; es ist auch in der größeren Zeichnung in der Nähe des Gipfels leicht angedeutet. Von da aus führt noch ein ziemlich gerade fortlaufender Grat mit sehr schroffen Abhängen zu beiden Seiten bis zum Gipfel; seine Kante ist so schmal, daß wir sie nur einer nach dem anderen überschreiten konnten, und der sich erhebende, scharfe und sehr kalte Westwind machte die Passage wohl ein wenig be-

Der Gipfel des Großen Ararat vom Kleinen Ararat (Ebeling)

denklich, denn trotz wollener Handschuhe erstarrten doch die Finger, und ohne Mantel wäre es für mich nicht auszuhalten gewesen. Desto mehr aber erstaunte ich über den rüstigen jungen Soldaten Tschalpanow, der auch hier wie bei Ersteigung des Großen Ararat in seiner Uniform, und hier noch dazu ohne Mantel und Handschuhe, zufrieden uns folgte.

Um 11 Uhr war der Gipfel erreicht. Das Wetter aber verdarb uns die Freude. Es fiel Schnee, von einem feuchten, kalten Westwind begleitet, der ganze Himmel war dicht bezogen, so daß man die Stelle der Sonne nicht erkennen konnte, und vollends umlagerte noch ein Nebel, zum Schneiden so dicht, die ganze Höhe, wodurch mir ein Überblick der Gegend entzogen ward, von welchem ich mir sehr viel versprochen hatte. Ich fand die Gestalt des Gipfels gerade so, wie die Ansicht vom Gipfel des Großen Ararat sie mir von oben her gezeigt hatte, nämlich fast wie das abgestutzte Ende einer vierkantigen Pyramide, einer ungefähr viereckigen Fläche von vielleicht 150 Schritt ins Geviert, aber mit einzelnen sehr großen Felsenerhöhungen, besonders gegen die Ränder von wenigstens 50 Fuß Erhebung bedeckt. Auf der höchsten derselben und mithin dem äußersten Gipfelpunkt des Kleinen Ararat beobachtete ich mein Barometer; es zeigte nur 17½ Zoll und das Thermometer 6,4 °C Kälte. Herr Fedorow hatte die Gefälligkeit, in St. Jacob von Stunde zu Stunde ein anderes Barometer zu beobachten, und so findet sich die senkrechte Höhe des Kleinen Ararat über dem Kloster 6302 Fuß, über dem Meere 12284 Pariser Fuß oder 3¾ Werst und 3970 Fuß oder 1⅕ Werst geringer als die Höhe des Großen Ararat.

Während ich mit der näheren Betrachtung des auf dem Gipfel vorkommenden Gesteins beschäftigt war, fand ich an den etwas bröckligen, gelblichgraubraunen Lavamassen vulkanisches Glas, teils in dem Gestein selbst, teils an ihm in Tropfen herabgeflossen, vollkommen glänzend, durchscheinend und von braungrüner Farbe, ganz wie gemeines Flaschenglas, nur weniger fest, ein recht auffallender Beweis für den vulkanischen Ursprung des ganzen Berges nicht nur, sondern auch der unterirdischen Flammen, die, zur äußersten Spitze des Kegels hinausschlagend, das heraufgeworfene Gestein zu schmelzen vermochten. Eine chemische Analyse dieser Glasmasse hat mein gelehrter Kollege, Herr Professor Göbel, zu machen die Güte gehabt und gefunden, daß dieses Glas enthält: 63,25 % Kieselerde, 29,25 % Tonerde, 3,50 % Kalk, 2,80 % Eisenoxydul, 1,00 % Natron und 0,20 % Spuren von Manganoxid, was die Annahme bestätigt, daß die vulkanischen Massen größtenteils aus Feldspatgestein hervorgegangen sind.

Als der dichte Schleier, welcher den Himmel umzog, sich auf einige Augenblicke gegen den Großen Ararat hin trennte, sah ich an der südöstlichen Seite desselben die kegelförmigen Berge wieder, die mir schon am 27. September von seinem Gipfel aus aufgefallen waren, und an zweien derselben erkannte ich ganz deutlich gerade oben auf der Spitze eine Vertiefung wie den Überrest eines Kraters, jetzt aber, soviel ich sehen konnte, mit Kräutern bewachsen.

Die sogenannten Gräber auf dem Gipfel fanden sich an mehreren Stellen desselben, da, wo zwischen den höheren Felsmassen der Boden ebener und lockerer ist. Sie hatten allerdings das äußere Ansehen mohammedanischer Grabstätten, d. h. Kränze von aneinandergelegten, etwa kopfgroßen Steinen der dortigen Lava, auf der bloßen Erde in Kreisen von meistens 3 Fuß Durchmesser geordnet. Solcher Kreise gab es eine ganze Menge dort, aber nur einer, der größer war als die übrigen, hatte außerdem noch eine Bezeichnung, nämlich zwei schräg aufgerichtete Steinplatten von fast gleicher Größe, ungefähr 2½ Fuß lang, einen Fuß breit, unregelmäßig am Rande und selbst die Fläche entweder nur äußerst roh oder gar nicht behauen, sondern von natürlicher Spaltung; die Steingattung war von der auf dem Gipfel vorkommenden gelbbraunen Lava, einem durchs Feuer entarteten Porphyrgestein. Auf diesen Platten befanden sich tatarische Inschriften in arabischen Schriftzeichen; sie waren von Haus aus ziemlich flüchtig eingehauen, aber von den zerstörenden Wirkungen einer längeren Zeit war nichts an ihnen zu bemerken, selbst nicht einmal ein Überzug von Flechten, der sich sonst wohl auf vielen Felsen dieses Gipfels fand. Der Diakon nahm eine möglichst genaue Kopie dieser Inschriften, und in Tiflis legte ich sie zweien der orientalischen Sprachen sehr kundigen Männern vor, dem wirklichen Staatsrat Wlangali und dem Major Abbas Kuli, Sohn des ehemaligen Khans von Karabach, beide zu diplomatischen Geschäften bei Sr. Erlaucht, dem Herrn Grafen Paskewitsch, angestellt. Nach ihrer Untersuchung war an den beiden mitgebrachten Kopien nur ein Teil leserlich und verständlich, welches sich daraus erklärt, daß das Tatarische zuweilen auch ohne sogenannte Punkte, d. h. ohne Selbstlaute geschrieben wird, was auch hier der Fall war, und daß die Schrift selbst sowie auch die Kopie, welche bei großer Kälte im Schneegestöber mit erstarrten Fingern gemacht werden mußte, manche Ungenauigkeit enthalten mochte. Auf der einen Tafel konnte am Anfang das Wort Arsalan erkannt werden, der Name einer im 6. Jahrhundert in Persien herrschenden Familie, der aber auch heutigentages im Orient bei Privatpersonen öfters vorkommt; und weiter unten stand: »Mahmut von Maku hat's geschrieben.«

An der anderen Schrift, von der auch einiges unverständlich blieb, wurde doch folgendes erkannt: »Mein Gott, Deine Gnade sei über Mohammed.« »Der Gründer dieses Grabes, Osman, hat's geschrieben im Monat Schewal des Jahres 650.« Dieses Datum gründet sich auf die Zeitrechnung der Türken und entspricht ungefähr dem Jahre 1292 der christlichen Zeitrechnung. Daß diese Steine kein Alter von 650 Jahren haben, ist ihnen auch schon ohne Rücksicht auf die Inschrift anzusehen; ihre Masse ist schon von der Art, daß sie so lange der Verwitterung nicht spurlos getrotzt hätten, und am wenigsten würden es die Kreise von zusammengelegten Steinen getan haben, die aber so regelmäßig in Ordnung lagen und auf so ebenem Boden, als ob sie erst vor Tagen oder Monaten hingelegt wären. Ich messe daher nicht ungern der Behauptung des Stepan Melik, des Dorfältesten von Arguri, Glauben bei, welcher behauptet, jene Steine mit Inschriften bezeichneten gar keine Grabmäler, sondern wären, wie er sich's recht wohl erinnere, damals vor 8 Jahren auf Befehl des persischen Sardar hinaufgeschickt, weil dieser gesehen habe, daß die Fremden hier und da Steine mit Inschriften errichtet hätten, überhaupt auch durch das eifrige Suchen nach dergleichen Monumenten einen großen Wert auf ihre Existenz zu legen schienen; und Melik gab nicht undeutlich zu verstehen, daß wohl auch etwas Ironie von seiten des Sardar dabei im Spiel gewesen sein möchte (80).

Um 12 Uhr traten wir die Rückreise an, und jeder eilte, sobald wir die etwas beschwerlichere Felsregion im Rücken hatten, auf dem kürzesten Wege hinab; in einer von den tiefen Furchen, die sich am Berge hinabziehen und mit dem leicht beweglichen Lavasande ausgefüllt sind, ließ der armenische Bauer sich sogar auf dem Stocke reitend eine lange Strecke hinabgleiten, um schneller und leichter zu seinem Ziele zu gelangen, und so waren wir denn um 2 Uhr wieder in unserem Birkenwäldchen vereint, wo wir alles in guter Ordnung vorfanden, was wir zurückgelassen hatten, denn es hatten sich keine Kurden gezeigt, und ein paar Menschen, die wir von der Höhe aus mit dem Fernrohr gegen den Großen Ararat hin erblickt hatten, waren vermutlich friedliche Hirten gewesen.

Obgleich die späte Jahreszeit keine sehr ausgedehnten botanischen Untersuchungen gestattete, so konnte ich doch auch auf dem Kleinen Ararat an mehreren Pflanzenarten die nämlichen Vegetationsstufen erkennen als am Großen Ararat, nur mit dem Unterschiede, daß die allgemeine Vegetationsgrenze am letzteren durch die Grenze des ewigen Schnees, am ersteren aber durch die Steilheit des Berges und sein lockeres Gerölle gegeben ist. Die Höhe des Birkenwäldchens fand sich durch die bei der Rückkehr daselbst angestellte Barometerbeobachtung 1 807 Fuß höher als St. Jacob und 7 789 Fuß über der Meeresfläche.

Nach 3 Uhr bestiegen wir unsere Reitpferde und begaben uns auf den Rückweg, den wir durch die Ruinen eines kleinen, ganz verlassenen Dorfes mit Namen Welidschan nahmen. Der persische Sardar hatte es für zweckmäßig erachtet, an dieser Stelle, wo sich in sehr alter Zeit eine armenische Kirche und mehrere Wohnungen befunden hatten, wieder eine Niederlassung zu gründen, und hatte dazu etwa 30 Familien aus Arguri hinübergesiedelt. Er erlangte dadurch den Vorteil, das Birkenwäldchen am Fuße des Kleinen Ararat sowie auch ein anderes, welches weiter nach Osten hin liegen soll, zu seinem Besten bewachen und benutzen lassen zu können. Ein kleiner Bach, der zwischen beiden Ararat herabrieselte, brachte den Bewohnern gutes Wasser, die um deswillen mit der Verpflanzung auch nicht unzufrieden waren. Aber schon nach 5 Jahren verließen sie während des letzten Krieges das neuangelegte Dorf, und ohnehin versiegte auch die Quelle, deren Bett zu unserer Zeit wirklich ganz ausgetrocknet war. Die Reste der neu angelegten Wohnungen bestanden in ziemlich tief in der Erde ausgegrabenen Räumen, über der Erde auch noch mit einigen Steinen umzingelt; Sahak zeigte uns selbst seine ehemalige Wohnung, denn auch er hatte sich unter den Angesiedelten befunden.

In den niedrigeren Regionen, durch welche unser Rückweg führte, wehte eine milde Luft, und obwohl es bereits dunkelte, war der Ritt doch sehr angenehm, denn der Himmel hatte sich aufgeheitert, und der Mond verbreitete sein freundliches Licht über die ganze Gegend. Als wir aber zwischen den Hügelrücken und Tälern herauskamen, durch welche unser Pfad führte, und das weitere Tal von Arguri sich unter uns auftat, da wartete unser ein wunderschönes Schauspiel aus der Ferne. An den hohen Bergen, gegen den Goktschai hin, in Nordost glänzten auf dem dunklen Nachtgrunde ganz große Flächen in prachtvollem Feuer. Bei Nacht ist keine Perspektive; schwarze Gegenstände und brennende Flächen lassen kein Urteil über ihre Entfernung zu, und so mußte ich mich anfangs, solange die Ursache der Erscheinung mir unbekannt war, den täuschenden Eindrücken und allen Irrtümern meiner Einbildungskraft über Entfernung und Größe der Erscheinung überlassen. Aber dies gab der Sache eben ihren magischen Reiz, der so lange dauerte, bis ruhige Überlegung bei mir selbst und mit meinen Gefährten mir sagte, daß dies wirklich brennende Flächen an den Abhängen des Gegamgebirges sein müßten, wovon ich später bei unserer Abreise aus der Gegend am Aragaz und Pambak die freilich nicht mehr heiter und freundlich aussehenden Spuren gefunden habe an ungeheueren Strecken schwarz versengter Grasflächen auf den Abhängen dieser Berge. Ich habe nicht erfahren können, ob das Abbrennen des trockenen Grases von den Eingeborenen absichtlich vorgenommen wird oder ob Zufall und Nachlässigkeit dabei im Spiele sind; man sagt aber allgemein, daß an solchen Stellen später besseres Gras wachse.

Um 7 Uhr abends langten wir in Arguri an und stiegen auf ein Stündchen bei Stepan Melik ab, der sich bemühte, die Freude über diesen Besuch durch eine echt armenische, erquikkende Mahlzeit, die er uns gab, an den Tag zu legen, und um 8 Uhr betraten wir wieder unsere lieben Klosterzellen in St. Jacob. Von nun an waren unsere Gedanken nur mehr auf die nächst bevorstehende Trennung von dem uns so wert gewordenen Aufenthalte gerichtet; Herr Fedorow machte sich an das Einpacken der astronomischen Instrumente, eine Arbeit, zu welcher er bei aller ihm eigenen Sachkenntnis und Tätigkeit doch wegen der komplizierten Einrichtung des Reichenbachschen Theodoliten zwei volle Tage nötig hatte. Herr von Behaghel begab sich behufs der uns noch fehlenden Barometerbeobachtungen schon am 30. Oktober, von einem Kosaken und einem Führer aus Arguri begleitet, über Etschmiadsin nach Eriwan, und ich glaubte auch schon das Tagebuch meiner wissenschaftlichen Untersuchungen am Ararat als abgeschlossen betrachten zu müssen, als der Zufall mich noch einen sehr wichtigen Fund machen ließ. Ich hatte die höheren Punkte des rechten Talgehänges dem Kloster gerade gegenüber noch nicht besucht, und obwohl ich dort eben nichts Besonderes erwartete, wollte ich doch hin, um auch von dort aus noch einen Blick auf die beiden Berge zu tun, deren Anschauen mich stets mit verjüngter Freude und inniger Lust erfüllte. Ich ging hinauf nach einer Stelle, die gerade südlich vom Kloster und 894 Fuß über St. Jacob oder 6876 Fuß über der Meeresfläche liegt, und wollte nur noch die Lage des Kleinen Ararat mit dem Kompaß genauer bestimmen, als ich an der Magnetnadel, die ich der bequemen Beobachtung wegen auf einen der dortigen Lavafelsen gestellt hatte, eine ganz fehlerhafte Richtung bemerkte; ich setzte die Nadel in Bewegung, schob sie zufällig auf eine andere Stelle des Steins und fand, daß sie an jedem Punkte desselben eine ganz andere Stellung einnahm, so daß innerhalb einer handgroßen Fläche das Nordende hier nach Norden, dort nach Nordwest, hier nach Süden, dort nach Osten, kurz, nach allen möglichen Weltgegenden wies. Es war nicht zu zweifeln, daß ich einen magnetischen Felsen vor mir hatte, ich eilte zu anderen Felsen in der Nähe, deren eine große Menge dort herumlagen, und erkannte noch an vielen von ihnen dieselbe Eigenschaft. So sehr diese Entdeckung mich erfreute, so peinlich war es mir, sie nicht früher gemacht zu haben; denn sie war einer sorgfältigen Untersuchung wert, und zugleich stieg in mir der ängstliche Gedanke auf, daß wahrscheinlich auch die Steine um St. Jacob und vielleicht selbst die Quadern der Kirche magnetische Polarität besäßen und daß mithin meine früheren mühsamen Untersuchungen über die Abweichung und Neigung der Magnetnadel unbrauchbar seien, dennoch sah ich nicht ein, wo ich die Zeit hernehmen sollte, jene Entdeckung weiterzuverfolgen, und diesen Verlust wieder gutzumachen, da Herr von Behaghel schon abgereist und wegen unserer gleichzeitigen Beobachtungen auch die Stunde meiner Abreise berechnet und festgesetzt war. Mich tröstete indes der Gedanke, daß ich die magnetische Neigung nicht nur innerhalb der Klosterhalle, in namhafter und ziemlich gleicher Entfernung von den vier Mauern beobachtet hatte, sondern auch außerhalb der Kirche zu wiederholten Malen, und sie immer bis auf die Minute gleich gefunden hatte. Auch zeigte sich's bei einer genauen Prüfung bald, daß der Hügel beim Kloster, wo ich die magnetische Abweichung beobachtet hatte, durchaus nichts von jener magnetischen Steinart enthielt, sondern mit vulkanischem Sande und Erde und mit Steinen von der roten, bröckligen Lava bedeckt war, die auch keine Spur von der Einwirkung auf die Magnetnadel zeigten. An der Klosterkirche, obgleich ich eine empfindliche Magnetnadel an viele Steine derselben unmittelbar anlegte, fand ich gleichfalls nicht die geringste Polarität, auch war die Steinmasse dieser Quadern von anderem Aussehen als jene magnetischen Felsen.

Herr Professor Göbel hat die Güte gehabt, ein ausgezeichnet polarisches Stück jener Felsen sowie ein anderes von ganz gleicher äußerer Beschaffenheit, aber ohne magnetische Polarität auf den Eisengehalt zu prüfen, und hat gefunden, daß beide eine bedeutende Menge dieses Metalls enthalten; er erhielt nämlich aus dem magnetischen Gestein 10,7 %, aus dem nicht magnetischen 10,4 % Eisenoxid. Sollte das Eisen als Oxydul im Stein vorhanden sein, so würde jenes 9,58 %, dieses 9,33 % betragen haben. Auf jeden Fall ist dies wieder ein recht augenscheinlicher Beweis dafür, daß zwar Eisen die allgemeine Bedingung der magnetischen Polarität in den Felsmassen ist, daß das Maß dieser Eigenschaft aber wohl mehr von dem Oxydationsgrade des Metalls und seinem Aggregatzustande in bezug auf die übrigen Bestandteile als von seiner Menge abhängt.

Rückkehr über Eriwan nach Tiflis

Am 31. Oktober war alles zur Abreise bereit; es mußten nur noch sechs Lastpferde und zwei Reitpferde aus Arguri beschafft werden, was uns einige Weitläufigkeit verursachte, da Stepan Melik nicht zu Hause war und die Bewohner ihre Pferde nicht hergeben wollten, obgleich sie wußten, daß sie das gesetzliche Postgeld für dieselben erhielten; und ich glaube, wir hätten die Hartnäckigkeit des einen der Bewohner nicht überwunden, wenn wir ihm nicht durch das Erscheinen unserer Soldaten und Kosaken Achtung vor dem ihm eröffneten Befehl der Behörde eingeflößt hätten. Um 6 Uhr morgens beobachtete ich in St. Jacob zum letzten Mal mein Barometer an der gewohnten Stelle, überreichte dem alten Karapet bei meinem Danke ein kleines Geschenk an Gelde nebst einem Teile unseres Hausgerätes, das ihm nützlich sein konnte, und empfing seinen freundlichen Segenswunsch. Um 2 Uhr waren wir am Ufer des Araxes, wo ich mich der Barometerbeobachtung wegen eine Stunde lang aufhielt. Dann durchschritten wir den Fluß an derselben Stelle als früher und passierten auf gleiche Weise abends, da es schon dunkelte, die Sanga, welche aus dem Goktschai kommt und bei Eriwan vorbei mit raschem Strome dem Araxes zueilt. Ihr Bette war auch tiefer als das dieses letzteren, so daß unsere Pferde, die uns hinübertrugen, zum Schwimmen kamen. Wir nächtigten in dem Tatarendorfe Ulchan, 15 Werst von Eriwan.

Am nächsten Vormittag befanden wir uns in der für die russische Kriegsgeschichte höchst denkwürdigen Stadt Eriwan. Unser Weg führte uns erst hart an der Festung vorbei, deren Werke hauptsächlich in einer doppelten, mit Geschütz wohl versehenen Ringmauer bestanden, die äußere von einer ungeheueren Dicke, weil sie aus Lehm und Erde zu bestehen scheint, aber eben deswegen zwar schwächer gegen den Zahn der Zeit, doch den feindlichen Kugeln mit größerer Zähigkeit widerstehend als eine gewöhnliche Mauer aus Backsteinen.

Die Stadt selbst liegt einige hundert Schritt davon teils in der Ebene, teils aber auch an einer Anhöhe hingebaut, und hat an diesem letzteren Teile eine Höhe von 570 Fuß über dem Araxes und 3312 Fuß über dem Meere (81). Nachdem ich in der Festung einen Besuch abgestattet hatte, trieb mich mit meinen Gefährten die Neugierde durch die Gänge des weit ausgedehnten Basars, den wir, trotz des unlängst erst verhallten Kriegsgetümmels und der eben erst beendigten Verheerungen der Pest doch an Werkstätten und Kaufläden reich ausgestattet fanden; besonders überraschte uns die ganz unglaubliche Menge von frischen, getrockneten und eingemachten Früchten, alle von ganz vorzüglicher Güte und unerhörter Wohlfeilheit. Frische Trauben von

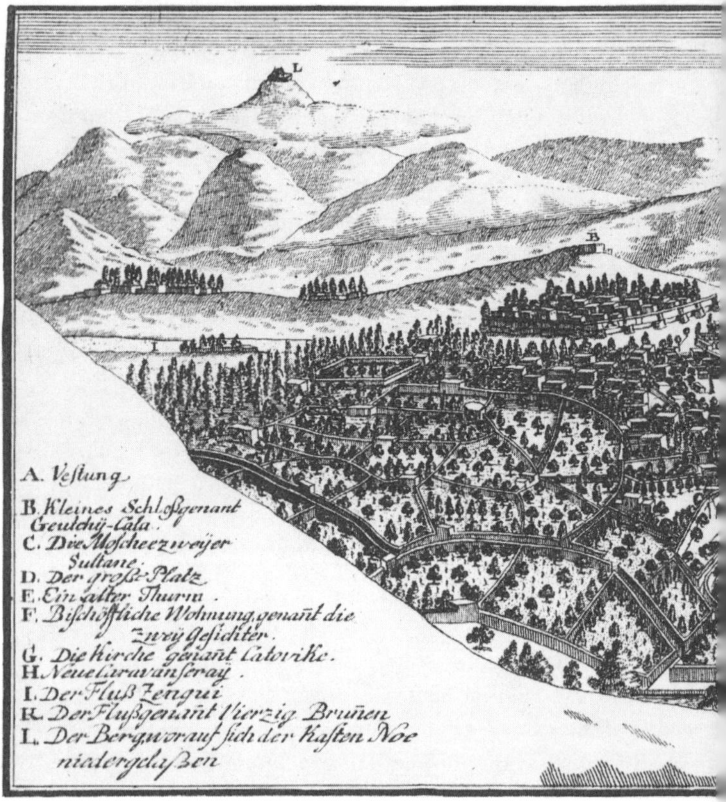

Ansicht von Eriwan mit dem Ararat um 1680 (nach Chardin)

recht guter Art bezahlten wir mit zwei, andere von ausgezeichneter Qualität mit vier Kopeken Kupfer das Pfund. Sehr nützlich auch für die Reise waren uns die äußerst wohlschmeckenden getrockneten Aprikosen sowie auch die sogenannten Kischmisch, eine kleine Art Rosinen ganz ohne Samenkern, deren die Perser sich besonders zur Bereitung der unter dem Namen Ploff oder Pilav bekannten Reisspeise bedienen. In der Geschwindigkeit wurden auch ein paar Galian oder Wasserpfeifen, ein paar zierlich geflochtene persische Reitpeitschen und, was es dergleichen morgenländischer Kleinigkeiten mehr gab, eingekauft, und eben wollten wir uns entfernen, als, recht um uns den Kontrast dieses morgenländischen Treibens mit europäischem Wesen recht lebhaft vor die Augen zu führen, zwei württembergische

Frauen mit fünf Kindern über den Basar dahinritten und in echt schwäbischem Dialekt untereinander sprachen, ohne ihrerseits gleichfalls zu ahnen, daß in diesem Gewühle von Menschen ein für ihre Sprache empfängliches Ohr sich befinden könnte. Es waren Leute aus der Kolonie von Katharinenfeld, die beim Ausbruch des persischen Krieges so jämmerlich ausgeplündert worden war und noch viele ihrer vom Feinde geraubten Glieder vermißte. Ich konnte den guten Leuten mit nichts behilflich sein, denn das, wonach sie sich einzig sehnten, Heimkehr, das war ihnen ja geworden, und mit freudigem Blicke baten sie mich, wenn ich früher ankäme, es den Kolonisten zu sagen.

Nach Entlassung und Belohnung der vier Soldaten vom 41. Jägerregimente, die am Ararat beständig bei uns gewesen waren, folgte unsere kleine Karawane, bloß von den beiden donischen Kosaken aus Tiflis eskortiert, der freundlichen Aufforderung unseres Diakons nach seinem Geburtsorte, dem Dorfe

Kanakir, sechs Werst nördlich von Eriwan, wo auch seine Eltern und Geschwister noch lebten, obgleich der größte Teil der Gebäude durch den persischen Krieg zerstört worden war (82). Ka-

Der Kleine und der Große Ararat, gesehen aus Kanakir in 60 Werst Entfernung (Parrot)

nakir ist durch seine Lage ein sehr angenehmer Aufenthalt; am Abhange des fruchtbaren und schönen Gegamgebirges, 4 148 Fuß über dem Meere gelegen, hat es eine heitere, milde, gesunde Luft, und 836 Fuß über dem höheren Teile von Eriwan, 1 407 Fuß über dem Araxes gewährt es eine der schönsten Ansichten des Ararat, welche durch beiliegendes Blatt in Aquatinta

ausgedrückt sein soll. Man hat einen vollständigen Überblick der weiten Ebene des Araxes, dessen Zug durch einen dichten Nebelstreif angedeutet ist; man gewahrt in der Tiefe hinter einem Hügelrücken die äußersten Zinnen der Festung von Eriwan, weiter westlich (außerhalb der Zeichnung) den heiligen bischöflichen Sitz von Etschmiadsin und in größerer Entfernung die Vorberge des Taurus. Es eignete sich dieser Punkt auch deshalb gut, um durch Winkelaufnahme mittels des Kompaß Berichtigungen für diesen Teil der Landkarte zu sammeln.

Wir fanden bei dem Vater des Diakons überaus freundliche Aufnahme; doch mußten wir auf Beeilung unserer Reise bedacht sein und mieteten uns daher sogleich fünf Lastpferde zu dem gesetzlichen Postgelde von zwei Silberkopeken die Werst. Der Reitpferde für uns bedurften wir nicht aus dem Dorfe, weil wir zwei eigene hatten (unser drittes war verkauft worden) und unsere beiden Kosaken so vernünftig waren, uns ihre beiden Pferde zur Miete anzutragen, indem sie selbst den Weg zu Fuß machen wollten. So verließen wir am 2. Oktober zur Mittagszeit Kanakir und begaben uns in das anmutige Tal des Rasdan, passierten eine hochgewölbte, wohlgebaute steinere Brücke dieses Flusses und befanden uns in der Hochebene von Aparan am Fuße des Aragaz, durch die unser Weg auch schon auf dem Hinwege geführt hatte, nur diesmal mehr östlich, damals mehr westlich. Wir hatten uns eigentlich vorgenommen, von Eriwan aus nicht denselben Weg einzuschlagen, den wir gekommen waren, sondern am Rasdan entlang bis zu dem merkwürdigen See Goktschai, von dort aus längs des Goldsand führenden Flusses Akstafa ins Kuratal und durch dieses nach Tiflis zu gehen. Da aber auf diesem Wege keine Quarantäne angelegt war und die Kontumazgesetze in betreff der noch immer nicht ganz erloschenen Pest streng beachtet werden mußten, waren wir genötigt, diesen interessanten Plan aufzugeben und den gewöhnlichen Weg einzuschlagen, auf welchem sich jetzt die Quarantäne beim Dorfe Gerger befand, am nördlichen Fuße des Besobdal.

Nachdem wir in dem Tatarendorf Karadschüran genächtigt hatten, was ohne Schwierigkeiten gewährt wurde, trafen wir bei einer verfallenen, doch noch sehr hohen alten Kirche von sorgfältigem Bau aus Lavaquadern auf einen Kosakenposten, dessen Offizier uns die Aufnahme verweigerte, um die wir ihn wegen des Regenwetters baten. Er hatte freilich nur einige Erdhütten, doch hätte eine derselben uns genügt, wenn er sich für berechtigt gehalten hätte, sie abzutreten; nur wenn wir ihm den Befehl dazu erteilten, müsse er gehorchen, war sein Ultimatum; vermutlich hatte er erfahren, daß mein Zivilsrang dem eines Obristen entsprach, und suchte auf solche Weise den Gesetzen der Subordination zu genügen. Ich tat also, was mir so nahe lag, und befahl ihm, daß er uns erlauben möge, bei ihm Nachtquartier zu nehmen, was ihm denn auch keine weitere Unannehmlichkeit verursacht haben kann. Diese Kosaken waren eigentlich bestimmt, den Reisenden sicheres Geleit nach der Quarantäne von Gumri (83) zu geben; da ich aber den Umweg scheute, leistete ich auf diese Sicherheit Verzicht und lenkte auf den Weg zum Pambakgebirge ein, dem südlichsten Gebirgskamme auf unserem Wege, den wir diesmal, weil wir ohne Wagen waren, in einer steileren, aber viel kürzeren Richtung überschritten, wo der Bergrücken eine Erhebung von ungefähr 7626 Fuß über dem Meere hat, also 271 Fuß mehr als an der Scheidecke des Fahrweges. Im Dorfe Ammamly, wo wir des schrecklichen Regenwetters wegen gern eingekehrt wären, erlaubte man es uns nicht, ich weiß nicht recht, war es aus Furcht vor der Pest, die wir bei uns haben könnten, oder aus Vorsicht, daß wir sie aus dem Dorfe, worin sie noch herrschte, mitnehmen würden. Im Tatarendorfe Kursal fanden wir endlich freien Zutritt; nur waren wir bedacht, alles nur irgend entbehrliche Hausgerät aus dem eingeräumten Lokal zu entfernen und die Wände, Bänke, Geländer desselben, ja selbst bis zur Krippe im Stalle herab mit Chlorkalk zu besprengen, dessen ich eine bedeutende Menge aus Tiflis mitgenommen hatte.

Am 5. November überschritten wir den rauhen Felsenkamm Besobdal, an dessen nördlichem Fuße, unweit des Dorfes Gerger jetzt die früher in Aparan befindliche Quarantäne angelegt worden war. Um 2 Uhr langten wir an der Barriere derselben an und wurden sogleich samt allem Gepäcke vor die Rauchkammer geführt. Folgsam wandte ich mich an den Arzt, einen Deutschen, und stellte unsere sämtlichen Effekten und uns selbst zu seiner vollen Disposition, indem ich, auf die Rauchkammer weisend, nur um Gnade für unsere kostbaren Instrumente bat. Allein da war nicht von Gnade die Rede: »Dörfer verbrennt man, wenn es nötig ist, der Pest wegen, wie kann man auf die Instrumente

Rücksicht nehmen«, war seine Antwort. Nicht bloß die Instrumente sind verloren, sagte ich, sondern auch alles, was wir mit denselben beobachtet haben, wenn wir sie nicht nach unserer Rückkehr noch einmal beobachten und prüfen können; zudem bezeichne ja das Quarantänereglement selbst doch metallene Gegenstände als solche, an denen das Kontagium, der Ansteckungsstoff, nicht hafte, und daß dies auch hier nicht der Fall wäre, beweise der Umstand, daß nur wir diese Apparate in Händen gehabt, gebraucht und vor Wochen eingepackt hatten, also an der Pest, die wir denselben hätten mitteilen können, längst gestorben sein müßten, wenn auch darauf nichts gegeben werden dürfte, daß ich als Chef der Expedition und als Arzt eine heilige Verpflichtung gehabt hätte, jeder Gelegenheit zur Ansteckung aufs pünktlichste auszuweichen usf. Ich kann nicht sagen, daß meine Gründe ganz ohne Erfolg geblieben wären, denn die Chronometer namentlich erlaubte uns der Herr Doktor schon sogleich, statt sie dem gefürchteten Chlordampfe auszusetzen, jedoch nur bei völlig offenem Gehäuse in Essig zu tauchen, mit der tröstlichen Zusicherung, daß sie dadurch hinreichend purifiziert würden. Meine Lage war in der Tat sehr kritisch, denn mit Recht und nach einem weisen Gesetze forderte der Herr Doktor in Quarantäneangelegenheiten unbedingten Gehorsam von jedem Reisenden; doch auch bei dieser tragischkomischen Verhandlung bewährte sich's: wenn die Not am größten ist, liegt die Hilfe am nächsten. Die Not trug ich im Herzen, die Hilfe kam mir von den Bergen herab in einer großen Karawane mit Kaufmannsgütern, auf vielen Kamelen und anderen Lasttieren mit einer Menge von Treibern und Begleitern. Das mußte alles auch empfangen, purifiziert und aufgenommen werden; der Herr Doktor eilte fort und überließ für einen Augenblick unsere Sachen seinem nichtärztlichen Mitbeamten, dem Herrn Kommissär, einem Russen von anspruchslosem, verständigem Benehmen. Dieser hieß uns die Chronometer äußerlich mit Essig waschen und zu uns stecken; so war diesen das Leben gerettet. Was die übrigen Instrumente betraf, so wurden sie mit Bewilligung des Doktors auf die ganze Dauer unserer Quarantänezeit in die Rauchkammer gesperrt, jedoch unter dem Schutze ihrer Kästen, und ich hatte die Freude, alles wohlerhalten, auch die blanke Schneide meines Pendelapparates durch keinen einzigen Rostflecken beschädigt, wiederzuerhalten.

Seit unserer Hinreise zum Ararat war auf den Stationen eine sehr vorteilhafte Veränderung vorgegangen, welche darin bestand, daß auf jeder derselben 12 Pferde, meist Tataren gehörig, für ein bestimmtes Postgeld zur Disposition der Reisenden standen, welche sich ihrer als Lasttiere bedienen konnten, und auf einzelnen Stationen hielt man sogar auch schon die gewöhnlichen russischen Postkarren oder Teleggen, was zur Beschleunigung des Fortkommens außerordentlich viel beiträgt.

Aus der Festung Dschallal-Oglu nahmen wir einen kleinen Umweg, den Fluß abwärts zu der 6 Werst entfernten alten Stadt und Festung Lori, einer ehemaligen Residenz armenischer Fürsten, und wegen ihrer sehr vorteilhaften Lage auch ganz zu einer solchen Bestimmung geeignet. Die Landschaft herum ist erstlich eine der fruchtbarsten, gesundesten und schönsten von Armenien wegen der bewaldeten Berge, die dazu gehören, und dann ist zweitens der Ort als Festung, wenigstens für einen Angriff ohne grobes Geschütz ganz ausgezeichnet, indem der Fluß mit seinen senkrecht abgerissenen, tiefen Doleritfelsenufern durch eine starke Krümmung drei Viertel des Orts wie eine Halbinsel umzingelt und von der anderen Seite her ein anderes ähnliches Flußbett sich mit dem ersteren verbindet und den schönsten Festungsgraben vollenden hilft, den man sich wünschen kann. Stadt und Festung lagen in Ruinen; hohe, dicke Mauern zeugten von vergangener Kraft und Größe, aber kein redendes Denkmal aus alter, vielleicht klassischer Zeit wollte sich zeigen; ein paar große Steinplatten trugen armenische Schrift. Unter diesem Gemäuer hatten sich fünf armenische Familien angesiedelt und führten dort, wie mir vorkam, unabhängig und unbemerkt ein wahrhaft patriarchalisches Leben, abgeschlossen von näherem Verkehr mit der übrigen Welt, unter längst verlassenen Ruinen, verborgen, friedlichen Sinnes und daher keiner obrigkeitlichen Verhältnisse bedürftig. Sie schienen sich unseres Besuches zu freuen und bewirteten uns mit Honig von ganz vorzüglicher Güte, wie ich ihn noch nirgends gefunden hatte, auch kultivierten sie ihn mit großer Sorgfalt und in außerordentlicher Menge.

Im Dorfe Schulawer (84), 50 Werst von Tiflis, sagte man mir, es sei nicht weit davon eine deutsche Kolonie, und ich entschloß mich, sie zu besuchen. Dieser interessanten Ansiedlungen gibt es sieben jenseits des Kaukasus, nämlich: Neu-Tiflis an der

Kura, 2 Werst oberhalb Tiflis; Alexandersdorf an der Kura, 5 Werst oberhalb Tiflis; Elisabethtal, 25 Werst westlich von Tiflis; Katharinenfeld, ungefähr 45 Werst südwestlich von Tiflis; Marienfeld und Petersdorf, unmittelbar aneinanderstoßende Dörfer, 35 Werst östlich von Tiflis auf dem Wege nach Telawi; Annenfeld, 125 Werst südöstlich von Tiflis, und Helenendorf, 150 Werst von Tiflis, beide letzteren in der Nähe von Elisabethpol oder Gandscha (85). Die Kolonisten sind meist Landsleute aus Württemberg, die im Jahre 1819, vorzüglich von Glaubensschwärmerei getrieben, die Auswanderung beschlossen, aber, nach einer beschwerlichen Reise und durch mancherlei Drangsale geprüft, in ihrer neuen Heimat sich der gesetzlichen Ordnung fügen lernten.

Diese Niederlassungen geben sich in ihrem ganzen Erscheinen nach Bauart, Landeskultur, Fuhrwerk, Gerätschaften, nach Lebensweise, Kleidung und Sprache auf den ersten Blick als deutsche Niederlassungen kund und kontrastieren daher auf eine ihnen sehr vorteilhafte Weise mit den Wohnsitzen der Eingeborenen, besonders wenn man eine längere Zeit bloß unter diesen letzteren gelebt hat, wie es bei mir der Fall war.

Ich hatte meine Reisegefährten samt den Sachen nach Tiflis weiterreisen lassen und mich allein zur Kolonie auf den Weg gemacht; bald bemerkte ich, daß ich über die Entfernung des Dorfes falsch unterrichtet sein mußte, denn es wollte sich mir nicht zeigen. Auch ergaben meine Nachfragungen bei den Tataren kein befriedigendes Resultat. Ich gelangte bald in das weite, bewachsene und mit schönen Felsen umgebene Tal eines Nebenflusses der Chrami und ritt in der wildfremden Gegend im Tale aufwärts meinem ungewissen Ziele zu. Endlich, nach fünfstündigem Ritt, erblickte ich hoch auf dem linken Ufer des Flusses unverkennbar an den regelmäßig gebauten, weißen Häusern mit ordentlichen Fenstern, Türen und Schornsteinen die deutsche Kolonie; freudig ritt ich hinan, es war Katharinenfeld. Der Prediger, Herr Bonewetsch, war verreist, ein eigentliches Wirtshaus nicht vorhanden, und die Leute, mit welchen ich mich zuerst einließ, empfingen mich ziemlich kalt. Die Szene änderte sich aber bald, sowie ich davon sprach, daß ich auf meiner Reise Kolonisten aus diesem Ort gesehen hätte, die aus der persischen Gefangenschaft zurückkehrten; denn bei dem heimtückischen Überfall, welchen im Juli 1826 die räuberischen, meist kurdischen Horden von der türkischen und persischen Grenze auf russisches Gebiet machten, wo zuerst die Kolonien Helenendorf und Annenfeld der schändlichen Raubgier der Barbaren preisgegeben waren, fiel auch im August desselben Jahres Katharinenfeld in die Krallen der jedem Gefühl von Mitleid und Scham entfremdeten Räuber; 30 Personen verschiedenen Geschlechts und Alters wurden getötet und 130 in die Gefangenschaft geschleppt, während die übrigen, vor Schreck und Überraschung mit Zurücklassung von Hab und Gut sich in die Kolonie Elisabethtal flüchteten; denn Katharinenfeld zählte damals 85 Familien. Als ich dort ankam, fehlten von den Gefangenen noch 65 Personen; man kann sich daher die Freude denken, als ich den Bewohnern die Heimkehr von sieben derselben verkündigen konnte, und besonders die Freude des betrübten Widmaier, dessen Weib und drei Kinder darunter waren. Er nahm sich sogleich meines Reitpferdes an und brachte mir aus seinem Keller Trauben und ein Glas Wein.

Das Schicksal der Heimkehrenden war, daß sie aus den Händen ihrer Räuber durch zweimaligen Verkauf in die Hände eines wohlhabenden Tatarenhäuptlings übergingen, bei dessen Gemahlin die beiden Weiber um ihrer Fertigkeiten in weiblicher Handarbeit willen sich im ganzen einer leidlichen Existenz erfreuten. Nur hatte man sie öfter mit Zumutungen beschwert, den christlichen Glauben abzulegen, welche sie aber beharrlich zurückwiesen, worauf man sie in Ruhe ließ und ihnen nur ein abgesondertes Zelt mit eigenem Gerät für ihren kleinen Haushalt einräumte. Als der Friede mit Persien abgeschlossen wurde, machten die Gefangenen Gebrauch von ihrer Freiheit und waren so glücklich, von ihrer Gebieterin noch Kleidung und einiges Geld zur Rückreise zu erhalten. Andere Gefangene, die vielleicht tiefer ins Innere von Kleinasien hinein verkauft sein mögen, wurden noch vermißt, aber eins der gefangenen Weiber hatte das Glück, einem persischen Geistlichen zu gefallen und auch an ihm Gefallen zu finden; wenigstens hat sie ihrem Manne geschrieben, sie habe sich mit einem Nachkommen Mohammeds verehelicht und stelle ihm frei, auch wieder zu heiraten.

Nach einem Aufenthalt von 2 Stunden ritt ich um 1 Uhr wieder ab mit einem Bauernjungen, der mich auf den Weg nach Elisabethtal wies, wo ich zu übernachten und auch den Prediger sowohl von der einen als den von der anderen Kolonie zu finden gedachte. Der Weg führt erst durch das herrliche Felsental der Chrami, deren Ufer aus derselben schwarzen, löchrigen Lavamasse bestehen, welche einen so bedeutenden Teil des Ararat ausmacht, und dann durch das Tal des Alghet. In diesem letzteren aber verirrte ich mich, besonders da ich auch noch meinen Taschenkompaß, meinen treuen und unentbehrlichen Begleiter auf so vielen Gebirgsreisen, hier verlor. Ich würde vielleicht die ganze Nacht umhergeirrt sein, wenn mir nicht im Finstern noch ein Hirte mit seiner kleinen Herde begegnet wäre und mich nach dem, ohne daß ich es ahnte, ganz nahe gelegenen Dorfe gewiesen hätte. Reichlich wurde ich hier für das mühsame Umherirren entschädigt durch den bezaubernden Anblick der doppelten Reihe niedlicher Häuserchen mit ihren regelmäßigen Fenstern nach der Straße zu und alle erleuchtet. Ach, es ist doch etwas Herrliches um solche Wohnsitze der Ordnung, Reinlichkeit und Arbeitsamkeit. Ich stieg beim Jacob Metzger ab neben der Wohnung des gefährlich krank darniederliegenden Herrn Pastors Wöhr. Wir kannten uns schon von Neu-Tiflis her; darum ließ er mich zu sich bitten, und ich versuchte es, seine Lebenshoffnung, die schon gar gering geworden war, etwas zu beleben. Aber leider ist er bald nachher verschieden, nachdem er in zwei Jahren seines amtlichen Wirkens bei anderweitigen, vielfach verbreiteten Sorgen es noch dahin gebracht hatte, daß die Gemeinde, nur aus 65 Familien bestehend, doch aus eigenen Mitteln eine überaus hübsche Kirche mitten im Dorfe erbaut hat, trotzdem daß der Perserkrieg auch auf sie höchst empfindliche Wirkungen gehabt hat, indem sie außer Angst und Sorgen auch noch eine lange Zeit die aus Katharinenfeld geflüchteten Kolonisten aufnahmen und unterhielten, bis die Gnade des Kaisers diese durch beträchtliche Vorschüsse an Geld in den Stand setzte, sich wieder einzurichten. In beiden Kolonien herrscht eine gesunde Luft und ein angenehmes Klima; Katharinenfeld liegt 1680 Fuß (550 m), Elisabethtal 2130 Fuß (690 m) über dem Meere und wird im Juli und August von Tiflis aus öfters besucht.

Außer dem Feldbau kommt diesen Kolonisten auch noch besonders die Wiesenkultur zustatten, indem das Heu in Tiflis sehr gut im Preise steht und einen sicheren Absatz findet; so viel Heu, als auf einem deutschen Frachtwagen mit vier Pferden bespannt, geladen wird, bezahlt man dort mit 8 bis 9 Silberrubel. In ihrem Ackergerät haben die Kolonisten sich den Landesgebräuchen genähert, indem sie sich sowohl des großen georgischen Pfluges als auch der früher beschriebenen georgischen Besenegge bedienen.

Von Katharinenfeld führt ein kurzer Weg von etwa 25 Werst durch eine sehr anmutige, bergige Gegend nach Tiflis; doch kann er nur in Begleitung eines der Lokalität Kundigen sicher gefunden werden, daher ritt ich 13 Werst nach der Poststation Kodi und von da über Teleti nach Tiflis, wo ich meine Reisegefährten wohlbehalten antraf.

Abstecher zum Schwarzen Meer

Nach soweit beendigtem Hauptgeschäfte blieb uns noch eine von den bisherigen in gewisser Hinsicht unabhängige, doch aber sehr notwendige Arbeit übrig, nämlich eine Reise zum Ufer des Schwarzen Meeres. Die von Tiflis bis zum Ararat stationenweise mit Sorgfalt ausgeführte Messung gibt zwar die Höhe des Ararat und aller von uns besuchten Punkte über Tiflis mit erwünschter Genauigkeit; um nun aber die Erhebung dieses Ortes über dem Meere zu kennen, mußte zwischen beiden in einer Strecke von 340 Werst auf gleiche Weise als dort eine stationenmäßige Messung ausgeführt werden, deren Resultat, zu den bisher gefundenen addiert, erst die wirkliche Erhebung der verschiedenen Standpunkte ergeben würde. Zu dieser Unternehmung vereinigte sich wieder Herr von Behaghel mit mir, während meine anderen Reisegefährten samt den Instrumenten, Sammlungen und anderen Sachen sich mit russischen Fuhrleuten auf die Rückreise begaben, deren obere Leitung ich Herrn Kandidat Fedorow übertrug. In der Tat fordert eine Reise von Tiflis durch Imeretien und Mingrelien während des Dezembers die möglichste Vereinfachung und Erleichterung in Hinsicht auf Reisegesellschaft und Reisebedürfnisse, und wer irgend an Bequemlichkeit hängt, lasse sich zu dieser Unternehmung nicht verleiten. Die erste Station konnten wir noch fahren, aber nicht weiter, weil der aufgelöste Lehmboden kaum ein anderes Fortkommen als zu Pferde gestattete. Russische Fuhrleute, welche nicht glaubten, daß irgendein Weg für das einspännige Nationalfuhrwerk zu schlecht sein könne, und die es wagten, Kaufmannswaren aus Redut-Kale nach Tiflis abzuholen, haben ihr Wagstück mit dem Verlust von viel Zeit, vielen Pferden und viel Geld büßen müssen. Es war dies, seitdem der Handelsweg zwischen jenen Orten besteht, der erste Versuch dieser Art und nicht geeignet, zur Wiederholung aufzumuntern; denn ich habe es bei meiner Rückkehr, wo ich mit diesen armen Leuten zusammentraf, selbst gesehen, wie die Pferde, deren gewöhnliche Last in dem Wagen 40 Pud oder 1 600 Pfund beträgt, sie auch dann nicht mehr fortbringen konnten, als sie schon auf 6 Pud allmählich vermindert worden war, und wie am Ende die Wagen gänzlich zurückgelassen, die Warenballen aber den übriggebliebenen Pferden sowie gemieteten Lastochsen und Kamelen auf den Rücken geladen werden mußten, die dennoch, dem Ausgleiten, Stürzen und Einsinken unterworfen, den Transport mit großem Zeitverlust vollführten. An vielen Stellen hatten außerdem Gebirgsbäche die Brücken von der Landstraße weggerissen, woraus bei der Ärmlichkeit von Hilfsmitteln zum Fortkommen in jenen Gegenden leicht ein unübersteigliches Hindernis für dasselbe hervorgehen kann. Die Chobi, an welcher die Landstraße eine Strecke weit hinführt, hatte ganze Stücke derselben in ihr Bette hinabgerissen, und leicht kann es dem Reisenden begegnen, daß er sich unerwartet über einem vom Strome untergrabenen Boden befindet, der im nächsten Augenblick einstürzt, während man in der Nähe des Meeres den Fluß über sein gewöhnliches, 20 bis 30 Fuß hohes Ufer so weit ausgetreten findet, daß nur ein der Lokalität sehr Kundiger imstande ist, ohne die größte Lebensgefahr durch diese Überschwemmung hindurch die gehörige Richtung zu nehmen. So fanden wir es auf unserem Rückwege von Redut-Kale; wir folgten willig dem vorausreitenden Kosaken, selbst als das Wasser uns schon bis an die Knie kam; als wir aber sein Pferd, des festen Bodens ermangelnd, schwimmen sahen und er uns die verhängnisvollen Worte zurief: »Hier durch oder zurück in die Stadt, es gibt keinen anderen Ausweg«, da forderte es, ich muß es wohl gestehen, einige Überwindung, zu folgen.

So die Landstraße von Tiflis zum Meere in jener Jahreszeit. Anders, ja in unverkennbarem Kontrast damit ist der Eindruck, welchen die umliegenden Gegenden auf den Reisenden machen. Obgleich uns von Tiflis an bis über die Grenze Imeretiens hinaus ein nach dortigem Maßstabe sehr strenger Winter, wie viele sich nicht entsinnen konnten, ihn erlebt zu haben, begleitete, d. h. so, daß es in der Nacht ein paarmal 5 bis 6 Grad fror und man an einer Stelle sogar eine Ahnung von Schlittenbahn bekommen konnte, so war der Charakter der Umgegend nichts weniger als winterlich, zumal in der westlichen Hälfte des durchreisten Landstriches, wo die Üppigkeit und Kraft der Vegetation auf eine erstaunenswürdige Weise hervortritt. Mächtige Waldungen von gigantischen Eichen, Buchen, Eschen und Walnußbäumen, von Apfel-, Birn-, Kirsch-, Pflaumen- und Aprikosenbäumen erfreuen auch noch entblättert das Auge des Wanderers, und tiefer im Gebirge, wo noch selten der Fuß eines Europäers und der eines Pflanzenkundigen noch niemals weilte, da findet man den hochstämmigen, auch im Winter grünenden Buchsbaum, die gleichfalls sehr üppig belaubte Kronen-Zelkowe (Planera Richardi), imeretisch Dselkwa genannt, deren Holz die Eigenschaft hat, anfangs weich und leicht bearbeitbar zu sein, an der Luft aber dermaßen zu erhärten, daß man mit Mühe einen Nagel hineinschlägt, und zwar in Stämmen von 2 bis 3 Fuß Dicke, zugleich mit noch manchen anderen wenig gekannten oder unbenutzten Schätzen der Vegetation. Einige Weidengattungen, eine hochstämmige Erle sieht man, auch im Dezember noch mit vielen grünen Blättern geziert, ganze Abhänge tragen ein recht frisches Gras, Rosensträucher haben junge Blättertriebe; Stechpalmen, Farnkräuter, Lorbeer, Rhododendron stehen üppig belaubt, und hin und wieder blühen Löwenzahn, Alpenveilchen (Cyclamen) und eine gelbe Skabiose. Außerdem lebt in jenen Urwäldern eine Pflanzenwelt, die weniger selbständig als jene der stärkeren Stämme als Stütze bedarf und ihnen als Ersatz den Schmuck ihres grünen Laubes borgt, so der edle Efeu, der die stärksten Stämme unzertrennlich umschlingt und sein kräftiges Grün üppig treibt, frei von jeglichem Staube, der dies schöne Gewächs in unseren Stuben verziert; so die Braunbeere und die großblättrige Winde, so die weiße Mistel und manches Blattmoos. Besonders reich ist das Verästeln und Verweben der Winde, deren Ranke von der Höhe eines Baumes, an dem sie emporstieg, in schönem Blätterschmucke einfach und schlank sich herabläßt oder, vom Winde getrieben, zu einem benachbarten Baume sich hinaufschwingt und mit ihren Verzweigungen bald einen prachtvollen Feston, ein girlandenartiges Gewinde, bald ein dichtes Gewebe als Vorhang oder Obdach erzeugt. Anziehender aber als alles dies, imposant in seiner Art erscheint hier das kräftige Leben der Weinrebe; zwar entblättert, oft aber mit dem erborgten Grün des Efeu geschmückt, und nur von der übrigen Baumwelt getragen, erscheint sie doch als die Königin der Wälder von Imeretien und Mingrelien: ein Rebstock, 3 bis 6 Zoll im Durchmesser, tritt aus dem Boden hervor, neigt sich zu dem nächsten hochstämmigen Baum, meistens einer Buche, und macht ihn sich untertan, indem er von Ast zu Ast in zahlreichen Verzweigungen, in wundersamen Windungen und künstlich geschürzten Knoten sich bis zum Gipfel hinanrankt, die Fülle seiner hervorschießenden Äste wieder oft bis zum Boden herabfallen läßt oder, nicht zufrieden mit der errungenen Herrschaft, zu einem zweiten und dritten Stamme geleitet, auch diesen umschlingt und den Zwischenraum mit einer prachtvollen Girlande verziert.

Welches der Ursprung und das Herkommen der Rebe in diesem Lande ist, ob sie hier ihre eigentliche Heimat hat oder in uralter Zeit hierher verpflanzt worden ist, konnte ich nicht in Erfahrung bringen; so viele der Einwohner ich befragt habe, so wußten sie nichts darüber zu sagen; auch findet eine eigentliche Rebenkultur hier nicht statt. Es scheint überhaupt der Unterschied der gezogenen von der wildwachsenden Rebe nur darin zu bestehen, daß der Imerete und Mingrele so gut ist, sie sein zu nennen und sich ihrer Früchte zu bedienen, von deren Überfluß man sich eine Vorstellung machen kann, wenn man weiß, daß der dortige sehr arme Landmann, der fast nur von Hirse, Mais, Trauben und Wein lebt, dennoch nicht alle Trauben erntet, die sich in seinem Bereiche finden, daß er viele, besonders solche, die ihm zu hoch hängen, den Vögeln und dem Winter überläßt und daß, nach dem Versichern dort lebender Europäer, öfters noch kurz vor Ostern Trauben des vorigen Jahres von den Bäumen heruntergeschlagen werden.

Diesen natürlichen Reichtum des Landes erkennend, hat Herr Chevalier Gamba, französischer Konsul zu Tiflis, ein bedeutendes Stück, ich glaube 16 000 Desjatinen (die Desjatine zu 2 400 Quadratfuß) Landes in Imeretien erworben, auf dem linken Ufer der Kwirila, gleich bei ihrer Vereinigung mit dem

Rioni, einer Gegend, die Warziche heißt. Er hat dort mit Aufopferung seines Vermögens einen Versuch gemacht, die Verwirklichung seines großen Projekts der Zivilisation des Orients vermittels dieser Provinzen zu beginnen. Von Herrn Chevalier Gamba in Tiflis auf eine sehr gütige Weise aufgenommen und sehr zuvorkommend von ihm aufgefordert, versäumte ich nicht, bei meiner Rückkehr durch Kutaissi einen kleinen Ausflug nach Warziche zu machen und das jedenfalls sehr interessante Unternehmen an Ort und Stelle näher kennenzulernen. Ein Teil dieses Grundstücks wurde zu einer vollständigen Musterlandwirtschaft bestimmt. Ein französischer Pächter erhielt in einer reizenden Gegend alle Mittel zu ihrer Einrichtung. Die Natur aber, die sich wohl gern im Stillen belauschen läßt und dem Menschen alsdann die Geheimnisse ihrer Wirksamkeit zu seinem Nutzen enthüllt, hat hier gezeigt, wie wenig es hilft, ihr Gesetze vorschreiben zu wollen. Nicht ein einziges Weizenfeld ist auf diesem üppigen Boden geraten, der Pächter ist entlassen, die Anstalt aufgegeben. An einer anderen Stelle hat Herr Chevalier Gamba, die Nutzbarkeit der Waldungen Imeretiens zu zeigen, eine Sägemühle von vorzüglich schöner Arbeit mit zwei Gängen angelegt, Blätter und gegossene Drehlinge aus Frankreich holen und das ganze Werk an Ort und Stelle durch französische Mühlenbauer aufrichten lassen; die besten Hölzer werden hier zu Brettern zersägt, aber das schöne Werk bringt wenig Nutzen, denn es ist kein Absatz für die Bretter, weder in die Fremde zu Meer noch auch nach dem benachbarten Kutaissi, wohin ohnedies der Transport über die reißende Kwirila und die dazwischenliegenden Berge mit vielen Schwierigkeiten verknüpft wäre. Auch Handwerker verschiedener Art hat Herr Chevalier Gamba auf seine Gefahr aus Frankreich hinberufen, die Landesindustrie begründen zu helfen; sie haben die erforderlichen Fonds erhalten und auch gute Probestücke ihrer Geschicklichkeit geliefert; aber der Transkaukasier findet noch keinen Geschmack an den Produkten ihres Kunstfleißes, weil sie ihm noch nicht Bedürfnis sind, und die verschriebenen Werkleute sind aus Mangel an Subsistenz teils in ihre Heimat zurückgekehrt, teils nach Tiflis gezogen, wo sie wenigstens bei den Fremden auf einige Arbeit rechnen können.

Das häusliche Leben bietet in diesen Gegenden noch wenig Erfreuliches dar. Von der Natur mit guten Kräften des Geistes und Körpers ausgerüstet, steht der Imerete und Mingrele doch noch auf einer sehr niedrigen Stufe der Kultur; nicht daß es ihm an aller nützlichen Beschäftigung und selbst manchen verständig eingerichteten Gerätschaften fehlte, sondern daß ihm die wahre Lebensfreudigkeit abgeht, die sich durch Heiterkeit der Gesichtszüge, fröhlichen Gesang und muntere Spiele der Jugend, durch Reinlichkeit in Kleidung und Hauswesen und vor allem durch einen geläuterten Gottesdienst kundgibt. Aber leider mag die traurige Verfassung des Landes eine Hauptquelle der zeitlichen Übel sein, die das Volk noch niederdrücken.

Der größte Teil der Bevölkerung gehört der griechischen Konfession an; aber auch Juden treiben ihr Wesen unter ihnen, und die Kapuziner in Kutaissi bekehren tapfer Juden und Imereten; außer 500 Katholiken in Kutaissi gibt's ihrer auch eine bedeutende Menge auf dem Lande; und leider ist der im Geiste des georgischen Ritus geübte Gottesdienst auch nicht von der Art, daß er höhere Befriedigung gewähren oder die Gläubigen gegen Anfechtungen einer fremden Konfession sicherzustellen vermöchte. Etwa 70 Werst von Redut-Kale besuchte ich ein sogenanntes mingrelisches Kloster: eine Menge kleiner hölzerner Häuser um einen ovalen Platz gestellt; darunter ein größeres für den Bischof, wenn er aus Kutaissi kommt, und ein anderes, die Kirche, nach landesüblicher Bauart aus bloßen Brettern zusammengeschlagen, ohne weitere Ausschmückung als durch Heiligenbilder von dem rohesten Geschmack, und heilige Schriften teils in georgischer, teils in slawischer Sprache. Der anwesende Geistliche, durch das gewiß sehr seltene und unerwartete Erscheinen eines Besuches weder erfreut noch verstimmt, noch irgendwie in Teilnahme versetzt, öffnete uns auf wiederholtes Bitten die Kirche und hielt denn auch gleich für zweckmäßig, uns die Andacht zu zeigen, indem er trotz meiner Bitte um Unterlassung die Messe las. Bei diesem sogenannten Kloster findet sich auch eine Schule, jedoch, wie schon aus der geringen Frequenz hervorging, nicht gerade für Kinder aus der zahlreicheren Volksklasse; es waren mingrelische Fürstensöhne, die da barfuß und in zerlumpten Bauernkitteln einherliefen.

Mais ist, wie schon erwähnt, ein Hauptnahrungszweig der Bewohner dieser Gegenden, daher das Ausbröckeln der Maiskolben neben dem Spinnen an der Spindel eine Hauptbeschäftigung der Frauen und Kinder. Aus gröblich gemahlenem Mais-

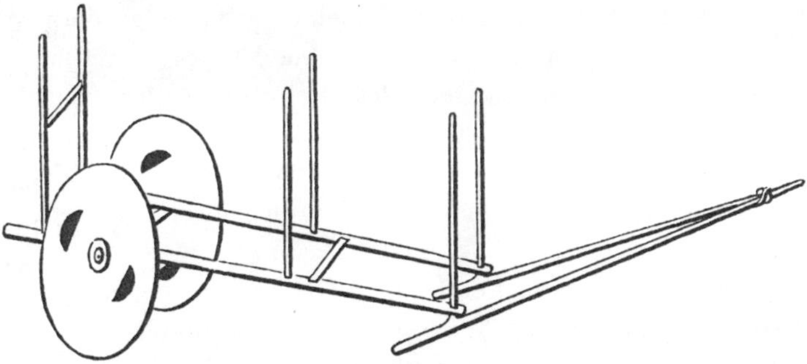

mehl mit Wasser wird ein Teig gemacht und auf heißer Asche gebacken; das ist dort zu Lande das Brot, Puri genannt, das noch sehr wohlschmeckend ist im Vergleich mit der mingrelischen Hauptspeise, Ghome, die aus Weizen- oder Hirsemehl, mit Wasser dick gekocht, meistens ohne Salz und Schmalz ganz wie die Polenta der Lombarden, in Ballen, die man zerschneidet, aufgetischt wird.

Unter den in Mingrelien und Imeretien gebräuchlichen Gerätschaften ist mir ein sonderbares Fuhrwerk aufgefallen, halb Wagen, halb Schlitten, dessen man sich besonders in bergigen Gegenden bedient.

Die beiden Räder sind volle Scheiben, nur mit zwei halbmondförmigen Öffnungen versehen; sie sitzen fest auf der Achse und drehen sie daher mit sich herum, wie dies bei fast allen Wagengattungen jenseits des Kaukasus der Fall ist. Auf der Achse ruhen die zwei Hauptstangen des Wagens, durch Querstiele vereinigt und mit zwei Paar stehenden Stäben versehen zum Zusammenhalten der Ladung an Stroh, Heu, Getreide, Reisig u. dgl. Nun kommen aber noch die zwei vorderen Stangen dazu, deren jede auch einen aufwärts gehenden Stab hat, meistens nur ein Ast derselben. Über diese aufwärts gerichteten Äste wird das durchbohrte Ende der Hauptstangen geschoben; die Enden werden zusammengebunden, um diesem Teil Haltung zu geben, und neben den Stangen werden die Zugtiere angespannt. Beim Fahren ruht nun dieser Schlittenwagen teils auf den Rädern, teils auf den hinteren Enden der vorderen Stangen, die natürlich einem fortwährenden Abschleifen unterworfen sind, weshalb die vorderen Stangen sehr oft erneuert werden müssen.

Redut-Kale, ein kleines Städtchen nahe der Meeresküste, soll zu diesem fränkisch-türkischen Pleonasmus der Benennung (denn beide Wörter bedeuten dasselbe) dadurch gekommen sein, daß die Russen bei der Besitznahme der Gegend im Jahre 1804 große Magazine für Getreidesäcke anlegten, die im Russischen Kul heißen; als Bestätigung dieser Etymologie kann die Tatsache gelten, daß die auf den Poststationen jener Gegend befindlichen gedruckten Tabellen den Ort auch überall mit Redut-Kul bezeichnen.

Den Anblick des weit entlegenen Gebirges abgerechnet, hat Redut-Kale nichts Anziehendes in seiner Lage und ist überdies wegen seiner ungesunden örtlichen Beschaffenheit weit und breit berüchtigt, wofür auch die große Sterblichkeit in den dort befindlichen Lazaretten zeugt, denn in dem Jahre 1829 sollen dort von 4000 Mann 800 gestorben sein. Daran mag wohl einesteils noch die mangelhafte Einrichtung des übrigens wohlgebauten Hospitals und des Regimentslazaretts schuld sein; größtenteils aber liegt es an dem nassen Boden und der feuchten Luftbeschaffenheit des Ortes, denn fast das ganze Jahr hindurch, besonders aber im Winter, Herbst und Frühling sind die Straßen der Stadt ein tiefer, unvermeidlicher Kot, den man überall mit den Stiefeln in die Häuser trägt. Daß auch in der Atmosphäre dieser Gegend die Bedingungen zur Entstehung und Unterhaltung von langwierigen, aufreibenden Wechselfiebern liegen müssen, beweist der Umstand, daß auch wohlhabende Personen, die dahin kommen, in der Regel kränklich werden und die Lebensdauer überhaupt dort kurz ist. Es scheint zwischen diesem Landstriche und dem eigentlichen Georgien ein ordentlicher Gegensatz der klimatischen Verhältnisse zu bestehen, so daß eines das andere bedingt und beide, als Extreme, der Gesundheit nachteilig werden: hier die größte Nässe und Feuchtigkeit, dort die äußerste Dürre und Hitze. Die Bedingung dieses auffallenden Kontrastes mag aber wohl bei Georgien in seiner hohen Lage und seinem waldlosen Boden liegen, bei Mingrelien hingegen in seiner niedrigen Lage mit seinem mit dichten, weit ausgedehnten, dumpfen Waldungen bedeckten Boden; dort also nur Verdunstung und kein Ersatz durch kühlen Schatten, unter dessen Schutze Quellen, Bäche und Flüsse ihren Ursprung nehmen könnten, hier fortwährender Zufluß von Wasser aus dem Gebirge, Ansammlung desselben in weiten Niederungen und Abhaltung von Wärme und Licht durch eine undurchdringliche Walddecke. Daraus ergibt sich, was man zu tun hat, um dem einen und dem anderen Übel abzuhelfen: Georgien muß seine Waldungen, die es vor Jahrhunderten hatte und denen es damals ein gesundes Klima verdankte, wieder erhalten, und der Boden von Mingrelien muß unter verständiger Leitung einer zweckmäßigen Kultur unterworfen werden, dann wird man weder für Tiflis ein Wundermittel gegen das mörderische Gallenleiden noch für Redut-Kale eins gegen das unvertilgbare Wechselfieber zu suchen haben.

Gleiche Bewandtnis als mit letzterem Orte hat es auch mit Poti, 15 Werst südlich davon an der Meeresküste, am linken Ufer des Ausflusses des Rioni gelegen und mit Redut-Kale durch einen ununterbrochenen Wald verbunden, der sich längs der Meeresküste hinzieht. Als befestigter Ort ist Poti wichtiger als Redut-Kale, aber als Seehäfen sind sie beide gleich schlecht; denn obgleich der Ausfluß des Rioni etwa eine Werst breit den schönsten Hafen darbieten könnte und die Chobi bei Redut-Kale so tief ist, daß ein großes Boot bis zum Wimpel versinken kann, ohne daß die Spur davon zu finden ist, so ist doch das Meer an beiden Orten so seicht, daß die Schiffe nicht näher als 4 Werst herankommen können, um anzulegen, wodurch der Warentransport ungemein erschwert und verteuert wird. Auch von Anapa und allen dazwischen gelegenen Punkten, die sich sonst zu Hafenorten eignen möchten, soll dasselbe gelten; nur ein Ort an dieser Küste, Batumi, nicht weit südlich von der türkisch-russischen Grenze, aber nicht mehr zu Rußland gehörig (86), soll sowohl durch die gehörige Tiefe des Meeresgrundes als auch durch die vorteilhafte Gestaltung der Küste die Bedingung zur Anlage eines ausgezeichneten Hafens darbieten.

Von dieser uns in wissenschaftlicher Hinsicht sehr wichtigen und wohlgelungenen, aber auch in mancher anderen Beziehung interessanten Reise, die im ganzen 18 Tage gedauert hatte, langten wir am 21. Dezember glücklich wieder in Tiflis an und konnten somit das ganze Unternehmen auf den Ararat für geschlossen ansehen. Acht Tage verwendete ich noch auf die Feier des heiligen Christfestes und auf die Vorbereitungen zu unserer Rückreise, die wir am 29. Dezember antraten. Die in der Gegend von Duscheti ausgebrochene Pest drohte uns mit bedeutenden Hindernissen des Fortkommens; doch gelang es uns wenigstens ohne Zeitverlust, die Reise fortzusetzen, indem wir es uns gern gefallen ließen, auf dem Wege von Tiflis nach Keschauri in keinem Dorfe einzukehren und mit den Bewohnern nirgends in Gemeinschaft zu treten, was uns nur dadurch möglich geworden war, daß wir nicht mit der Post, sondern mit gemieteten russischen Fuhrleuten reisten; weshalb wir bei Duscheti die Nacht im Freien zubrachten und bei Ananuri uns und unsere Sachen in der temporären Quarantäne einer sorgfältigen Purifikation unterwarfen. In Passanauri begrüßte ich um Mitternacht das neue Jahr und erreichte am Nachmittag Alt-Keschauri, den höchsten bewohnten Punkt auf der Südseite des Kaukasus. Des anderen Tages ward mir die Freude zuteil, bei herrlichem Wetter und durch einen mäßigen Frost vor dem sonst so gefährlichen Lawinensturz gesichert, mitten im Winter dies hohe, von ungeheuren Abgründen umgebene Gebirgsjoch zu überschreiten, auf welchem der Weg sich am Gudaberge 7 534 Pariser Fuß (2 450 m) hoch über dem Meere erhebt. Die Höhe dieses Punktes über Kobi (1 960 m) hatte ich auf der Hinreise 1 506 Fuß gefunden, jetzt fand ich sie 1 494 Fuß, also nur 12 Fuß verschieden, eine Übereinstimmung, die mich um so mehr erfreute, als beide Male die Messung nicht durch gleichzeitige Beobachtungen an beiden Punkten, sondern nur durch aufeinanderfolgende Beobachtungen gemacht wurde.

Wir hatten zur Vermeidung von Schwierigkeiten und Gefahren die meisten unserer auf einem Transportwagen befindlichen Sachen auf ein Paar Lastpferde geladen, auch aus Keschauri zur Hilfe drei Soldaten mitbekommen, und so zogen wir nicht ohne einige Beschwerden den schmalen Weg hinan, der an den steilen und hohen Abhängen des Guda- und des Kreuzberges im Schnee hinführte, denn an manchen Stellen war er doch so abschüssig gegen den äußeren Rand, daß der Wagen nur durch unsere vereinten Kräfte mittels Stricken vor dem Hinabgleiten in Tiefen bewahrt werden konnte, aus denen wir ihn nie wieder zu Gesicht bekommen hätten. Doch erreichten wir nach einer überaus angenehmen Reise am Nachmittag Kobi ganz wohlbehalten, von wo wir der Ermüdung unserer Pferde wegen erst des anderen Tages abreisten. Etwas unterhalb Kobi hörte der Schnee auf, aber die harte Erde und die gefrorenen Bäche griffen die Pferde sehr an. Von Kobi reisten wir um 3 Uhr in der Frühe ab, zogen bei herrlichem Mondschein durch das so stark bewohnte schöne Tal des oberen Terek und erreichten mit Tagesanbruch Stepan Zminda im Angesicht des majestätischen

Schneekegels des Kasbek. Lebhafte Erinnerung an die vor 18 Jahren in dieser Gegend verbrachte Zeit hieß mich ein paar Stunden hier verweilen und aufmerksame Blicke auf die mir so wohlbekannten einst überschrittenen Felshöhen, Eis- und Schneeflächen heften, die ein lebhaftes, überaus beruhigendes Bild von der Größe und Beständigkeit solcher erhabenen Werke der Schöpfung in mir hervorriefen. Ein Blick aber auf das Innere der Burg Kasbegi, auf das Grabmal des alten Fürsten, des einstigen mächtigen Oberhauptes einer ausgedehnten Landschaft, die Zerstreuung seiner zahlreichen Familie, das Erscheinen seines Sohnes Nikolai, eines jungen Mannes von schönem, schlankem Wuchse zwar, aber höchst abgelebten, nichts weniger als einnehmenden Gesichtszügen, mein vergebliches Suchen nach einer Spur von sittlicher Umwandlung unter dem Volke, zu der vor 18 Jahren der würdige Befehlshaber in Wladikawkas, General del Pozzo, einen so schönen Grund gelegt hatte; das ehrgeizige und eigennützige Treiben und Jagen eingeborener Häuptlinge bei dem Schein von Eifer für den Willen der Regierung, dies und so manches der Art, was ich sah oder erfuhr, rief mich von der Höhe herab, zu der mein Geist im Anschauen der ewig reizenden Natur unwillkürlich sich hinaufgeschwungen hatte, erfüllte mein Herz mit Wehmut und hieß mich eine Gegend fliehen, in welcher die Zierde der Schöpfung so verunzierend erscheint. So ging's durch den engen Bergpaß von Darjal nach Lars. Hier ist's noch immer ernst mit der Gefahr vor Räubern; man darf nicht anders als mit stärkerer militärischer Bedeckung und nicht vor und nach dem Zapfenstreich reisen; daher ging's von hier aus langsamer vorwärts, doch erreichten wir ohne Widerwärtigkeiten Wladikawkas.

Wissenschaftliche Gründe hatten in uns den Wunsch rege gemacht, das den Naturforschern noch ganz unbekannte Tal der Sundsha kennenzulernen, ein Nebenfluß des Terek, der zwischen diesem und dem Hochgebirge ein weites Tal durchströmt. Hier beschränkt sich die russische Oberherrschaft auf den eng umgrenzten Bezirk dreier befestigter Punkte, Nasran, Pregradnoi und Grosnaja (87), von welchen überdies der zweite seit einigen Jahren von den Eingeborenen erobert und zerstört worden ist. Unter einer militärischen Bedeckung von 100 Mann Infanterie, 50 Kosaken und einer Kanone zogen wir einmal durch die Kumbileika und zweimal durch die damals etwa 1½ Fuß tiefe Sundsha nach der wohleingerichteten, hübschen Festung Nasran, nächtigten dort und gingen dann unter dem Schutz von 120 Mann Infanterie, 15 Kosaken und einer Kanone weiter nach dem Inguschendorfe Ammechan, 4 Werst von der zerstörten Festung Pregradnoi. Auf dem Wege dahin, 6 Werst von Nasran, ritten wir nach einem wohl 100 Fuß hohen isolierten Hügel auf der linken Talsohle der Sundsha, worauf sich ein Denkmal aus alter Zeit befindet. Es war ein kleines Gebäude über der Erde mit dicken Mauern aus Feldstein, aber von außen und innen mit gehauenen Steinen bedeckt, etwa vier Schritt im Innern, mit einer halbkugelförmigen Kuppel versehen. Aus der Mitte des Fußbodens führte ein Loch von etwa 2 Fuß Durchmesser gerade in einen gewölbten kleinen Keller hinab, auf dessen mit sehr viel Schutt und Steinen bedecktem Grunde zwei menschliche Mumien lagen mit gerade ausgestreckten Füßen und über dem Leib gekreuzten Armen. Die weichen Teile daran waren sehr zusammengetrocknet und beide nicht viel mehr als mit Haut bedeckte Skelette. Außerdem lagen noch drei Schädel in der Grube, ebenso wie die vorigen von der kaukasischen Menschenrasse und nicht, wie es auch leicht hätte sein können, von der mongolischen. Auch zwei vertrocknete Hasen und ein Hund lagen dabei, ob ursprünglich zu den Leichen hineingelegt oder erst später hineingefallen und zu Mumien geworden, mag ich nicht bestimmen. Der Muschelkalk, aus welchem die benachbarten Hügel bestehen, und wahrscheinlich derselbe, welcher auch zu dem Bau gedient hat, mag wohl die erhaltende Wirkung auf den tierischen Stoff gehabt haben. Auf den gehauenen Steinen des Denkmals fanden sich auch mehrere tatarische Inschriften; ich hatte nur eine derselben Zeit zu kopieren, deren Inhalt aber nur wenig belehrend lautet: »Ahaha hat dieses Gebäude gemacht.«

Sobald wir beim Inguschendorfe angelangt waren und haltgemacht hatten, traten alsbald mehrere bewaffnete Männer hervor und erkundigten sich mißtrauisch, aber furchtlos nach dem Grund des Erscheinens dieser bewaffneten Macht. Nur Herrn von Behaghel und mir gestatteten sie den Zutritt ins Dorf und ein Nachtlager in demselben, jedoch ohne Soldaten; und sobald sie uns das Recht der Gastfreundschaft eingeräumt hatten, ließen sie es uns auch vollständig zuteil werden, indem sie uns ein besonderes, ganz neues und sauberes Häuschen einräumten.

Daß wir Flinten und Pistolen an uns behielten, fiel ihnen, die selbst auch immer bewaffnet gehen, gar nicht auf. Diese Häuschen sind aus Flechtwerk und Lehm mit sehr flachen Dächern gemacht, haben eine ordentliche Tür, einige Öffnungen für Licht und Luft und einen Kamin; man hält sie leicht sauber, indem man den Lehmbewurf abwäscht oder auch mit Kalk übertüncht. Während wir uns am Kaminfeuer wärmten und Tee tranken, hatten wir den Besuch der Dorfältesten sowie der Witwe, welcher unsere Wohnung gehörte. Man unterhielt sich durch einen Dolmetscher so offen, zutraulich und harmlos, als ob nie ein feindschaftliches Verhältnis zwischen den Eingeborenen und den Russen stattgefunden hätte, und doch hätte es nur der geringsten Eigenmächtigkeit von seiten der beim Dorfe biwakierenden Soldaten bedurft, um alle Bewohner unter Waffen zu rufen. So ist es aber mit der Gastfreundschaft dieser dem Einflusse moderner Zivilisation noch nicht unterworfenen Naturmenschen. Einige Nähnadeln und etwas Zwirn, die wir unserer hübschen Wirtin sowie einigen anderen Anwesenden zum Geschenk machten, verursachten große Freude. Noch spät am Abend, als ich vor die Hütte trat und bereits tiefe Nacht über dem Dorfe lag, bekam ich Lust, das Innere von anderen bewohnten Häusern zu sehen, und begab mich in die Wohnung eines Dorfältesten, wo eben drei Männer vor dem Kaminfeuer saßen und ihre Nachtsuppe aßen; mein Eintreten machte sie nicht im mindesten verlegen, sondern sogleich riefen sie mir einen freundlichen Gruß zu und baten mich sehr höflich, zwischen ihnen auf dem besten Polster mich niederzulassen und an ihrer frugalen Mahlzeit teilzunehmen. Ich tat beides, weil es nicht möglich war, so wohlwollender Aufforderung entgegen zu sein, und dann waren sie sehr bereitwillig, mich ihre ganze häusliche Einrichtung betrachten zu lassen, an welcher freilich die Waffen und das Reitgerät das merkwürdigste war. Einer derselben gab mir dann noch wegen der bösen Hunde im Dorf sicheres Geleit in unsere Wohnung, wo ich mich mitten unter diesen erbitterten Feinden Rußlands so ruhig und sicher niederlegte wie in meiner Heimat.

Acht Werst von diesem Dorfe fanden wir auf freiem Felde die aus der Festung Grosnaja uns entgegengeschickte militärische Bedeckung von 300 Mann Infanterie, 15 Kosaken und 2 Kanonen unter dem Befehl von drei Offizieren. Die größere Unsicherheit der Gegend machte diese größere Vorsicht nötig, die wir der gütigen Teilnahme des in Grosnaja kommandierenden Herrn Generals von Engelhardt verdankten, der uns auch an Ort und Stelle den liebreichsten Empfang eines wahren Freundes zuteil werden ließ, während zugleich Herr von Behaghel, von Krankheit befallen, sich der einsichtsvollen Behandlung des Herrn Stabsarztes Iwanow erfreute. Sehr angenehm war mir in Grosnaja gleichfalls das Zusammentreffen mit Herrn Lenz (88), welcher im verflossenen Jahre im Auftrage der Akademie der Wissenschaften zu St. Petersburg die Expedition des Herrn Generals Emmanuel zum Elbrus begleitete und den Berg bis nahe an seinen äußersten Gipfel bestieg, dann in der Sternwarte zu Nikolajew Pendelversuche angestellt hatte und nun im Begriffe stand, sich nach Baku zu begeben.

Von Grosnaja aus reisten wir über Naurskaja nach Kisljar, wo mein Hauptgeschäft in Erkundigungen bestand über die Art und Weise, wie es uns gelingen könnte, noch eine Expedition zu den sogenannten Quellen des Manytsch zu machen, die sich 70 Werst vom Ufer des Kaspischen Meeres befinden sollten. Statt seiner führten wir eine barometrische Messungsreise aus von der Mündung der Wolga bis Zarizyn hinauf, dann hinüber zum Don und seinem Strom entlang bis zum Ausflusse bei Alt-Tscherkassk, ein Unternehmen, dessen Beschreibung gleichfalls Gegenstand eines besonderen Aufsatzes ist (89). Daß ich auf diesem Wege, unweit Astrachan, bei dem Kalmükenfürsten Timenjew mit Herrn Professor Hansteen zusammentraf, der soeben von seiner wichtigen Reise zu dem asiatischen Magnetpole zurückkehrte, muß ich noch zu den besonderen Glücksfällen meiner Reise rechnen (90).

Die Poststraße von Kisljar nach Astrachan führt durch ein niedriges, ödes Steppenland unweit der sumpfigen und schilfreichen Küste des Kaspischen Meeres. Flugsand mit vielen Trümmern von Seemuscheln wird vom Winde hin und her getrieben und gibt dem Boden eine wellige, aber sehr veränderliche Oberfläche, so daß die Poststraße oft in Zeit von ein paar Stunden bis auf die letzte Spur verwischt ist. Hier und da finden sich Salzseen von verschiedener Größe unweit des Weges, zuweilen eine ganze Menge kleinerer beisammen; manche waren ganz ausgetrocknet, die anderen fanden wir gefroren; die Einwohner sammeln dann die Eiskrusten, um das in dieser Gegend so äußerst seltene Süßwasser zu haben. Auf dem Grunde dieser Salzseen findet sich unter einer dünnen Sandschicht schwarze, nach Schwefelwasserstoff stinkende Erde.

Die Posthäuser sind klein und einfach, aber ganz erträglich für einen Reisenden, der keine großen Bedürfnisse hat, und die Beförderung ist gut. Nur auf den letzten Stationen vor Astrachan erscheinen feste Ansiedlungen von Tataren mit ordentlichen Häusern über der Erde, mit Fenstern und Schornstein, bei dem letzten Dorfe sogar einige Bäume; vorher zeigten sich höchstens die veränderlichen Kibitken der wandernden Kalmüken und Karanogaier.

Nicht mehr als 12 Tage kostete uns die Nivellementsreise von Astrachan längs der Wolga und des Don bis Nowotscherkassk, mit deren Gelingen wir alle Ursache haben, zufrieden zu sein, und am 13. Februar verließen wir beide zugleich, Herr von Behaghel und ich, Nowotscherkassk, um über Woronesh, Tula, Kaluga, Smolensk und Pskow der Heimat zuzueilen, die ich am 1. März 1830 wohlbehalten erreichte.

Nachwort

Parrots Beschreibung seiner im Jahre 1829 unternommenen Reise nach Transkaukasien, die in der Erstbesteigung des jedermann aus der Bibel wohlbekannten Ararat ihre Krönung fand, ist auch 150 Jahre danach noch lesenswert. Nach der heute selten gewordenen Originalausgabe von 1834 erschien später, 1845, eine englische Übersetzung, aber keine weitere deutschsprachige Nachauflage.

Unsere Bearbeitung folgt der deutschen Originalausgabe. Der erste Band, der die eigentliche Beschreibung der Reise mit allen Aufenthalten und Ausflügen und die dabei ausgeführten naturwissenschaftlichen, ethnographischen und volkskundlichen Beobachtungen enthält, ist nahezu geschlossen übernommen worden. Kürzungen erfuhren einige vom eigentlichen Anliegen wegführende umständliche Beschreibungen über den Volksglauben und zur Geschichte der armenischen Kirche; Gegenstände, für die auf breiterer Quellengrundlage fußende moderne Darstellungen vorliegen. Um das historische Verständnis zu erleichtern, wurden zu genannten Personen, Vorgängen und Fakten dort, wo es notwendig erschien, in Anmerkungen einige — wie wir hoffen nützliche — Ergänzungen und Hinweise gegeben. Einige den Fortgang der eigentlichen Beschreibung der Reise unterbrechende Exkurse wurden aus dem Text ebenfalls in die Anmerkungen übernommen und mit F. P. gekennzeichnet. Die eingeführten Zwischenüberschriften fehlen im Original. Schließlich wurden die oftmals recht willkürliche Zeichensetzung sowie veraltete Schreibweisen behutsam der heutigen Zeit angepaßt.

Der zweite Band des Originals enthält 10 wissenschaftliche Abhandlungen zu den naturwissenschaftlichen Untersuchungen der Reise. Die Fakten und ihre Erklärung sind heute naturgemäß großenteils überholt. Deshalb wurden nur einige bemerkenswerte Ergebnisse, insbesondere zu den barometrischen Nivellements in die Anmerkungen übernommen. Auf einiges wird auch im folgenden noch hinzuweisen sein.

Da die Originalausgabe nur eine Karte und 4 Tafeln nebst wenigen Textabbildungen enthält, wurde die Neuausgabe zur Erhöhung der Anschaulichkeit mit weiteren Abbildungen ausgestattet. Einige der von Parrot zitierten Bildtafeln aus älteren Reisewerken wurden übernommen; weiterhin wurden Abbildungen aus zeitgenössischen Werken des 19. Jahrhunderts aufgenommen, neben Ansichten des Berges auch einige Details zu berührten Lokalitäten. Schließlich stellte der international bekannte schweizerische Geodät und Kartograph Eduard Imhof eigens für diese Ausgabe angefertigte Originalzeichnungen zur Verfügung, die auf Material seiner Bereisung des Ararat im Jahre 1954 beruhen.

Das von Parrot zitierte und das für das Nachwort benutzte Schrifttum wurden zu einem einheitlichen Literaturverzeichnis zusammengefaßt.

Die Familie Parrot und die neue Universität zu Dorpat

Die Familie Parrot, aus der Friedrich Parrot hervorging, war seit dem 18. Jahrhundert in Mömpelgard (Montbéliard), das zu dieser Zeit zum Großherzogtum Württemberg gehörte, ansässig. Friedrich Parrots Vater, Georg Friedrich Parrot, wurde dort als 18. Kind einer Handwerkerfamilie am 5. 7. 1767 geboren. Nach dem Besuch des Gymnasiums in seiner Heimatstadt gab ihn sein Vater im Mai 1782 als 15jährigen auf die Karlsakademie in der württembergischen Residenz Stuttgart. In den Matrikellisten der im Dezember 1781 zur Universität erhobenen Militärakademie sind in den 24 Jahren ihres Bestehens von 1770 bis 1794 65 Mömpelgarder und darunter 5 Parrots aus 3 Familien verzeichnet. Gleichzeitig mit Georg Friedrich Parrot studierte an der Karlsschule der ebenfalls aus Mömpelgard stammende Georges Cuvier (23. 8. 1769 bis 13. 5. 1832), der Begründer der Paläontologie. Bis Herbst 1782 hielt sich auch der ehemalige Karlsschüler Friedrich Schiller in der Stellung eines Regimentsarztes in Stuttgart auf; er hatte die Akademie im Dezember

1780 verlassen. Gleich im ersten Studienjahr hatte Georg Friedrich Parrot eine Begegnung mit dem russischen Thronfolger Paul (Sohn von Katharina II., geb. 1754, Zar von 1796 bis 1801) und seiner Frau, der Nichte des Großherzogs, die mit großem Gefolge der württembergischen Residenz einen Besuch abstatteten und dabei auch die Karlsakademie besichtigten. Der junge Student sollte den hohen Gästen »das Dasein Gottes beweisen«.

Im Elternhaus und am heimatlichen Gymnasium war Georg Friedrich Parrot im romanischen Geist und in französischer Sprache erzogen worden. Später bekannte er, daß er erst durch die Karlsschule, an der er die ökonomischen Wissenschaften sowie Mathematik und Physik studierte, zum Deutschen erzogen worden sei. Ein Grundzug des an der Karlsschule gepflegten Unterrichts war die Verbindung einer realistischen, naturwissenschaftlichen Grundrichtung mit starker Betonung der Philosophie; neben Leibnizschen Ideen wurde vor allem auch die Wolfsche Popularphilosophie gelehrt. Auch zeichneten sich die Absolventen der Karlsschule durch Gewandtheit des Ausdrucks aus, der auf »logischer Sicherheit im Gebrauch des Gedankenapparates beruht« (Bienemann, 1897).

Mit 18 Jahren ging Georg Friedrich Parrot als Privatlehrer in die Normandie, war dann 2 Jahre als Mathematik-Privatlehrer in Karlsruhe und danach in Offenbach tätig. Hier heiratete er die aus Genf stammende Wilhelmine Lefort; aus dieser Ehe entstammten die beiden Söhne Wilhelm und Friedrich. Nachdem seine Frau bereits 1794 nach langer Krankheit verstorben war, reiste Parrot mit seinen beiden Söhnen 1795 nach Riga. Er nahm hier die Stellung eines ständigen Sekretärs der neu gegründeten »Livländischen gemeinnützigen und ökonomischen Societät« an. Seit dem Nordischen Krieg gehörten Livland und Estland zum Russischen Reich; der hier ansässige herrschende Adel und auch das Bürgertum der größeren Städte waren überwiegend deutscher Abstammung. Auf der Grundlage alter Privilegien hatten sich die herrschenden Klassen in den Ostseeprovinzen eine weitgehende Autonomie gesichert.

Nachdem Georg Friedrich Parrot mit verschiedenen naturwissenschaftlichen Schriften und Neuerungen hervorgetreten war, erhielt er 1800 die Aufforderung, an der neu zu gründenden Universität in Dorpat (Tartu) die Stelle eines ordentlichen Professors für Physik zu übernehmen. In Dorpat war bereits

Georg Friedrich Parrot, der Vater von Friedrich Parrot (nach einem Gemälde von Kügelgen, um 1798)

1632, während der Zeit der schwedischen Besetzung, eine Hochschule gegründet worden, an der bis 1656 insgesamt 1016 Studenten immatrikuliert waren. Danach verlor sie an Bedeutung, und im Nordischen Krieg ging sie ein.

Am 21. 4. 1802 wurde die Universität Dorpat mit 19 Studenten neu eröffnet. Georg Friedrich Parrot trat dabei mit dem Vortrag »Über einige Ansichten der Naturkenntnisse, in Anschauung ihres Einflusses auf die Menschenkultur ...« hervor. Am 22. Mai 1802 besuchte der junge Zar Alexander – ebenso wie sein Bruder und Nachfolger Nikolaus, ein Sohn der württembergischen Prinzessin Sophie Dorothea Auguste – Dorpat und die neue Universität. Die von Georg Friedrich Parrot in französischer Sprache gehaltene Rede und die anschließenden Gespräche führten zu einer engen Bindung, zu einer »Freundschaft zwischen Gelehrtem und Monarch« (Bienemann 1897), die »der neuen Einrichtung zu bedeutendem Vorteil gereichte«. An seinem 25. Geburtstag (12./24. Dezember 1802) unterzeichnete Alexander, seit der Ermordung seines Vaters am 23. 3. 1801 Zar, die Stiftungsurkunde der Universität. Die ersten 25 Jahre ihres Bestehens wurden maßgeblich durch Georg Friedrich Parrot geprägt, der nicht nur als vielseitiger Gelehrter, sondern auch als glänzender Redner und befähigter Organisator für die Entwicklung der Universität wirkte. Ein bedeutender Teil der relativ wenigen Studenten dieser Zeit wurde zu namhaften Vertretern ihres Faches, so der spätere Akademiker A. R. Kupffer, dann der Physiker E. Lenz, die Astronomen Wilhelm Struve und Otto Wilhelm Struve, aber auch sein Sohn Friedrich Parrot. 1826 nahm Georg Friedrich Parrot einen Ruf an die Akademie der Wissenschaften nach St. Petersburg an. Nach 12jährigem Ruhestand verstarb er am 8./20. Juli 1852.

Das Eingehen auf Leben und Leistung des Vaters vermittelt den notwendigen Hintergrund für die Entwicklung seiner beiden Söhne. Während Wilhelm Theologie studierte, widmete sich Friedrich medizinischen und naturwissenschaftlichen Studien. Friedrich, am 14. Oktober 1791 geboren, hatte zuerst die Domschule in Riga besucht und kam später, im September 1804, an das Dorpater Gymnasium, wo er am 22. 6. 1807 das Reifezeugnis erhielt. Während des anschließenden Medizinstudiums erhielt er für eingereichte wissenschaftliche Arbeiten eine Gold- und zwei Silbermedaillen; erstere für die Arbeit »Über Gasometrie, nebst einigen Versuchen über die Verschiebbarkeit der Gase«. 1811 folgte er einer Aufforderung des Mineralogen Moritz von Engelhardt, ihn auf einer Reise nach Südrußland zu begleiten. Im Februar 1811 begaben sich beide über Pskow, Witebsk, Mogiljow, Minsk durch Wolhynien und Podolien nach Kamenez-Podolski. Von hier aus bereiste er als 20jähriger mit

Engelhardt die Krim und Nordkaukasien. Von Wladikawkas aus besuchten sie die Terekquellen und unternahmen im September eine Besteigung des Kasbek (s. Anm. 3). Viel Aufwand verwendeten Engelhardt und Parrot auf ein barometrisches Nivellement zwischen dem Schwarzen und dem Kaspischen Meer. Sie maßen die Strecken in Stationen hin und zurück, und anschließend blieb Engelhardt noch eine Zeitlang am Schwarzen Meer, während sich Parrot an der Küste des Kaspischen Meeres aufhielt. Über Durchführung und Ergebnis gab Parrot im gemeinsam publizierten Reisebericht eine ausführliche Darstellung. Im Winter reisten sie dann von Nowotscherkassk über Woronesh, Tula, Twer, Nowgorod und Pskow nach Dorpat zurück. Die Ergebnisse der »Reise in die Krym und den Kaukasus« erschienen 1815 in Berlin.

Nach Abschluß seiner medizinischen Studien wurde Friedrich Parrot am 22. 6. 1814 in Dorpat zum Dr. med. promoviert. Bald darauf trat er eine Reise nach Deutschland und Österreich an, um hier seine Studien an verschiedenen Universitäten fortzusetzen. Während des Feldzuges gegen den aus Elba zurückgekehrten Napoleon arbeitete Parrot als Stabsarzt in einem Militärhospital. Danach besuchte er Krankenhäuser in Wien, Berlin, Würzburg, Paris, Mailand und Pavia. Zwischendurch absolvierte er kürzere und längere Bergtouren. Im September 1816 unternahm er von Mailand aus eine Besteigung des Monte Rosa. Mit seinem Begleiter Joseph von Zumstein gelangte er an der heutigen Vincentpyramide (4 215 m) bis über 4 000 m. Ludwig Freiherr von Welden, der 1822 das Monte-Rosa-Massiv topographisch aufnahm, benannte einen Grenzgipfel der Berggruppe Parrotspitze (4 436 m). Eine zweite, ausgedehntere Reise führte Friedrich Parrot 1817 vom Murgtal über Straßburg, Besançon, Lyon, Montpellier nach Toulouse. Von Bayonne aus wendete er sich in die Pyrenäen, bestieg den Montperdu (3 355 m) und die schwierigere Maladetta (3 404 m) und bestimmte dabei ihre Höhen, die Lage der Schneegrenze und beobachtete die Vegetation. Außerdem führte er ein barometrisches Nivellement von St. Jean de Luz am Atlantischen Ozean bis zum Mittelländischen Meer aus, worüber er in »Reise in die Pyrenäen« (Berlin 1823) berichtete. Danach ließ sich Parrot in Heilbronn als praktischer Arzt nieder.

Im Sommer 1820 kehrte Parrot nach Livland zurück und

wurde von der Universität Dorpat zum ordentlichen Professor für Physiologie und Pathologie berufen. Im August 1820 heiratete er seine Cousine, die er auf seinen Reisen in Österreich kennengelernt hatte. Sie hinterließ ihm, bereits 1825 verstorben, eine Tochter.

Als sein Vater nach Petersburg übersiedelte, vertauschte Parrot 1826 seinen physiologischen Lehrstuhl gegen den nun freigewordenen Lehrstuhl der Physik, um sich ganz naturwissenschaftlichen Studien widmen zu können. Drei Jahre später eröffnete sich ihm nach dem für Rußland siegreichen Krieg gegen Persien und die Türkei die Möglichkeit, Transkaukasien zu bereisen. In Begleitung von vier Studenten trat er seine denkwürdige Reise zum Ararat an. Nach seiner Rückkehr heiratete er Emilie Krause, eine Tochter seines Amtsbruders Professor Krause. Aus dieser Ehe gingen drei Söhne hervor.

1837 unternahm Friedrich Parrot eine Studienreise zum Nordkap, um dort Pendelbeobachtungen anzustellen und Beobachtungen des Erdmagnetismus auszuführen. Von Tornio am Nordende des Bottnischen Meerbusens ging er am Torne- und Muonioälv an der finnisch-schwedischen Grenze aufwärts, überschritt das Kjellengebirge und gelangte so nach dem Lyngenfjord. Von dort begab er sich über Hammerfest nach dem Nordkap, wo er 12 Tage verblieb (bis zum 7./19. September), um auf gleicher Route zurückzukehren.

Bald nach seiner Rückkehr von seiner Nordlandreise erkrankte er schwer; war dann insbesondere 1838 und wieder 1840 längere Zeit krank. Er verstarb noch vor Vollendung seines 50. Lebensjahres am 3.(15.) August 1841. Friedrich Parrot war 20 Jahre Angehöriger der Universität Dorpat; in dieser Zeit wiederholt Dekan der Medizinischen und der Philosophischen Fakultät und von 1831 bis 1833 Rektor. Er hat in seinen beiden Berufen, als Arzt und Physiker, Bedeutendes geleistet. Mit seinen Bergtouren am Kasbek, am Monte Rosa, in den Pyrenäen und mit der Erstbesteigung des Ararat gehört Parrot zu den Bahnbrechern des Alpinismus, wobei seine Bergtouren unmittelbar seinen naturwissenschaftlichen, insbesondere geophysikalischen Interessen dienten. Mit seinen ausgedehnten barometrischen Nivellements, die er auf allen Reisen ausführte, griff er ein zu seiner Zeit besonders aktuelles Problem, die Höhenverhältnisse mit wissenschaftlichen Methoden zu untersuchen, auf, wenn auch seine Ergebnisse nur vorübergehenden Wert hatten, nämlich so lange, bis staatliche geodätische Arbeiten zuverlässigere Ergebnisse erbrachten.

Parrots Leistungen als Bergsteiger

Die Würdigung von Parrots Erstbesteigung des Ararat und seiner vorangegangenen Hochtouren muß auf die bergsteigerischen Leistungen dieser Zeit sowohl hinsichtlich der dabei erreichten Höhe von über 5 000 m wie auch hinsichtlich der Schwierigkeiten, einen Eisgipfel dieser Ausdehnung und Steilheit seiner Hänge zu meistern, bezogen werden.

Zwar wurde schon 1744 von J. Heß und drei Begleitern der Titlis, der seit 1720 anstelle des St. Gotthard als höchster Alpengipfel galt, als erster bedeutender Eisgipfel (3 239 m) bezwungen. Auch wurden auf der französischen Andenexpedition zwischen 1736 und 1744 im Zusammenhang mit einer Gradmessung mehrere Gipfelbesteigungen ausgeführt, unter anderem wurden der Corazon (4 837 m) und der Pichincha (4 787 m) von La Condamine und Bouguer bezwungen und am Chimborazo 4 745 m Höhe erreicht. Um 1740 überquerte Orazio della Penna mit elf Ordensbrüdern auf der Reise nach Lhasa mehrere tibetanische Pässe von etwa 5 000 m Höhe; 1760 überschritt der Jesuit d'Espinaha den 5 508 m hohen Mustaghpaß im Karakorum; 1770 erstieg der Geologe F. Sonnenschmidt den Ixtaccihuatl (5 280 m).

Diese Leistungen lagen zu Parrots Zeit schon ein bis zwei Generationen zurück. Zeitnäher sind die 1782/83 und 1784/85 von B. Hacquets unternommenen ausgedehnten Hochtouren in den Ostalpen. Seit den 60er Jahren des 18. Jahrhunderts führte der Naturforscher H. B. de Saussure in den französischen und schweizerischen Alpen zahlreiche Bergtouren aus, bei denen immer wieder das Montblancgebiet im Mittelpunkt seines Interesses stand. J. Balmat gelang zusammen mit M. Paccard beim siebenten Versuch 1786 die Erstbesteigung, und ein Jahr später erreichte dann auch Saussure unter Balmats Führung den höchsten Alpengipfel. Schließlich sind noch die geologischen Forschungen von de Dolomieu (1750–1801) in den Südalpen anzuführen, nach dem die Dolomiten ihren Namen tragen. Damit sind die wesentlichsten alpinistischen Leistungen des 18. Jahrhunderts erfaßt.

Die Zeit von 1800 bis 1830 wird in der Entwicklung des Alpinismus als eine besondere Epoche angesehen. 1799 bis 1804 führte A. von Humboldt mit A. Bonpland auf seiner großen südamerikanischen Forschungsreise wiederholt Gipfelbesteigungen durch. So standen sie bereits auf der Anreise – wenn auch nicht als Erstbesteiger – auf dem Pic von Teneriffa (3 718 m). Eine Erstbesteigung gelang am Nevado von Toluca (4 800 m) in Südmexiko. Am Chimborazo, der seit 1745 als höchster Berg der Erde galt, erreichte Humboldt 1802 eine Höhe von 5 880 m (Gipfel 6 267 m), und er glaubte damit – wohl zu Recht – den Höhenrekord zu halten. Im gleichen Jahr wurde nach 14jähriger Pause die sechste Montblancbesteigung ausgeführt. 1805 bestiegen A. von Humboldt, L. von Buch und G. Lussac gemeinsam den Vesuv (1 277 m), was Ausdruck eines gewachsenen Interesses an vulkanologischen Fragen war und weitere Unternehmungen anregte. Nachdem H. J. Klaproth (1783–1835), der Sohn des Chemikers M. H. Klaproth, dem Entdecker des Urans, bei seinen sprachwissenschaftlichen Studien in Kaukasien 1807 am Kasbek (5 047 m) etwa bis in halbe Höhe des Berges gekommen war, erstieg vier Jahre später der junge F. Parrot den markanten Kaukasusgipfel bis etwa 600 m unter den Gipfel. 1813 bezwang H. Maynard mit einem Führer in der Monte-Rosa-Gruppe das Zermatter Breithorn (4 171 m), und wieder drei Jahre später unternahm F. Parrot mit J. von Zumstein ebenfalls einen Versuch, einen Monte-Rosa-Gipfel zu erreichen, was durch Nebel verhindert wurde. Im nächsten Jahr stand Parrot mit P. Barrau in den noch wenig erschlossenen Pyrenäen auf der Maladetta. Damit ist F. Parrot Anfang des 19. Jahrhunderts wiederholt unter den Pionieren des Alpinismus zu finden, bevor er seine gut vorbereitete Ararattour unternahm. Höhenrekorde wurden in dieser Zeit von Hauptmann Gerard, einem englischen Vermessungsoffizier, in Indien aufgestellt, der sich zwischen 1817 und 1821 mindestens 37 mal in Höhen zwischen 5 200 und 5 800 m aufhielt und dabei 13 Biwaks in über 5 000 m ausführte. 1828 konnte er dann nach seiner Angabe erstmals einen 20 000-Fuß-Gipfel (über 6 000 m) ersteigen. Bei diesen indischen Vermessungen wurde 1818 die Höhe des Dhaulagiri mit 26 862 Fuß (8 180 m) bestimmt, der damit bis 1848 als höchster Gipfel der

Erde galt. 1827 wurde schließlich auch der 5452 m hohe Popocatepetl bestiegen. Im Jahr der Reise Parrots zum Ararat arbeiteten E. Lenz und A. R. Kupffer als Geologen am Elbrus, der von Lenz bis 5400 m begangen wurde. Von dem Tscherkessen Killar soll dabei der Gipfel erreicht worden sein.

Nach Parrots Araratbesteigung folgten weitere herausragende alpinistische Leistungen in dichter Folge: 1830 wurde durch einen Engländer der Olymp (2917 m) bezwungen, 1831 erreichte F. J. F. Meyen bei Streifzügen in den Kordilleren fast den Kraterrand des Maipo (5416 m); 1832 reiste E. Rüppel im abessinischen Hochland, und 1833 bestieg W. E. Tolmie den Tacoma (Mt. Rainier, 4430 m) bis dicht unter den Gipfel; 1833/35 führte Gebler Hochtouren im Katungebirge (Altai) durch und entdeckte den Beluchagletscher. Zur gleichen Zeit vermaß und bezwang F. W. Junghuhn zahlreiche Gipfel auf Java und Sumatra. Schließlich bestieg Sir Taylor Thomson 1837 den Demawend im Elburs (5601 m), der im Unterschied zum Ararat in der Folge nur selten besucht wurde.

Aber nicht nur Parrots bergsteigerische Leistungen reihen sich würdig in die zeitgenössischen Unternehmen in den Hochregionen ein, sondern auch seine wissenschaftlichen Untersuchungen, und dabei waren ganz besonders die mit großem Aufwand ausgeführten barometrischen und trigonometrischen Höhenmessungen in ihrer Zeit Pioniertaten (vgl. Anm. 19 und 23).

Der Ararat in Legende und Forschung bis zum Ende des 18. Jahrhunderts

Mit dem Berg Ararat verbindet sich seit langer Zeit — aber nicht von jeher — die alttestamentarische Sintflutlegende mit der Landung der Arche Noahs und der Ausbreitung des Menschengeschlechtes von diesem Berg aus. Wie kaum ein anderer Berg stand der Ararat mindestens seit dem Zeitalter der Aufklärung im Blickpunkt des Interesses. Aber auch unabhängig von der biblischen Legende verdient der markante, firnbedeckte Vulkankegel im Armenischen Hochland Beachtung. Mit 5156 m ü. M. ist er der höchste Berg der Türkei und überragt die umliegenden Hochgebirge um mindestens 1000 m; er ist noch 100 m höher als der Kasbek, wird aber vom Elbrus (5 633 m) und einigen anderen Gipfeln des Großen Kaukasus sowie dem Demawend im Elbursgebirge deutlich übertroffen. Im Unterschied zu diesen und fast allen anderen Hochgipfeln in hohen Kettengebirgen ragt der Doppelberg des Großen und Kleinen Ararat aus relativ niedrigen Hochbecken und ohne Vorberge auf. Von Norden aus der Araxesebene steigt der waldfreie, wüstenhafte Bergkoloß 4 300 m, von Süden aus dem Bekken von Bayazid immer noch 3 300 m unvermittelt auf. Nur nach Westen vermittelt ein 2 500 m hoher Sattel den Übergang zum Agri dagh.

Die Legende, die den Berg Ararat mit der Sintflut in Zusammenhang brachte, kam erst nach Einführung des Christentums in Armenien als ein Produkt alter Büchergelehrsamkeit auf.

Die hebräische Sage von der Sintflut ist der wesentlich älteren altbabylonischen Flutsage entlehnt, die im Gilgamesch-Epos enthalten ist. Daneben sind aus dem Vorderen Orient noch mindestens zwei Fassungen einer chaldäischen Flutsage aus vorbiblischer Zeit bekannt geworden. Auch die Darlegung der Flutsage in der Bibel beruht auf zwei Überlieferungen jüdischer Stämme, die, wie eine textkritische Untersuchung ergab, erst später zusammengearbeitet wurden. Es kann als gesichert gelten, daß die Flutsagen im unteren Mesopotamien auf außergewöhnliche Hochfluten, die im Zusammenhang mit Erdbeben im Persischen Golf auftraten und das besiedelte Land auf weite Flächen hin vernichteten, zurückgehen.

In dieser Situation lag es nahe, daß vor solchen alles verheerenden Fluten nur ein großes Schiff Rettung versprach, das seine Insassen zu den hohen Bergen der Umgebung, etwa den mesopotamischen Randgebirgen, bringen konnte. In der hebräischen Sage heißt es zum Landeplatz des »Kastens« nach dem Original: »...in den Bergen Ararat.« Damit sind die Berge im Lande Ararat gemeint, worunter in althebräischer Zeit ganz allgemein das ausgedehnte hohe Gebirgsland im Norden der mesopotamischen Ebene verstanden wurde. Dem hebräischen Wort Ararat entspricht das aus assyrischen Keilschrifttexten bekannte Urardhu, Urartu oder Uruatri für das dort bestehende chaldäische Königreich. Dieser altorientalische Sklavenhalterstaat im Hochland zwischen Van- und Urmiasee bestand etwa von 900 bis 600 v. u. Z. Die Hauptstadt der Urartäer war während ihrer Blütezeit Tuschpa am Vansee. In urartäischen Inschriften wird der Staat als Biainili bezeichnet, was wiederum mit dem biblischen (hebräischen) Ararat identisch ist. Dieser chaldäische Staat umfaßte das gesamte Armenische Hochland mit den durch ausgedehnte Bewässerungsanlagen kultivierten Becken um den Ararat im Zentrum.

Der markante Gebirgsstock tritt in der antiken Literatur in unterschiedlichen Bezeichnungen auf. Ein Name Ararat noch ohne eindeutigen Bezug auf einen Einzelberg findet sich bereits bei Berosus (1. Hälfte des 3. Jh. v. u. Z.), dem Priester des Bal zu Babylon.

Nach dem altarmenischen Namen Masis wird das Bergmassiv in griechischen Texten Masios und in lateinischen Texten Masius geschrieben. Beim Rückzug der »Zehntausend Griechen« aus Mesopotamien unter Xenophon (430–354 v. u. Z.) zogen die Marschkolonnen durch das damals noch teilweise bewaldete Hocharmenien und kamen bei Karakilissa dem Schneegipfel auf etwa 100 km nahe. In der tiefverschneiten Winterlandschaft ist er Xenophon, der sonst viele Einzelheiten in der »Anabasis« festgehalten hat, offensichtlich nicht besonders aufgefallen.

Mit dem altassyrischen Ausdruck »ina mât Urartu« in der Bedeutung »im Lande Ararat« verwandt, scheint das Homersche arûra als »das ertragreiche, mit dem Pflug bearbeitete Land« zu sein. Bei Hieronymus Jesaios 37.38 heißt es: »Ararat regio in Armenia campestris est, per quam Araxes fluit, incredibilis ubertatis« (nach Rikli 1914); in deutscher Übertragung: »Der Ararat ist eine ebene Landschaft in Armenien von unglaublicher Fruchtbarkeit, durch die der Araxes fließt.«

Auch in der Weltgeschichte des griechischen Historikers Nikolaus von Damaskus findet Ararat als Region Erwähnung. Eine Landschaft Ararat zu Füßen des Doppelkegels ist bis in die Gegenwart lebendig geblieben.

Eine wahrscheinlich im 7. Jahrhundert niedergeschriebene »Geographie« und die im 9. Jahrhundert verfaßte »Geschichte Armeniens«, die bis 492 reicht und Moses von Chorene, einem armenischen Historiker des 5. Jahrhunderts, zugeschrieben wird, berichtet vom Ararat. Haiton (Haithon), ein Fürst von Armenien, hielt den Ararat für den höchsten Berg der Welt und sagt von ihm, daß ihn niemand wegen des dauernden Schnees zu besteigen wage. Der alte Glaube der Armenier, daß auf ihm noch Überreste der Arche zu finden seien, bestand nach C. Ritter schon, als Kaiser Herakleios im Jahre 627 Armenien siegreich durchzog.

Lange bevor das wissenschaftliche Interesse am Silberhaupt des Ararat erwachte, lagen Berichte vom Noahberge vor. Katholische Missionare und Kaufleute, die im Mittelalter in Vorderasien reisten, brachten die erste Kunde von einem heiligen Berge in Armenien, auf welchem sich die Arche Noah nach der Sintflut niedergelassen haben sollte. So durchreiste der Mystiker Johannes Ruysbroek (1293–1381) Armenien und schrieb »Super Masis nullus debet ascendere quia mater mundus est«, »den Masis darf niemand besteigen, weil er der Erde Mutter ist.« Die Überzeugung, daß der Schneegipfel bei Etschmiadsin wirklich der biblische Ararat sei, verbreitete sich in Europa rasch und wurde Allgemeingut; sie »erlangte fast die Kraft eines religiösen Dogmas« (Hofmann 1884). Für die arabische Welt erlangte dagegen ein im Koran genannter anderer Landeplatz der Arche, ein Berggipfel am Vansee, allgemeine Anerkennung.

Mit der Unterwerfung Armeniens durch die Araber um 700 verlor das Land seine Selbständigkeit, konnte sie aber an der Wende vom 9. zum 10. Jahrhundert wieder erlangen und einer neuen wirtschaftlichen und kulturellen Blüte entgegengehen. Im 11. Jahrhundert wurde Armenien von den Türken, im 13. Jahrhundert von den Mongolen unterworfen und blieb jahrhundertelang zwischen dem türkischen und persischen Reich geteilt, es geriet in dieser Zeit in Europa fast in Vergessenheit. Erst als Persien unter den seit Anfang des 16. Jahrhunderts herrschenden Safawiden ein geeinter feudaler islamischer Staat wurde mit der Residenz Isfahan, erneuerten sich die Beziehungen zu Europa. Die Regierungszeit von Abbas dem Großen (1588–1629) brachte für das Land, das sich jetzt weltoffen und tolerant gab, eine Blütezeit. Damit wurde Anfang des 17. Jahrhunderts auch Armenien für europäische Reisende wieder zugänglich. Es soll der Schah sogar selbst Leute zum Ararat, der persisch als Kuh-i-Nu, als der »Berg Noahs«, bezeichnet wird, ausgeschickt haben. Sie brachten ihm jedoch die Kunde, daß der Berg unersteigbar sei.

Adam Olearius (91) reiste als Mitglied der sogenannten Dänischen Gesandtschaft nach Persien. In seiner »Beschreibung der

Newen Orientalischen Reise« (1647) erwähnt er bei der Befahrung des »Caspischen Meeres« »Am Caucasus stost das Armenische Gebirge an welchem der Ararat zu finden« und »Der Berg Ararat ... war dem ansehen nach fast noch höher als der Caucasus, und der höheste den wir auf der gantzen Reise gesehen haben; ist lauter schwartz und rauher Felß, lieget oben des Sommers so wohl als des Winters mit Schnee bedeket«.

J. Struys vermerkt in seiner Reisebeschreibung zum Ararat, daß er auf dessen Spitze gestanden habe, oben habe ein Einsiedler gewohnt, der ihm die Nachricht gegeben habe, daß von der Arche noch etwas zu sehen wäre. Es bleibt offen, ob er damit den Sattel zwischen Großem und Kleinem Ararat oder das Kloster St. Jacob meint.

Jean Chardin kam auf seiner Reise nach Persien im März 1671 bei tiefem Schnee von Tiflis »über Berg und Tal« nach Eriwan, »einer großen Stadt in einer Ebene, die von allen Seiten von Bergen eingeschlossen ist« und »gar keine schönen Häuser hat«. »Zwey Meilen von Eriwan liegt das berühmte Kloster der drey Kirchen, das große Heiligtum der armenischen Christen, Itsch-miazim«. Und weiter heißt es: »12 Meilen von Eriwan siehet man den berühmten Berg, wovon jedermann glaubt, daß sich der Kasten Noah darauf niedergelassen habe und niemand hat einen hinlänglichen Beweis davon«. Chardin hielt die Berge des Kaukasus für höher. Bemerkenswert ist seine Schilderung des Berges, der »das traurigste Aussehen von der Welt hat. Man findet auf demselben weder Bäume noch Stauden, noch weniger Klöster und Dörfer.«. . .»Der Boden ist entweder beweglich oder mit Schnee bedeckt. Was von dem Schnee schmilzt kommt in den Abgrund« ... »Alle diejenigen, welche die Neugierde auf diesen Berg getrieben hat, haben nichts als Schnee und Sand angetroffen.« Chardin kannte auch das Tal von Arguri; denn er schreibt: »Mit dem am Fuß liegenden Dorf hängt ein ... fürchterlicher Abgrund zusammen, in welchem die Felsen, die sich von Zeit zu Zeit losreißen, ein fürchterliches Geräusch machen.«

Wissenschaftlich gehaltvoller sind die Angaben zum Ararat bei J. P. Tournefort (1656–1708). Er bereiste von 1700 bis 1702 mit dem deutschen Arzt Gundelsheimer und dem französischen Zeichner Aubriet Griechenland und Kleinasien. Von dieser Forschungsreise, von der er 1300 neue Pflanzenarten mitbrachte, veröffentlichte er einen dreibändigen Reisebericht. Bei seiner im ganzen recht zutreffenden Schilderung des Berges, den er zu botanischen Zwecken bis zur Schneegrenze beging, hält er den Gipfel wegen der »jähen Höhe und der großen Kälte« für nicht erreichbar und bestreitet auch die Möglichkeit, noch Überreste der Arche hier zu finden. Als Botaniker war er von der armseligen Vegetation des wüstenhaften Bergmassivs enttäuscht. Bemerkenswert sind seine Feststellungen zu den Höhenstufen der Vegetation, die von ihm zum ersten Mal erkannt und beschrieben werden (92).

Der Anfang des 18. Jahrhunderts erreichte Erkenntnisstand wird in Zedlers »Großem Universal-Lexikon aller Wissenschaften und Künste« (1732) zusammengefaßt: Beim Stichwort »Ararat« heißt es beispielsweise »Ein berühmtes und sehr hohes Gebirge . . .«, »auf einem wüsten Felde . . . an allen Seiten freistehend.«; aber auch: »Ararat, eine besondere Landschaft . . , durch welche der Fluß Araxes fließt. Sie soll sehr fruchtbar sein . . .«

Der weitere Gang der Erforschung des Ararat wurde maßgeblich bestimmt durch die Entwicklung des Verhältnisses der drei Mächte Persien, Türkei und Rußland zueinander.

Anfang des 18. Jahrhunderts verschlechterten sich mit dem Verfall des persischen Reiches die Reisemöglichkeiten für Europäer. Als Peter der Große 1720 über Transkaukasien nach Persien zog, soll der Ararat von Armeniern und Russen bestiegen worden sein.

Während der Turkmenenherrschaft in Persien seit 1736 kam es mit der Unterdrückung der christlichen Armenier weithin zu einem kulturellen Verfall. In dieser Zeit begann sich der britische Einfluß in Persien zu verstärken, während sich zugleich Rußland nach Süden gegen das türkische Reich hin ausbreitete. Ein bedeutender russischer Erfolg war der Gewinn der Krim 1783, womit gleichzeitig der Süden der heutigen Ukraine und der Westen Nordkaukasiens an Rußland kamen. 1797 wurde Derbent russisch und 1802 Georgien russische Provinz.

Damit wurden zunächst Forschungsreisen in diese ausgedehnten, wissenschaftlich noch weitgehend unbekannten Steppengebiete, in den Kaukasus selbst und nach Transkaukasien möglich. Bereits 1811/12 bereisten F. Parrot und M. von Engelhardt diese Gebiete. Das weitere Vordringen Rußlands in Transkaukasien führte zu dem langwierigen russisch-persischen

Krieg von 1804 bis 1813. Im Juli 1826 fielen persische Truppen unter Abbas Mirsa in das russisch besetzte Transkaukasien ein und besetzten im Sommer große Teile des östlichen Transkaukasien. Herangeführte russische Truppen schlugen das persische Herr bei Chamchor und Gandsha. 1827 wurden dann von russischen Truppen unter General I. F. Paskewitsch mit Unterstützung durch die armenische Landwehr die Khanate Jerewan und Nachitschewan besetzt. Nach dem Fall von Täbris kam es zu Verhandlungen, und am 10. 2. 1828 wurde in Turkmantschai der Friede geschlossen, der zur Festigung der zaristischen Position in Persien führte. Mit diesem Vertrag wurde der Anschluß fast ganz Georgiens, Nordaserbaidshans und Ostarmeniens an Rußland endgültig sanktioniert.

Friedrich Parrot begann seine Forschungsreise zum Ararat unmittelbar nach Beendigung der siegreichen Kriege Rußlands gegen Persien und die Türkei.

Die neue politische Situation in Transkaukasien hatte auch tiefgreifende Auswirkungen auf die Entwicklung der Armenier und der anderen transkaukasischen Völker. Die Angliederung Ostarmeniens an Rußland bewahrte diesen Landesteil und das armenische Volk vor dem endgültigen Untergang. Die Willkürmaßnahmen der persischen Feudalmächte hatten im 18. Jahrhundert zu einem raschen Verfall der uralten Bewässerungslandwirtschaft und der gesamten Kultur geführt. Anfang des 19. Jahrhunderts waren diese Gebiete in einer trostlosen Verfassung. Trotz der nach der Besetzung praktizierten zaristischen Kolonialpolitik war die Angliederung an Rußland für diese Gebiete ein historisch progressives Ereignis: sie beseitigte die feudale Zersplitterung und befreite die transkaukasischen Völker von der Versklavung durch die rückständigen orientalischen Despotien der Türkei und Persiens. Durch die im Vertrag von Turkmantschai gewährleistete Umsiedlung der Armenier aus Persien in den zu Rußland gekommenen Teil Armeniens nahm die armenische Bevölkerung hier sprunghaft zu. Die russische Kultur übte einen positiven Einfluß auf die christlichen Armenier aus und garantierte ihnen zunächst eine gewisse eigenständige kulturelle Entwicklung. Sie brachte Anfänge einer industriellen Entwicklung und die Einführung von Schulen.

Am Ende des 18. und Anfang des 19. Jahrhunderts gewann die Araratlegende auch Einfluß auf die geographische Wissen-

Das Gebirge Ararat und das Paradies auf einer Karte von 1780 (Silberschlag)

schaft. Die herausragende Stellung des Noahberges und seine Bedeutung für die Geschichte und die Ausbreitung des Menschengeschlechts wurde auf dem damaligen Stand der Wissenschaft mit Lagebeziehungen begründet. Karl Georg von Raumer (1800–1856) und auch Karl Ernst Adolf von Hoff (1771–1837) wiesen dem Ararat eine zentrale Lage auf dem alten Kontinent zu, da er in der Mitte der Linie der größten Längenausdehnung der alten Welt, zwischen der Südspitze Afrikas und der Beringstraße liegt und zugleich den zentralen Knoten der afrikanisch-asiatischen Wüstenzone bildet. Schließlich wurde auch ermittelt, daß er zentral zu den ihn umgebenden Meeren liegt (Ganin 1983): Die Meeresferne des Ararat beträgt

308 km zum Schwarzen Meer,
420 km zum Kaspischen Meer,

780 km zum Mittelmeer,
1125 km zum Persischen Golf,
1180 km zum Toten Meer und
1400 km zum Roten Meer.

In seiner unmittelbaren Umgebung liegen die vier großen Binnenseen Vorderasiens, der Vansee (Van gölü) in 100 km, der Sewan (Goktscha) in 96 km, der Urmiasee (Rumiye gölü) in 175 km und der Tschildirsee (Čildir gölü) in 160 km Entfernung.

Die geographische Situation des armenischen Hochlandes und des Ararat wurden ausführlich durch Carl Ritter gewürdigt, der in seiner »Geographie von Asien« alle erreichbaren Nachrichten verarbeitet hat, dabei auch die Merkwürdigkeiten der Lage aufführt und ergänzend vermerkt, daß es in der Plastik der Erdoberfläche nichts Zufälliges gibt. Nach einer sehr klaren Darstellung des Armenischen Hochlandes beginnt Ritter die Beschreibung des Berges mit der Feststellung: »Der Ararat gehört zu den allbekannten Bergen der Erde, obwohl niemand bis zu seinem höchsten Gipfel gelangt zu sein scheint und die mehrsten Berichterstatter ihn nur aus der Ferne sahen ... Nach Morier scheint er von der Südseite bei Bayazid aus einer Entfer-

Karte des Ararat und seiner Umgebung (aus Stielers Handatlas 1892)

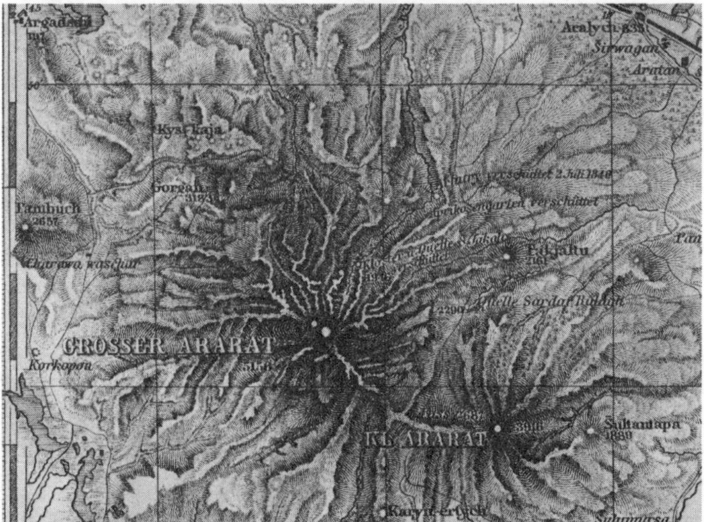

nung von 8 Stunden einen imposanteren Anblick zu gewähren als von der Nordseite; er ist gegen Südosten steiler als gegen Nordwesten.« Weiterhin führt Ritter an, daß »dieser Gipfel weithin auf dem Kaspischen See eine Landmarke für den Schiffer sei ... Kommt das Schiff von Norden her, erblickt man zuerst bei Derbent den Ararat, wo er hinter der Kaukasuskette als Schneeberg hervortritt und sich von allen übrigen Gebirgshöhen abgesondert zeigt.«

Weitere Erforschung des Noahberges

In den sieben Jahrzehnten bis zum Ende des 19. Jahrhunderts fanden mindestens 30 Expeditionen statt, die direkt dem Berg galten oder ihn neben anderen Zielen berührten. Davon erreichten bei 21 Unternehmen ein einzelner bzw. unterschiedlich große Gruppen, zusammen mehr als 100 Personen, den Gipfel. Über die meisten dieser Touren existieren heute zum Teil nur noch schwer erreichbare Originalberichte. Die wichtigsten Forschungen und Besteigungsversuche sollen im folgenden gewürdigt werden, um daran den Zuwachs an Kenntnis des einzigartigen Bergmassivs zu verdeutlichen.

In den Jahren von 1833 bis 1835 wurde der Ararat mindestens fünfmal besucht, wobei aber der Gipfel nur zweimal erreicht wurde. 1833, sehr zeitig im Jahr, wahrscheinlich im Mai, hat Putiloff, ein russischer Maler, den Berg im Alleingang angegangen. Der hereinbrechende Abend, aufkommender Sturm und die Müdigkeit zwangen ihn zur Umkehr. Auf der Rückreise hat er dem Privatgelehrten Spasski-Automonoff in Tiflis zugeredet, eine Besteigung zu versuchen, dabei aber den längeren, jedoch leichter begehbaren Südwesthang zum Aufstieg zu wählen. Spasski war zu dieser Tour zum Ararat durch einen Bericht von der Ersteigung des Montblanc angeregt worden. Er ritt mit Begleitern und Lasttieren am 4. 8. (a. St.) von Arguri aus am Berg bis zu den Felsgraten hinauf und benutzte die Biwakstelle von Parrot zur Übernachtung. Der Aufstieg mit 2 Männern aus Arguri begann dann früh 6 Uhr. Sie fanden im Anstieg das fast von Schnee begrabene Holzkreuz und standen gegen 12 Uhr auf dem Arguri zugewandten Gipfel. Aus dem Nebel über den Ebenen ragten Hochgipfel wie der Aragaz heraus, auch Goktscha-,

Van- und Urmiasee waren sichtbar, während das Schwarze und das Kaspische Meer verborgen blieben. Die vom Montblanc beschriebene Sichtbarkeit der Sterne am Tage bewahrheitete sich für den Ararat nicht. Der Abstieg ging rasch vonstatten; bereits 22 Uhr hatte die Gruppe Arguri wieder erreicht.

Im Herbst 1834 hat dann noch der später durch die Keilschriftentzifferung bekannt gewordene englische Archäologe Sir Henry Rawlinson (1810—1895), zu dieser Zeit Major der persischen Armee, den Ararat aufgesucht. Er ist aber nach seinen eigenen Angaben wegen der fortgeschrittenen Jahreszeit nur bis in geringe Höhen gekommen. Ebenfalls 1834 hat sich Dubois de Montpereux in Arguri aufgehalten. Er nahm für die Erbauung der Kirche das 8. oder 9. Jahrhundert an; die von ihm dort abgenommenen Inschriften reichen bis ins 10. Jahrhundert zurück. Das dürften die letzten verläßlichen Nachrichten über den Ort vor seiner Verschüttung 1840 sein.

Für 1835 liegen verschiedene Nachrichten über eine geglückte Bezwingung des Großen Ararat durch Behrends (auch Behrens oder K. von Berens) vor. Sein Bericht in der Petersburger Zeitschrift enthält keine neuen naturwissenschaftlichen Beobachtungsergebnisse bis auf die fragwürdige Feststellung, daß das tiefe Einschneien des von Parrot aufgestellten Holzkreuzes fast bis zur Spitze »den Beweis liefert, daß die Schneemassen auf dem Ararat immer mehr wachsen.«

Zeitlich die nächsten und praktisch gleichzeitig am Araratmassiv waren der Naturforscher Moritz Wagner und der Geologe Hermann Abich. 1843 trat Wagner seine Orientreise an, die ihn von Wien über Belgrad und Konstantinopel durch Südrußland nach Kaukasien führte. Von Tiflis aus über Jerewan und Etschmiadsin konnte er zunächst nur die Nordseite des Ararat besuchen. Auf seiner zweiten Reise 1844 kam er von der türkischen Seite auf einer Karawanenreise von Erzerum aus zum Ararat, um dann von dort nach Persien zu gehen. Weitere Reisen nach Südrußland und Kaukasien folgten 1850 und 1852/55 (93).

Von Norden kommend, bereiste M. Wagner zuerst das Tal von Arguri und ließ sich von einigen der 114 Überlebenden die Katastrophe schildern: Die Bewohner von Arguri wurden am 20. 6. (2. 7.) 1840, eine halbe Stunde vor Sonnenuntergang, bei heiterer Atmosphäre durch ein Getöse aufgeschreckt, »... ein furchtbares Krachen und Brüllen aus der Tiefe der Schlucht dröhnte herauf, eine ungeheure Wolke graurötlichen Dampfes stieg empor; von unten wurden hoch in die Luft unermeßliche Steinmassen geschleudert, welche Kloster und Dorf verschütteten und weithin der Ebene zuflogen.« Im Tal sollen Gasausbrüche (Mofetten) gesehen worden sein. Vier Tage später verwüstete ein Schlammstrom das Tal und führte die Massen bis zum Karasu. Die ganze Gegend blieb lange ein unzugänglicher Morast. Beim Biwak im Tal von Arguri benutzte Wagner Balken der zerstörten Häuser als Heizmaterial. Er beging das verwüstete Tal bis weit hinauf, wobei er auch in den polierten, geschrammten Oberflächen von Porphyrfelsen die Wirkung von Gletschern vermutete und schrieb: »An der Stelle, wo Dämpfe sich den Weg durch den geöffneten Schlund gebahnt, ist die Form der aufgeschichteten Massen von den tiefer unten liegenden verschieden.« Aus der Versicherung seiner ortskundigen Begleiter, keine Veränderung an der Form des Berges feststellen zu können, was aber der Fall sein müsse, wenn im Umkreis von 25 Werst verteilte Massen alle von oben als Bergsturz heruntergekommen wären, schlußfolgerte er, daß nur ein Auswurf von Massen die mächtige, weit ins Vorland reichende Schuttdecke hervorbringen konnte.

M. Wagner erstieg den Nordhang des Ararat bis oberhalb der »finsteren Schlucht« am Anfang »der kompakten Schneemassen in über 7 000 Fuß.« Von hier aus hatte er einen guten Überblick über die Zerstörungsstätte, die sich in »Form eines Fächers nach der Ebene ausbreitet.« Wagner führt noch weitere Argumente an, die nach seiner Auffassung eindeutig auf eine vulkanische Tätigkeit hindeuten. Seine kühne Hypothese ist, daß die »merkwürdige Eruption von 1840, seit Jahrhunderten das erste Beispiel, daß die Dämpfe und Gase sich einen Durchbruch erzwangen« sich daraus erklärt, daß am Ararat Niederschlags- und Schmelzwasser – im Unterschied etwa zum Aragaz mit seinen zahlreichen Quellen – großenteils in die Tiefe versickern, so daß »außer Zweifel steht, daß sich unter dem Ararat bedeutende Wasserbehälter befinden. Fand von diesen tiefen Wasserbehältern ein Durchbruch zu dem noch tieferen alten Feuerherd statt, so erklären sich alle Ereignisse der Katastrophe von 1840.« Bei seinem zweiten Besuch stieg Wagner von Bayazid aus wieder bis zur Schneegrenze auf; dabei verwunderte ihn die Armut der

Tierwelt. Er setzte die Baumgrenze in 7800 Fuß an und gab eine zutreffende Beschreibung der Jahreszeiten dieser Region. In einer Gipfeltour sah er dagegen keinen Nutzen für die Wissenschaft. Dafür empfahl er allen künftigen Reisenden die Aussicht von der Höhe des Grenzgebirges zwischen Bayazid und Kilissa-Kent, von der sich »eine grandiose Bergscenerie« ausbreitet, die »mit keiner anderen Landschaft in drei Erdteilen einen Vergleich aushält.«

Auch der Dorpater Geologe Hermann Abich hielt sich Mitte der 40er Jahre des 19. Jahrhunderts wiederholt am Ararat auf. Otto Wilhelm Hermann Abich wurde 1806 in Berlin geboren und studierte in Berlin Naturwissenschaften. Hier wurde er nachhaltig durch A. von Humboldt, L. von Buch und C. Ritter beeinflußt. Er wandte sich vulkanologischen Studien zu und bereiste 1833/34 die klassischen Vulkane Mittel- und Süditaliens. 1842, zwei Jahre nach dem Tod von F. Parrot, wurde er als Professor der Geologie und Mineralogie an die Universität Dorpat berufen, von wo er 1844 im offiziellen Auftrag zum Ararat geschickt wurde, um unter anderem die Umstände der Vernichtung von Arguri zu klären.

Abich lieferte erstmals eine ausführliche Darstellung der Gestalt und der Eigentümlichkeiten des Großen Ararat aus der Sicht vom Gipfel des Kleinen Ararat, den er 1844 viermal bestiegen hatte. Er hob die Bedeutung der »porösen Trümmerbildungen« für die Gesamtform hervor, erwähnte aber auch die gewaltigen Lavaströme an der Südostseite des Berges: »nahe hora 3« des bergmännischen Kompasses erstreckt sich unmittelbar vom Gipfel des Ararat herunter eine den Dimensionen des Berges entsprechende Eruptionszone mit zahlreichen Trachytkegeln und Lavaströmen, ein kleines Gebirgssystem von schönen Reihenvulkanen ... Als letztes Glied erhebt sich als prächtiger Eruptionskegel der Carny arach (»geplatzter Bauch«) mit 1500 Fuß Durchmesser, etwa 12 Werst vom Gipfel des Großen Ararat entfernt. Die ausgeflossenen Lavamassen ergossen sich über die weite Talebene und wurden längs der Jurakalke zu hohen Plateaus aufgestaut. Von der Ostseite beschreibt er den Aralyk (Achalyk, Aralych) als die »weit geöffnete, unmittelbar unter dem Gipfel beginnende Talschlucht in der Zentralregion des Berges«, also das Tal von Arguri. Nach seinen ausgedehnten Begehungen und den dabei ermittelten Befunden ergab sich für

Das Tal von St. Jacob vor dem Bergsturz (nach Parrot)

Abich eindeutig und zwingend, daß die Vernichtung des Dorfes nicht durch ein Aufleben des Vulkanismus und auch nicht durch einen Schlammausbruch erfolgte, sondern durch einen Durchbruch von aufgestautem Gletscherwasser, das sich im oberen St.-Jacob-Tal angesammelt hatte.

Abich hatte am 19. 8. 1844 mit Karl Zenk den ersten Versuch unternommen, den Großen Ararat zu bezwingen. Sie mußten aber wegen Sturmes in etwa 15500 Fuß Höhe umkehren. Im Juli 1845 konnte er dann auf einer neuen Route, die nach ihm öfter benutzt wurde, am 29. 7. den Gipfel erreichen. H. Abich fand in Kaukasien ein reiches, interessantes Forschungsfeld, das ihn für 18 Jahre festhielt.

Ein Jahr später, 1846, stand Danby Seymour auf dem Gipfel, wie ein dort geschriebener Brief an seinen Oheim H. Rawlinson belegt. Er war offensichtlich der erste Tourist, der aus rein alpinistischem Interesse diese Gipfeltour unternommen hat.

Ausschließlich wissenschaftlich-praktischen Zwecken galt ein 1850 mit großem Aufwand ausgeführtes Unternehmen. Der spätere General Oberst Jos. Iw. Chodzko war während Triangulationsarbeiten in Transkaukasien Mitte August mit 6 Offizieren und 60 Soldaten fast eine Woche lang auf dem Gipfel, um von hier aus viele der 122 transkaukasischen Berge trigonometrisch zu bestimmen, von denen im Rahmen der staatlichen

Das Tal von St. Jacob nach dem Bergsturz (nach Abich)

Triangulation bisher immer der Große Ararat »von unten aus« anvisiert und danach seine Höhe berechnet worden war. Die dabei erzielten Ergebnisse, die nur bis 20 Fuß voneinander abweichen, konnten einen systematischen Fehler enthalten, weshalb die Winkelbeobachtung jetzt in umgekehrter Richtung, mit Zielungen »von oben nach unten« wiederholt werden sollten.

Der Expedition, die sich im Juli in Aralyk zusammenfand, gehörten außer Chodzko noch an: der Orientalist N. W. Chanykow, der ethnologisch interessierte Baron P. K. Uslar, der Hauptmann vom topographischen Korps Alexandrow, der Direktor des Physikalischen Observatoriums in Tiflis Arnold F. Moritz, der Dolmetscher Scharosjan und der Topograph Sidoroff. Am 19. 7. errichtete die Expedition bei Sardar-Bulagh ein Basislager, am 25. 7. wurde von drei Soldaten auf dem Gipfel eine Signalstange aus Birke aufgestellt, und am 29. 7. bezog die Expeditionsgruppe ein Hochlager 7 Werst oberhalb der Quelle in 10850 Fuß. Hier wurden über mehrere Tage stündlich meteorologische Beobachtungen durchgeführt, korrespondierend mit denen auf dem Gipfel und in Sardar-Bulagh. Die Gipfeltour führten zwei Armenier aus Neu-Arguri an, die auch schon Abich begleitet hatten. Instrumente und Gepäck folgten auf 4 Maultieren und 5 Pferden. Als die Lasttiere auf der Neuschneedecke keinen Halt mehr fanden, wurden für das Gepäck 4 Schlitten benutzt. Unter dem Felsen Taschkilissa wurde in 14 700 Fuß das Hochlager eingerichtet. Der weitere Anstieg gestaltete sich bei Schneesturm äußerst beschwerlich; gegen 15 Uhr mußte in 16 175 Fuß Höhe zwischen Felsklippen ein Biwakplatz hergerichtet werden. Die Gruppe lag abends bei Orkan im Zentrum eines Gewitters, wobei einer der Trachytfelsen am Lager vom Blitz zertrümmert wurde. Erst am 6. August konnte vom sogenannten Schreckenslager aus bei dichtem Nebel der Aufstieg fortgesetzt werden. Schon nach einer Stunde wurde der östliche Gipfel erreicht. Auf dem westlichen Gipfel der jetzt Parrotspitze genannten Kuppe wurde ein Holzkreuz mit einer quadratfußgroßen Kupferplatte aufgestellt, die die Namen der Expeditionsteilnehmer trägt.

Vom 7. bis zum 12. 8. wurden von Chodzko die beabsichtigten Vermessungsarbeiten ausgeführt. Er verbrachte diese Tage in einer tiefen Schneegrube, in der ein mit Teppichen ausgelegtes Zelt aufgestellt war. Ihm bot sich in dieser Zeit bei klarem Wetter eine phantastische Rundsicht. Im N erkannte er in 435 km Entfernung den Elbrus und in 340 km Entfernung den Kasbek; im S trat der Sawalan (15 780 Fuß) deutlich hervor. Als Höhe für die Parrotspitze ergaben sich 16 915,82 Fuß ± 2,1 Fuß. Das bedeutet einen Unterschied zur barometrischen Höhenbestimmung Parrots von 408 Fuß und gegenüber der trigonometrischen Höhenmessung durch Fedorow von 210 Fuß, was sich aus der unsicheren barometrischen Höhenbestimmung der Basis am Araxes erklärt.

Offensichtlich hat der Krimkrieg weitere Begehungen verhindert. Erst 1856, nach dem am 30. 3. geschlossenen Frieden von Paris, ging eine Gruppe Engländer den Berg erstmals wieder von der türkischen Seite aus an. Zur Gruppe gehörten drei Offiziere vom englischen Stab in Anatolien, A. J. Fraser, John Evans und Robert Stuart, sowie die Privatreisenden Walter Thursby und James Theobald. Am 11. Juli stiegen sie mit dem kurdischen Führer Isshak Bey von Bayazid aus, die weite Ebene querend, in einer Schlucht zu einem Sommerweideplatz der Kurden in 8 000 Fuß auf. Am folgenden Tag gingen die Kurden nur noch ein Stück mit, und die Engländer wählten unterschiedliche Aufstiegsrouten: 3 von ihnen querten das Schneefeld auf der Südseite, Fraser ging über den Südosthang, und Stuart kehrte um. Sie erreichten den Gipfel zu unterschiedlichen Zeiten; die ersten beiden waren schon 18.30 Uhr wieder am Ausgangspunkt, Fraser kam erst um Mitternacht im Lager an.

Am 13. 7. unternahmen Thursby und Stuart eine auf zwei Tage berechnete Bergfahrt, auf die sie zwei junge Kurden mitnahmen. Am Fuß des Kegels wandten sie sich der schneefreien SO-Flanke zu. Sie richteten gegen 18 Uhr ein Lager östlich einer Gletscherzunge ein. Am folgenden Tag erreichten sie bei Sonnenaufgang bereits 14 000 Fuß Höhe und fanden 1 200 Fuß unter dem Gipfel ein Holzkreuz mit russischer Inschrift (von Abich?). Stuart und seine Kameraden hielten sich – wie sie in ihrem Originalbericht an die Times zum Ausdruck bringen – für die Erstbesteiger; sie gaben aber eigenartigerweise die Gipfelhöhe wie Parrot mit 17 323 Fuß an.

Das nächste Unternehmen ließ 12 Jahre auf sich warten. Zwei bergerfahrene Engländer vom Alpine Club of London, Freshfield und Tucker, wollten nach ihren ausgedehnten Bergfahrten in der Schweiz die Hochgipfel im Kaukasus angehen. Zuvor unternahmen sie von Kaukasien aus im Frühjahr 1868 noch eine Reise nach Persien und beschlossen dabei, dem Großen Ararat einen Besuch abzustatten. Sie benutzten von Aralyk aus den von Abich gewiesenen Weg zum Sattel und stiegen am selben Tag noch bis in 9 000 Fuß Höhe auf. Schon um Mitternacht (26. 5.) setzten sie ihren Aufstieg über einen Felsgrat fort, aber um 6 Uhr mußte Freshfield bergkrank umkehren, so daß Tucker mit seinem Bergführer F. Devouassoud aus Chamonix den Aufstieg allein fortsetzen mußte. Von 13 800 Fuß an mußten sie, auf einem Firnfeld aufsteigend, Stufen schlagen. Dabei verließen auch den Bergführer die Kräfte, und Tucker arbeitete sich allein, noch etwa 1 000 Stufen hauend, bis etwa 16 000 Fuß hinauf. Hier kehrte er gegen Mittag um, erreichte die Gefährten, und gemeinsam stiegen sie ab; nach 18 Stunden waren sie wieder im Lager. Die im Mai noch weit herabreichende Schneedecke war selbst für die bergerfahrenen Alpinisten ein nicht zu überwindendes Hindernis. Freshfield und Tucker sind danach als Bezwinger von Elbrus und Kasbek bekannt geworden.

Im russisch-türkischen Krieg 1877/78 fanden auch in Transkaukasien bedeutende Kriegshandlungen statt. Am 18. 11. 1877 wurden Stadt und Festung Kars zum dritten Mal (vorher 1828 und 1855) von russischen Truppen eingenommen und verblieben diesmal nach dem Berliner Vertrag vom 13. 7. 1878 bei

Rußland. Bereits im September des gleichen Jahres kam James Bryce von Norden her nach Aralyk. Er ritt am 11. 9., für eine Ararat-Gipfeltour schon recht spät im Jahr, nach Sardar-Bulagh. Um 1 Uhr früh brach er mit Kosaken und Kurden bei Mondlicht auf, kam aber mit seiner im Bergsteigen unerfahrenen Truppe nur langsam voran. Gegen 6 Uhr waren sie erst in 11 000 Fuß; bei 12 000 Fuß waren nur noch 2 Kosaken und 1 Kurde bei ihm. Gegen 10 Uhr in 13 600 Fuß blieb auch der letzte Kosak zurück. Bryce, in Hochtouren erfahren, hatte jetzt selbst mit Atembeschwerden zu kämpfen, kam aber auf dem von Abich benutzten Felsgrat gut voran und stand 14.25 Uhr auf der Parrotspitze. Der heftige Wind zerteilte zeitweise den sich tagsüber um den Gipfel bildenden Wolkenkranz und gab die Sicht auf die Ebene frei. Beim Abstieg, einen kürzeren Weg benutzend, war er schon um 19 Uhr wieder bei seinen Leuten in 12 000 Fuß. Nach einer Rast bis Mitternacht stieg die ganze Gruppe nachts nach Sardar-Bulagh ab, das sie gegen Sonnenaufgang erreichten. Einmalig ist hier die vollbrachte Leistung. Bryce führte die Gipfeltour großenteils im Alleingang innerhalb von 24 Stunden ohne Nachtruhe aus. Sein Bericht läßt erkennen, daß er sich im Unterschied zu Stuart und seiner Gruppe gründlich mit der älteren und jüngeren Erforschungsgeschichte des Berges vertraut gemacht hatte.

Fast genau zwei Jahre später führte G. Percival-Baker eine Besteigung aus, über die er im »Alpine Journal« 1879 berichtete.

Aus den 80er Jahren des 19. Jahrhunderts liegen nur wenig Nachrichten über Ararattouren vor. Nach einem Bericht in der Zeitschrift »Kawkas« hatten sich einige Einheimische 1882 in Jerewan getroffen und ohne Vorbereitung eine Art »Ausflug« zum Ararat unternommen. Nachdem einer der vier Teilnehmer in Sardar-Bulagh zurückgeblieben war, zwei weitere wegen Erschöpfung bald umkehrten, stieg Siwoloboff mit drei Kurden bis zum Gipfel durch. Eine von Markoff, dem Erforscher des Sewan, geführte Expeditionsgruppe kam am 12. 8. 1888 bis in eine Höhe von 10 000 Fuß zu Pferd; besuchte dann die Quelle Ak-su in 10 700 Fuß; in 13 200 Fuß wurde das Lager eingerichtet. Am 13. 8. begannen 9 Mann den Aufstieg, der sie an der Südwestseite in 13 500 Fuß an die Schneegrenze brachte. Beim weiteren Aufstieg durch ein hier 35° steiles Schneefeld nahmen sie in 16 000 Fuß Höhe den schon wiederholt beschriebenen Schwefelgeruch, der seine Ursache in der Pyritzersetzung hat, wahr. 14 Uhr war der Gipfel erreicht, von dem Markoff eine detaillierte Beschreibung gab.

Schließlich führt Rickmer-Rickmers in seiner Aufstellung aller ihm bekannten Touren noch für 1889 die Besteigung durch Rafalowitsch an, die durch Gipfelpapiere belegt sei.

Für die 90er Jahre lassen sich 14 Touren zum Großen Ararat nachweisen, bei denen mindestens zehnmal der Gipfel erreicht wurde. Von diesen Bergfahrten, über die an sehr unterschiedlichen Stellen berichtet wird, kann hier nur noch auf einige kurz eingegangen werden.

Der durch seine späteren Forschungen im Kaukasus, als Leiter der Pamirexpedition 1913 und der deutsch-russischen Pamir-Alai-Expedition von 1928 bekannt gewordene Willi Rickmer-Rickmers kam im Herbst 1894 nach Aralyk. Von hier aus setzte er den Weg zum Berg reitend fort, wobei er die 30 km bis zum Sommerlager der Kurden durch die sandige, steinige, mit Dorngestrüpp bedeckte Öde in denkbar schlechter Erinnerung behielt. Er wurde vom Kurdenhäuptling Babo in dessen Zelt mit Schaschlyk bewirtet. Hier stieß der den Posten Sardar-Bulagh befehligende Kosakenoffizier Posharski, der vor kaum zwei Wochen am 23. 8. bereits allein mit einigen Kosaken den »Gipfel gestürmt hatte«, zu Rickmer-Rickmers. Die ganze Gruppe setzte um 10 Uhr den Weg reitend fort; nur das letzte Stück bis zum Biwakplatz in 4 200 m Höhe mußte zu Fuß bewältigt werden. Der Aufstieg am 4. 9. führte über »Schutt, Geröll und Felsentrümmer durch eine einförmige, grauenhafte Öde«. Der Offizier stürmte den anderen wieder voraus. Rickmer-Rickmers erreichte die Schneekalotte an der höchsten schneefreien Stelle, wo sich in Steinmännern in einem Kasten ein Maximum-Minimum-Thermometer befand. Hier hatte Pastuchow seine Besteigung von 1893 und 1894 in Messingtafeln verewigt. Auch Rickmer-Rickmers beschreibt auf dem völlig vergletscherten Gipfelplateau, das von den Steinmännern in einer halben Stunde zu erreichen ist, drei kegelförmige Schneedome, von denen der östliche der höchste ist. Er charakterisiert den Araratgipfel als einen mächtigen Steinhaufen, über den man breiigen Zuckerguß rinnen ließ, der sich nach allen Seiten als schmale und breitere weiße Ströme abwärts zieht; an der Nordseite der schroffe Kraterschlund mit schillernden Eisbrüchen. Bei sehr klarem Wetter erlebte er mit Posharski den Rundblick als eine »von dunklen Rillen durchfurchte gelbe Reliefkarte; wie aus starrem Gips geformt!« Rickmer-Rickmers war offensichtlich nicht auf die Besteigung einer Vulkanruine in der Wüstenzone eingestellt und konnte so weder der Landschaft noch dem Berg eine erfreuliche Seite abgewinnen, obwohl er außergewöhnliches Glück mit dem Wetter hatte, denn schon am nächsten Tag hüllte sich der Berg in Wolken, und es begann zu regnen.

Im darauffolgenden Jahr stattete Ende September A. Oswald mit einer großen Reisegruppe dem Berg einen Besuch ab. Von Akstafa kommend, wurde nach zweitägiger Fahrt am Südrand des Armenischen Hochlandes für die Gruppe in der Abendbeleuchtung in 80 km Entfernung jenseits des Araxestieflandes »der massige, doppelköpfige Koloß« sichtbar und blieb auch bis nach Sonnenuntergang als schwarze Silhouette am tief dunkelblauen Himmel.

Nach Querung des 30 km breiten Schuttfächers bei Aralyk und Anstieg bis Sardar-Bulagh in 2 390 m ging es am 29. 9. weiter zu dem 8 km entfernten Sattel, von dort auf dem Lavastrom am Tschat vorüber zum eigentlichen Vulkankegel, der in 3 200 m Höhe ansetzt. Hier wurde 21 Uhr in der Nähe des ersten Schneefeldes biwakiert. Am 30. 9. erfolgte der Aufstieg über Lavageröll und vereiste Schneefelder durch den mit phantastisch gestalteten Nebenkratern bedeckten Südhang. Erst 17.45 Uhr, als ein 60 km langer Schattenkegel des Ararat auf die Landschaft fiel, war das Gipfelplateau erreicht. Zur Aussicht von dem »auf der Grenze dreier Reiche und dreier Zivilisationen« liegenden Berg schrieb Oswald: »Die Rundschau ist überwältigend, unbeschreiblich großartig; ... ein riesiges imposantes Panorama entrollt sich nach allen Seiten. Im Norden in zarten Tönen die Kaukasuskette mit 1 000 Spitzen und Türmen, davor der vierzackige Alagöz«.

Nachdem der Schweizer Louis Seylaz im Jahre 1910 eine Gipfeltour zum Ararat erfolgreich abschließen konnte, unternahmen im Sommer 1912 35 Naturwissenschaftler unter der Leitung von M. Rikli von der Schweiz aus eine Studienreise nach Kaukasien. Die Reisegruppe besuchte zuerst den Großen Kaukasus, bereiste die Georgische Heerstraße und durchquerte das südliche Armenische Hochland. Das botanisch interessierte Gros der Gruppe und die Bergsteiger hatten sich vorgenommen,

»den sagenumwobenen heiligen Ararat« zu besuchen. Die Gruppe erreichte am 30. August, von Ani mit dem Zug kommend, Kamarlju (870 m). Von hier folgte die ganze Reisegesellschaft der üblichen Route: Nach Überquerung des zu dieser Zeit seichten Araxes erreichte sie die russische Kaserne am südlichen Ortsausgang von Aralyk. Von hier wurde die Tour mit Reitpferden und Lastkamelen fortgesetzt. Nach Überquerung der nur leicht ansteigenden, aber von tiefen Erosionsrinnen zerfurchten wüstenhaften Fußebene gelangte die Gruppe zum 30 km entfernten, am Ausgang des Jakobstales neu angelegten Dorf Arguri (1 737 m ü. d. M.).

Während sich die Botaniker dem Kleinen Ararat zuwandten, gingen die Bergsteiger den Großen Ararat an. Die aus 17 Reiseteilnehmern sowie Bischof Mesrop von Etschmiadsin und einer armenischen Wissenschaftlerin bestehende Gruppe wurde vom Kurdenhäuptling Achmed Bei geführt. Im Nachtanstieg erreichten sie bei Mondschein die ersten Schneeflecken, rasteten in 3 200 m Höhe und brachen um 1 Uhr in mehreren Gruppen zur Gipfeltour auf. Die 10 Bergsteiger erreichten den Gipfel gegen 9 Uhr, die übrigen standen mittags 12 Uhr auf der Firnkuppe. Da an diesem Tag der Gipfel wolkenfrei blieb, eröffnete sich bei grimmiger Kälte ein Gesichtskreis von 340 km. »Aber nun belohnt ein Ausblick das Auge, ... weit hinein in die Türkei und Persien, ... Schwarzes Meer und Kaspis verschwimmen im Dunst, ... der Kaukasus aber ist leider durch einen weißen, phantastisch geformten Wolkensaum verdeckt ..., überall trifft der Blick auf verbrannte Wüste, selten nur ist eine grüne Oase zu sehen.« 14 Uhr wurde der Abstieg angetreten, erst in finsterer Nacht der Biwakplatz und früh 2 Uhr die Militärstation erreicht.

Diese in Eile durchgeführte Massenbegehung war das letzte bekannt gewordene Unternehmen am Ararat vor dem ersten Weltkrieg. Mit Ausbruch des Krieges blieb das Gebiet ausländischen Bergsteigern und Wissenschaftlern verschlossen. Auch die mit revolutionären Ereignissen erfüllten turbulenten Nachkriegsjahre ließen keinen Raum für touristische Unternehmen. 1921 schloß die Sowjetregierung mit der jungen türkischen Nationalregierung einen Freundschaftsvertrag, darin verzichtete die sowjetische Seite auf das Gebiet von Kars, erhielt aber Batumi zurück. Im Frieden von Lausanne wurde 1923 der Grenzverlauf endgültig am Araxes festgelegt. Seitdem liegt das Ararat-gebiet vollständig auf türkischem Gebiet.

Eine Welle neuer Besuche setzte nach dem zweiten Weltkrieg

Bei Sonnenaufgang fällt der Schatten des Ararat fast 150 km weit ins Land (nach einem Original von Ed. Imhof)

ein. Im Sommer 1954 hatte Professor Ed. Imhof, der zeitweilig als kartographischer Berater des türkischen Landesvermessungsamtes in Ankara tätig war, die Genehmigung erhalten, den im militärischen Sperrgebiet liegenden Ararat zu besuchen. Mit einem LKW wurden die 1 600 Straßenkilometer von Ankara bis Dogu Bayazid, dem 26 km südwestlich des Großen Ararat lie-

genden regionalen Verwaltungszentrum, in vier Tagen zurückgelegt. Das in vielen Berichten erwähnte alte Bayazid lag 6 km südöstlich davon in einem felsumschlossenen Gebirgskessel. Diese alte Grenzfeste liegt samt der Stadt seit 1918 wüst. Von der Stadt aus erfolgte die Anfahrt zuerst noch mit dem LKW, dann ging es mit gemieteten Kurdenpferden über Lavageröll und »Steppenmatten von verschwenderischer Farbenpracht« langsam bergan. Gegen Mittag wurde bei einer Gruppe kurdischer Hirtenzelte gerastet. Das von Imhof gezeichnete Bild der Kurden, die eine der Walliser nicht unähnliche Almwirtschaft betreiben, unterscheidet sich wohltuend von der in fast allen älteren Darstellungen zu findenden Abwertung der Kurden als Räuberpack. Ein erster Besteigungsversuch von Ed. Imhof, H. Keller und E. Egli mußte wegen ungünstiger Witterungsbedingungen in 4600 m Höhe abgebrochen werden.

Am nächsten Tag wurde ein höher liegender Biwakplatz in 4300 m Höhe eingerichtet. Am 15. 8. konnte das Schweizer Trio von hier aus den Aufstieg bei Vollmond antreten. Bei Sonnenaufgang, als sich die Scheibe des Vollmondes dem westlichen Horizont näherte, hatte die Gruppe nahe der Firngrenze ein eindrucksvolles Erlebnis, das Ed. Imhof schildert: »Da geht im Osten die Sonne auf, ... sie schießt ihre Strahlen links und rechts am Ararat und an uns vorbei, weithin in die Ebene ... Riesengroß wirft sich der Schattenkegel des hohen Vulkans über das Land und berührt mit seiner Spitze den ... wohl 150 km entfernten Horizont. Sonne, Mond, Araratgipfel und wir sind aufeinander ausgerichtet.« Der Anstieg auf dem spaltenlosen Gletscher und Firn brachte sie rasch ihrem Ziel näher. Schon kurz vor 7 Uhr war der höchste Punkt erreicht; wolkenfreier Himmel gestattete bei eisigem Nordwind eine freie Rundsicht: »Weit im Norden, fein ziseliert, die Zackenkrone des Kaukasus« und auch das »ferne Gleißen des Urmiasees« waren zu erkennen. Der Abstieg führte durch »die tausend miserablen Wackelblöcke« zum Lager zurück und weiter zu einem 2800 m hoch gelegenen Kurdendorf (94).

Die Franzosen F. Navarra und J. de Riquer sowie ein Türke hatten den Berg bereits 1952 aufgesucht und dabei den Gipfel erreicht. Im Sommer 1955 fuhr Navarra erneut zum Ararat, diesmal mit der festen Absicht, die Arche Noah zu finden. Mit seinem Sohn ist er Anfang Juli in drei Tagesmärschen zunächst zum Kopsee (Kip-göl) aufgestiegen. Von dort erreichten beide in 4 200 m Höhe die Schneekalotte. Nach einer Gewitternacht fanden sie am 5. 7. am Fuß einer Eiswand eine geräumige Eisgrotte. Darin entdeckte der Junge einen von »Lavastaub im gefrorenen Moränenschutt konservierten behauenen Holzbalken«, den Navarra für einen Rest der gesuchten Arche Noah erklärte. Für das von ihm mitgebrachte 1,5 m lange Holzstück weist ein Gutachten aus, daß es sich um etwa 5 000 Jahre altes Eichenholz handelt. Wenn er auch etwas gefunden haben will, was es dort nicht geben kann, so ergibt sich immerhin eine gute Übereinstimmung mit der nach biblischer Auffassung 2528 v. u. Z. erfolgten Sintflut. Es muß offen bleiben, woher der Stamm tatsächlich stammt und wer ihn behauen hat.

Mit diesem kuriosen Bericht, der damals durch die Weltpresse ging, wurden die Legenden um den Berg um eine weitere bereichert!

Anmerkungen

(1) Parrot bringt hier aus christlicher Überzeugung eine Haltung zum Ausdruck, die die im Vorderen Orient unter verschiedenen Völkern überlieferte uralte Legende von der Sintflut als Sündflut und der Errettung allen Lebens in einem Schiff, das nach dem Rückgang der Flut an einem hohen Berg landete, als ein historisches Ereignis auffaßt. Bereits Carl Ritter in seiner »Erdkunde« (1818) — und nach ihm wohl alle weiteren Forscher — wertete die Sintflutsage als Legende, wenn er schreibt: »Die Sage von der Arche Noah und von der Sündfluth ... ist eine der ältesten, die wir besitzen.« Als Grund für die Annahme von Überresten der Arche auf dem Gipfel führt Ritter eine Beobachtung von Nic. Witsen (1705) an, daß der Schneegipfel als weithin sichtbare Landmarke von Nordosten gesehen »mit seiner eigentümlichen Felsbildung ... und seiner vom übrigen Gebirge abgesonderten Lage von Ferne wirklich die Gestalt eines Schiffes« habe und »daher der alte Glaube der Armenier, daß auf ihm noch die Überreste der Arche Noah zu finden seien«.

(2) Das isolierte Bergmassiv des Großen und Kleinen Ararat, das am Fuß — entlang der 2000-m-Isohypse — in Nordwest-Südost-Richtung 43 km und in Nordost-Südwest-Richtung über 30 km mißt, wird im Deutschen und Russischen meist nur mit Ararat bezeichnet. Die Armenier nennen den Berg Masis, was soviel wie der Große oder der Erhabene bedeutet; bei den Persern soll die Bezeichnung Kuh-i-Nu, der Berg des Noah, geläufig sein. Der türkische Name ist Agri dagh, was soviel wie zerklüfteter Berg bedeutet. Die vollständige Form lautet Büyük Agri dagh für Großer Ararat und Küçük Agri dagh für Kleiner Ararat. Da das gesamte Bergmassiv seit dem ersten Weltkrieg vollständig in der Türkei liegt, sind die türkischen Namen international verbindlich. Wir behalten bei der Neuausgabe des historischen Werkes, das aus der Zeit stammt, als der Berg auf der Grenze der drei Reiche Rußland, Türkei und Persien lag, die historische Form Ararat bei.

(3) Im Reisebericht schreibt Engelhardt: »Mühsam und mit Gefahr erklimmte Parrot die steiler werdende Schneefläche, bis die früher nur unbedeutenden Spalten immer weiter, der Abhang immer jäher wurde, da mußte er endlich dem Vorhaben, dieses Mal den Gipfel zu erreichen, entsagen. Die Barometerbeobachtung gab eine Höhe von 2003,3 Toisen über dem Schwarzen Meer. Die Hoffnung einer herrlichen Übersicht des Gebirges von diesem erhabenen Standpunkte wurde leider vereitelt, Wolken verhüllten die nächsten Berge, und die Gegenden am Fuße machte ein blauer Dunst unkenntlich; nur im Süden erhob sich in weiter Ferne eine ansehnliche, isolierte Berggruppe, — vielleicht der

Ararat... Nach zwölfstündiger Abwesenheit kam Parrot wieder bei der Schäferhütte an...«

Auch ein zweiter Versuch, den Gipfel zu erreichen, wurde von starkem Sturm vereitelt. Nach einem Biwak auf einer Felsklippe und einer »schauerlichen Nacht, in Sturm und Schneegestöber durchwacht« hielt das Unwetter auch am nächsten Tage an, so daß am Mittag der Abstieg bei Neuschnee angetreten werden mußte. Für den Biwakplatz zeigte das Barometer bei −5 °C 2 168 Toisen an. Parrot schätzte die nicht bezwungene Gipfelhöhe auf 240 Toisen; die Gesamthöhe des Kasbek mithin auf etwas über 2 400 Toisen, also 4 750 m (statt 5 047 m). Damit wurde der Gipfel beträchtlich unterschätzt, auch wenn er die angegebene Höhe ausdrücklich als Mindesthöhe wertet.

Die Schneegrenze liegt bei diesem exponierten Bergkegel bei etwa 3 300 m ü. M.; die vereiste Gipfelfläche umfaßt 81 km². 1807 hatte H. J. Klaproth den Berg besucht und ihn etwa bis zur halben Höhe bestiegen. Der Gipfel wurde erst 1868 von Freshfield und Tucker bezwungen.

(4) Nach der Einnahme von Jerewan durch die russischen Truppen unter General Paskewitsch (s. Anm. 11) und ihrem raschen weiteren Vordringen wurde Persien am 10. (22.) 2. 1828 zum Friedensschluß gezwungen. Er wurde zwischen dem russischen Heerführer Paskewitsch und Abbas Mirsa in Turkmantschai bei Täbris (Tabriz) abgeschlossen und in Rußland als »Allerhöchstes Manifest« in der St. Petersburgischen Zeitung 1828, Nr. 24 veröffentlicht.

(5) Aus der historischen Form (lat.) Araxes entstanden die russischen und türkischen Namensformen Arax (Araks) und Aras. Der etwa 1 000 km lange Fluß entwässert rund 100 000 km² des Armenischen Hochlandes nach Osten über die Kura zum Kaspischen Meer. Im 19. Jh. ein weitgehend auf russischem Territorium fließender Fluß, bildet er seit 1923 auf 600 km die Grenze zwischen der Sowjetunion und der Türkei bzw. Persien.

(6) Der Name wird sehr unterschiedlich geschrieben. Neben Bajased auch Bajaset, türkisch Bayasid, Bayazit oder Bayazid. Der Ort war im 19. Jh. eine mehrere tausend Einwohner zählende, meist von Kurden bewohnte Stadt zu Füßen der historischen Burg hoch im Gebirge, 300 m über der hier etwa 1 800 m hohen Araratebene. Die Burg wurde von Sultan Bayazit I. (1389–1402) zur Sicherung seiner Herrschaft im Osten angelegt, später mehrfach zerstört, wieder auf- und palastartig umgebaut. Die nach mehreren schweren Erdbeben noch erhaltenen Gebäude bilden nach Imhof eine der schönsten Burg- und Palastruinen Kleinasiens mit prachtvollen Toren, Hallen und Moscheen. Seit dem Ende des ersten Weltkrieges ist die Stadt ein wüstes, unbewohntes Ruinenfeld. Ein neuer Ort gleichen Namens wurde nach dem ersten Weltkrieg in der Ebene 6 km nordwestlich davon angelegt.

(7) Christian Moritz von Engelhardt, geb. 1779 zu Wiesa in Estland, hatte auf ausgedehnten Reisen mehrere westeuropäische Staaten besucht und dabei vergleichende Beobachtungen über den Gebirgsbau und die Struktur der Erde angestellt. Mit seinen Reisen im Süden von Rußland setzte er diese Beobachtungen auf der Krim und im Kaukasus fort. 1820 erhielt er den Lehrstuhl für Mineralogie an der Universität Dorpat, später war er Direktor des Lyzeums in Zarskoje Selo und zuletzt Staatsrat in St. Petersburg; er starb 1842.

(8) Bei solchen notwendigerweise stark gerundeten Entfernungsangaben kann 1 Werst = 500 Saschen = 1 066,8 m einem Kilometer gleichgesetzt wer-

den. Die Luftlinienentfernung von Dorpat zum Ararat beträgt 2422 km. Als Straßenentfernung ergeben sich nach heutiger Kilometerangabe zwischen den von Parrot berührten Orten etwa 3350 km.

(9) Friedrich Georg Wilhelm von Struve, geb. am 15. 4. 1793 in Altona, gest. am 11. (23.) 11. 1864 in Petersburg, studierte von 1808 bis 1811 in Dorpat Philologie, später Astronomie. 1813 wurde er Observator und mit 24 Jahren Direktor an der von Georg Friedrich Parrot erbauten und eingerichteten Sternwarte zu Dorpat. Er widmete sich der Beobachtung von Doppelsternen, führte 1816/19 eine Triangulation der Baltischen Provinzen durch und leitete von 1822 bis 1852 die große russisch-skandinavische Gradmessung vom Eismeer bis zur Donau. 1839 wurde Struve als Direktor an die heute noch bestehende, damals neu errichtete Zentralsternwarte Pulkowo südlich von Petersburg berufen. Hier publizierte er die Ergebnisse des 1836/37 ausgeführten amtlichen Nivellements zwischen dem Kaspischen und dem Schwarzen Meer.

(10) Von 1914 bis 1924 Petrograd, seitdem Leningrad.

(11) Iwan Feodorowitsch Paskewitsch, Graf Eriwanskij (seit 1828) und Fürst von Warschau (seit 1831), wurde 1782 in Poltawa geboren und war Leibpage von Zar Paul I., 1805 kämpfte er bei Austerlitz, 1806 bis 1812 gegen die Türken, 1812 als General bei Smolensk und Borodino, in den Freiheitskriegen 1813 bei Leipzig und 1814 vor Paris. Er wurde 1823 Generaladjudant von Alexander I. und war Mitglied des Hohen Gerichts im Dekabristenprozeß von 1826. Im russisch-persischen Krieg 1826/28 nahm er Eriwan (Jerewan) ein und wurde nach dem siegreichen Türkenkrieg 1828/29 zum Feldmarschall ernannt. 1831 schlug er mit der Eroberung Warschaus den polnischen Aufstand nieder und wurde Statthalter von Polen. 1849 stand er an der Spitze des russischen Interventionsheeres in Ungarn. Iwan (Johann) F. Paskewitsch starb 1856 in Warschau.

(12) »Wie durch wahrhaft väterliche Fürsorge die Zwecke meiner Reise auf jede Art gefördert wurden, wird daraus deutlich, daß Sr. Majestät nach unserer Rückkehr den Befehl zu geben geruhten, in Folge dessen jedem von uns die Kosten der Reise vollständig ersetzt, mir der St. Annen-Orden zweiter Klasse verliehen, Herrn Kandidat Fedorow der von ihm auf der Reise mit ausgezeichnetem Geschick und Eifer gebrauchte Reichenbachsche Theodolit sowie außerdem eine übriggebliebene Summe von 300 Rubel Silber und Herrn Feldjäger Schütz für seinen eifrigen Dienst ein Brillantring zum Geschenk gemacht wurde.« (F. P.)

(13) Dorpat, im Inneren Estlands in hügliger Umgebung an der Embach (Emajõgi) gelegen, ist ein sehr alter Siedlungsplatz. Die estnische Stadt Tartu wurde 1030 vom russischen Großfürsten Jaroslaw I. erobert und dort die Festung Jurjew angelegt. Noch im 11. Jh. wieder estnisch, wurde die Burg 1224 vom deutschen Ritterorden erobert und zum Bistum erhoben. Im 14. und 15. Jh. war Dorpat (zeitgenössisch Derpt, Darpt, Dörpt; lett. Tehrpat; estn. Tartulin) als Mitglied der Hanse ein bedeutender Handelsplatz mit engen Beziehungen zu Pskow und Nowgorod. 1525 wurde von der deutschen Oberschicht in Stadt und Land die Reformation eingeführt. Im Livländischen Krieg wurde die Stadt vom russischen Heer unter Iwan IV. (der Schreckliche) eingenommen. 1582 kam die Stadt an Polen, und seit 1625 war sie schwedisch. Im Nordischen Krieg wurde sie 1704 von russischen Truppen besetzt. Peter der Große sicherte im Vertrag von 1710 dem eroberten Livland als einer der drei Ostseeprovinzen die Erhal-

tung des evangelischen Glaubens und den Gebrauch des deutschen Rechtes (bis 1877) und der deutschen Sprache zu. Die Ständische Selbstverwaltung wurde vom deutschen Großgrundbesitz und dem städtischen Bürgertum bei völliger Rechtlosigkeit der einheimischen Esten, die zu allen Zeiten den weitaus größten Bevölkerungsanteil ausmachten, ausgeübt. 1763 und 1775 haben Stadtbrände die Stadt verheert. Ihr Aufbau wurde von Katharina II. tatkräftig gefördert. Seit 1783 Kreisstadt im Gouvernement Livland, entwickelte sich Dorpat wieder zu einem bedeutenden Handels- und Kulturzentrum, woran die 1802 erneuerte, bis 1889 deutschsprachige Universität maßgeblichen Anteil hatte. Um 1840 hatte die Stadt 9500 großenteils deutschsprachige Einwohner, um 1880, nach Zuzug vieler Esten, 30000 Ew. Seit 1893 wieder Jurjew, trägt es seit 1918 den estnischen Namen Tartu und zählt heute etwas mehr als 100000 Einwohner.

(14) Alle Datumsangaben erfolgen nach dem zu dieser Zeit in Rußland noch bis 1923 gültigen Julianischen Kalender, also nach sog. altem Stil (a. St.), der gegenüber dem Gregorianischen Kalender Anfang des 19. Jh. 12 Tage zurück ist. Die Abreise erfolgte demnach am 10. April 1829. Soweit notwendig, werden die Zeitangaben in der Form n. St. (a. St.) zitiert.

(15) Die Post zur Personenbeförderung war im zaristischen Rußland so eingerichtet, daß auf den Posthaltereien und Poststationen jeweils eine Anzahl Wagen und Pferde für die Reisenden bereitgehalten wurden. Bei Vorlage eines sog. Postpasses, den es in drei Stufen (Regierungskurier, Dienstreisende und gewöhnlicher Paß) gab, wurden für die zweite Stufe beispielsweise 6 Pferde und ein Wagen zu einer festen Taxe zur Verfügung gestellt. Die Weiterbeförderung erfolgte jeweils über eine Strecke von 18 bis 25 Werst, wozu eine bis zwei Stunden benötigt wurden. Hinzu kam etwa eine halbe Stunde Aufenthalt auf jeder Station, so daß täglich etwa 100 bis 125 Werst zurückgelegt werden konnten. Bei Vorhandensein frischer, ausgeruhter Pferde erfolgte die Weiterfahrt unmittelbar nach Ankunft der Reisenden. Bei größerem Andrang konnte es zu längeren Wartezeiten kommen, zumal die Verordnung besagte, daß die Rückführung von Pferd und Wagen zur Ausgangsstation stets leer erfolgen müsse, um eine Überbeanspruchung der Pferde zu vermeiden.

Die von Parrot und seinen Reisegefährten mit der öffentlichen Post, jedoch mit zwei eigenen Wagen zurückgelegte Strecke betrug im einzelnen:

Dorpat (Tartu) — Pskow	170 km
Pskow — Witebsk	350 km
Witebsk — Smolensk	150 km
Smolensk — Wjasma	166 km
Wjasma — Kaluga	194 km
Kaluga — Orjol	205 km
Orjol — Kursk	160 km
Kursk — Charkow	222 km
Charkow — Bachmut (Artjomowsk)	217 km
Bachmut — Nowotscherkassk	223 km
	2057 km

Die Gesamtstrecke von 2057 km wurde in 41 Tagen zurückgelegt, demnach täglich durchschnittlich witterungsbedingt nur 50 km.

(16) Bachmut, seit dem 17. Jh. ein Dorf und seit 1783 Stadt, war im 19. Jh.

eine Kreisstadt im russischen Gouvernement Jekaterinoslaw (heute Dnepropetrowsk). Die Stadt liegt an der Bachmuta, einem Nebenfluß des Donez, und hatte um 1840 etwa 4000 Einwohner. Seit 1924 in Artjomowsk umbenannt, gehört sie zum Gebiet Donezk (Ukrain. SSR).

(17) Mit Neu-Tscherkassk meint Parrot Nowotscherkassk, eine erst 1805 vom Hetman Platow planmäßig angelegte Stadt am Westrand der hier bis 30 km breiten Donaue. Es war Verwaltungszentrum und Sitz der Donkosaken. 1840 hatte die Stadt 14000 Einwohner.

Alt-Tscherkassk, heute Starotscherkasskaja, liegt 20 km südlich auf einer hochwasserfreien Insel im Don. Es hatte 1840 etwa 15000 Einwohner, die überwiegend Handel und Fischerei betrieben. Der untere Don war mit Stadt und Festung Asow schon seit 1724 russisch. Heute gehören beide Orte zum Gebiet Rostow, dessen Gebietszentrum, die Millionenstadt Rostow, 1840 als Festung erst 9000 Einwohner zählte.

(18) Die Truchmenen sind ein Teil der Turkmenen. Sie haben sich im 17. Jh. in Norkaukasien niedergelassen und kulturell der umwohnenden Bevölkerung angeglichen. Dazu gehören:

— die Nogaier, eine turksprachige Völkerschaft, die ursprünglich in den Steppen am unteren Don nomadisierten, später sich aber tiefer nach Kaukasien zurückgezogen haben;

— die ebenfalls turksprachigen Kumyken, die im östlichen Nordkaukasien an der Küste des Kaspischen Meeres leben;

— die Kalmüken, ein ethnisch den Westmongolen zugehöriges Volk, das westlich des Wolgaunterlaufes nomadisierend die Steppen am Manytsch durchzog;

— die Tataren, womit heute alle turksprachigen Völkerschaften von der Tatarischen ASSR über das Wolgaland, die Krim bis Kaukasien sowie Sibiriens bezeichnet werden, im engeren Sinne aber die tiefer im Gebirge beiderseits der Georgischen Heerstraße siedelnden Osseten, die sich von den umwohnenden kaukasischen Völkern durch ihre iranische Sprache unterscheiden. Sie waren großenteils Christen; nur von Nordwesten her war der Islam bei ihnen eingedrungen. Iranisch sprechend sind auch die Kurden, deren Siedlungsgebiete sich von Transkaukasien über die angrenzenden Gebiete des Iran und der Türkei bis zum Irak erstreckten.

(19) Anfang des 19. Jh. gab es nur für wenige Punkte verläßliche Höhenangaben. Ihre Bestimmung erfolgte noch überwiegend mit dem Quecksilberbarometer. Das auf eine Beobachtung von Torricelli (1643) zurückgehende Quecksilberbarometer wurde zwar schon von B. Pascal 1648 und in größerem Umfang Anfang des 18. Jh. von J. J. Scheuchzer in der Schweiz zur Bestimmung von Höhenunterschieden benutzt. Die zur Ableitung der Höhe notwendigen Korrekturen wurden jedoch erst im Verlauf des 18. Jh. ermittelt und damit die sog. Barometerformel aufgestellt. Trotzdem haftet barometrischen Höhenmessungen eine allein mit dem Barometer nicht ausschaltbare Unsicherheit an, weil sich der Luftdruck nicht nur durch die Lufttemperatur, die örtliche Schwerkraft und die Höhe verändert, sondern auch im ganzjährigen und noch mehr im jahreszeitlichen Mittel im Meeresniveau zwischen weiter auseinanderliegenden Beobachtungspunkten Luftdruckunterschiede bestehen. Diese waren Anfang des 19. Jh. noch weitgehend unbekannt.

Parrot benutzte auf der Araratreise ein Paar nach seinen Angaben in Dorpat gebaute Barometer. Ihre Skale war in halbe Linien geteilt (1 Pariser Zoll = 12 Linien = 27,07 mm; 1 Linie = 2,25 mm). Ein Nonius gab die Zehntel an und »darunter ließ sich sehr genau die Hälfte schätzen« (F. P.). Damit konnte Parrot den Barometerstand bis 0,025 Linien (ca. 0,05 mm) ablesen. Da in Meeresspiegelhöhe der Barometerstand bei einem Anstieg von 11 m sich um einen Millimeter ändert, konnten Höhenunterschiede bis auf etwa 1 m genau bestimmt werden. Die zerbrechlichen Quecksilberbarometer haben die gesamte Reise zu Fuß, zu Wagen und zu Pferd unbeschädigt überstanden.

Bei dem barometrischen Nivellement wurde von Parrot und einer zweiten Person an benachbarten Stationen im Abstand von 10 bis 25 km jeweils 1 Stunde beobachtet und die Ablesungen aller Viertelstunden notiert. Daraus ließ sich der Barometergang erkennen und gegebenenfalls für Zeiten davor und danach berechnen, wenn der zweite Beobachter an seiner Station nicht zur rechten Zeit eingetroffen war. Dabei lagen die Beobachtungsstandpunkte stets im Freien und im Schatten. Die Berechnung erfolgte nach der Barometerformel von Laplace.

(20) »Als Ausnahme von dieser Regel lernte ich, aber nicht in dieser Gegend, sondern ein Jahr später bei Astrachan, den Kalmükenfürsten Serbètschab Timenjew kennen. Als Beherrscher des Chotouskischen Uluß hat er sich fest angesiedelt, ein Haus in gutem europäischem Geschmacke, mit Gastzimmern, Billardzimmer, Küche, Keller u. dgl. aufgeführt, und auch eine große Dienerschaft, meist Kalmüken, aber auch als Stallmeister einen geborenen Deutschen, um sich versammelt. Die dazu erforderlichen Nebengebäude und Kibitken, samt der kalmükischen, recht ansehnlichen Kirche, welche er gebaut hat, geben dem Ganzen das Ansehen eines beträchtlichen Landsitzes, zu dessen Innerem die gastfreundliche einfache Gemütsart des Besitzers jedem gebildeten Reisenden den Zutritt verschafft. Mir ward er doppelt angenehm zuteil, indem mich der Zufall daselbst mit dem Herrn Professor Hansteen aus Christiania zusammenführte, als er aus Sibirien und ich vom Ararat heimkehrte. Fürst Timenjew hat sich im Kosakendienste den Obristenrang erworben und genießt jetzt auf jenem Landsitze alle Vorteile, welche sein Umgang mit gebildeten Menschen ihn kennen und achten gelehrt hat, ohne seinen Nationalcharakter, dessen Grundgepräge in natürlicher Sitteneinfalt und gesundem Urteil besteht, fremd geworden zu sein. Er übt an seinen Gästen die Pflicht der Gastfreundschaft mit aller Liebenswürdigkeit des wahrhaft gebildeten Mannes und mit aller Ungezwungenheit des Bewohners der freien Steppe« (F. P.).

Den gleichen Kalmükenfürsten hat Alexander von Humboldt auf seiner Rückreise vom Altai bei seinem Besuch von Astrachan am 10. Oktober 1829, also noch vor Parrot, besucht. Er ist dort mit der Namensform Sered-Dsaab geschrieben.

(21) Bei den von Parrot benutzten Längenangaben ist nicht immer eindeutig, welches Maßsystem von ihm benutzt wurde. Mit großer Wahrscheinlichkeit beruhen alle Längenangaben auf

1 Pariser Zoll (pouce) = 27,07 mm,
12 Zoll = 1 Fuß (pied) = 32,48 cm und
6 Fuß = 1 Toise = 1,948 m.

Der russische Zoll ist kürzer, er mißt nur 25,4 mm und entspricht damit dem englischen inch.

(22) »Den Lauf des Manytschflusses von der astrachanischen Grenze an bis

zu seiner Mündung bezeichnet die beiliegende Karte (im Vorsatz des Originals, d. Hrsg.) so richtig, als es durch eine bloße topographische Aufnahme möglich ist, welche Herr Generalmajor Bogdanow selbst gemacht und mir mitzuteilen die Güte hatte« (F. P.).

(23) Diese Arbeit mit dem Titel »Über den Höhenunterschied und etwaigen früheren Zusammenhang des schwarzen und kaspischen Meeres« bildet das 2. Kapitel des 2. Bandes. Wir bringen hier wegen der wissenschaftlichen Bedeutung, die dieser Frage Anfang des 19. Jh. beigemessen wurde, eine kurze Inhaltsangabe.

Seit Veröffentlichung der von Parrot und Engelhardt 1811 ausgeführten barometrischen Messung entlang dem Nordfuß des Kaukasus wurde ziemlich allgemein angenommen, daß der Wasserspiegel des Kaspischen Meeres um 300 Pariser Fuß tiefer liegt als der des Schwarzen Meeres. Später kamen Parrot, da keine weiteren zuverlässigen Messungen erfolgten, Zweifel, die aus neuen Überlegungen resultierten. So wurde zwischen Zarizyn und Katschalinskaja, wo sich Wolga und Don auf 60 Werst nahekommen, von Offizieren der Wasserkommunikation der Don 130 Pariser Fuß höher als die Wolga gefunden. Da der Don aber schneller als die Wolga fließt, schlußfolgerte Parrot, daß der Höhenunterschied der Meere weniger als 130 Fuß betragen muß. Der Manytschfluß wurde zu Parrots Zeit auf allen Karten als Nebenfluß des Don dargestellt, der in der Kalmükensteppe, etwa 80 Werst vom Kaspischen Meere entfernt, seinen Anfang nahm und von dort zum Asowschen Meer fließt. Das Gefälle des Manytsch auf fast 500 Werst und die 300 Fuß höhere Lage des Schwarzen Meeres würden an der Westküste des Kaspischen Meeres jedoch bedeutende Höhen voraussetzen; die dortigen Sanddünen an der sehr flachen Küste sind aber nur 40 bis 80 Fuß hoch, soweit die Überlegungen von Parrot.

Zur Aufhellung dieser Zweifel sollte das barometrische Nivellement entlang des Manytsch dienen, das vom 16. bis 24. Mai 1829 ausgeführt wurde. Es ergab für den Manytschlauf ein Gefälle von 12 ½ Fuß auf 250 Werst. Das ist trotz des trägen Laufes offensichtlich zu wenig. Tatsächlich liegt der Manytschsee 25 m und die unscharfe Wasserscheide zwischen West- und Ostmanytsch 26 m über dem Schwarzen Meer. Die ermittelte zu geringe Höhe ist die Folge einer kontinuierlichen Luftdruckzunahme vom Schwarzen Meer zum Innern des Kontinents. Parrot schlußfolgerte dagegen: »Alle Erscheinungen, die einen namhaften Höhenunterschied zwischen dem Schwarzen und Kaspischen Meer andeuten, können nur auf der östlichen Hälfte der Kaukasischen Landenge, ... zwischen Kalaus und Kaspischem Meer zu suchen sein.« Diese 200 Werst lange Strecke konnte aber auch auf dem Rückweg im Winter nicht gemessen werden. Trotz Abbruch des Nivellements hat Parrot als erster die eigentümliche Flußverteilung des nördlich vom Kaukasus gelegenen Landstrichs richtig erkannt und auf seiner dem Buch beigegebenen Karte entsprechend dargestellt.

Einen Wunsch von Engelhardt aufgreifend, führte Parrot im Winter ein barometrisches Nivellement von Astrachan nach Zarizyn (400 Werst), weiter zum Don bei Katschalinskaja (64 Werst) und diesen abwärts bis Alt-Tscherkassk aus. Die zusammen 874 Werst wurden in 33 Stationen, davon Anfang und Ende direkt über dem Eis des Flusses, beobachtet. Die Berechnung der vom 1. 2. bis 12. 2. ausgeführten Messung ergab für die Wolga auf 400 Werst ein Gefälle von 48,17 Fuß und für den Don auf 410 Werst von 213,24 Fuß; dies wird auch in der geringeren Fließgeschwindigkeit der Wolga gegenüber dem Don deutlich. Unter Berücksichtigung des oben genannten Höhenunterschieds zwischen Wolga und Don kam Parrot nun zu dem Schluß, daß zwischen dem Schwarzen und dem Kaspischen Meer kein erheblicher Höhenunterschied besteht. Aber auch hier gilt die Feststellung, daß trotz größter Exaktheit der Messungen nicht der Druckunterschied zu eliminieren war, der sich im Winter zwischen Schwarzem und Kaspischem Meer unter dem Einfluß des nordasiatischen Hochs einstellt.

Die widersprüchlichen Ergebnisse der beiden Messungen von 1811 und 1829/30 führten auf Initiative von Parrot zu weiteren Unternehmungen. Zunächst trat 1834 der Chemiker F. Goebel von Dorpat aus eine Reise nach Nordkaukasien an. Er veranlaßte korrespondierende barometrische Beobachtungen in Astrachan und Simferopol. Die Auswertung durch Parrot ergab eine für den Spiegel des Kaspischen Meeres um 98 Pariser Fuß (31,8 m) tiefere Lage. Dieses der Wirklichkeit nahe kommende Ergebnis schrieb Parrot, der offensichtlich barometrisch bestimmten Höhen nicht mehr voll vertraute, örtlichen Witterungsverschiedenheiten zu.

Die Zweifel über die Höhenunterschiede beider Meere wurden erst durch ein geometrisches Nivellement beseitigt, das auf kaiserlichen Befehl 1836 von G. Fuß, J. J. Sabler und A. N. Sawitsch vorgenommen wurde und für das Kaspische Meer einen um 22,9 m tieferen Wasserspiegel ergab.

(24) Eigentlich Petrowskoje, heute Swetlograd.

(25) Die ehemalige Kreisstadt Mosdok liegt am linken Ufer des Terek in nur 140 m ü. d. M. Sie wurde 1759 gegründet und stand seit 1763 unter russischer Herrschaft. Um 1840 hatte Mosdok ca. 8000 Einwohner.

(26) Wladikawkas, 1784 als russische Festung am oberen Terek in 680 m ü. M. unmittelbar am nördlichen Gebirgsfuß angelegt, wurde erst 1860 Stadt. Die Festung erlangte Bedeutung als Ausgangspunkt der Georgischen Heerstraße, der bis heute bedeutendsten Paßstraße über den zentralen Kaukasus. Seit 1875 war Wladikawkas Endpunkt einer von Rostow am Don ausgehenden Eisenbahn. 1885 hatte es 37000 Ew. Von 1932 bis 1944 und seit 1954 heißt es Ordshonikidse und ist die Hauptstadt der Nordossetischen ASSR.

(27) Die bereits von Strabo beschriebene Route über den zentralen Kaukasus wurde als Saumweg seit alters her begangen, ein regelmäßiger Postverkehr wurde 1799 aufgenommen. Seit 1801 wurde eine verbesserte Straße gebaut, die zur Zeit von Parrot offensichtlich bereits durchgängig mit Wagen befahrbar war. Seit 1863 erfolgte der Ausbau zur Chaussee. Das schwierigste Stück blieb die enge Darjalschlucht. Oberhalb dieses Durchbruchstales des Terek verläuft die Straße östlich am Kasbek über eine natürliche Einsenkung der Wasserscheidenkette. Die Paßhöhe liegt oberhalb des Kreuzberges am Gudaberg. Die von Parrot angegebene Höhe von 7534 Fuß bzw. 7425 Fuß ist etwas zu hoch (2379 m nach Atlas mira, nach anderen Angaben 2388 m ü. M.). Die Höhe des Großen St. Bernhardt beträgt 2472 m ü. M.

Auf der Straße war zeitweilig ein bedeutender Personen- und Güterverkehr zu bewältigen, da sie die einzige Versorgungsader für Transkaukasien bildete. Nach dem Bau der Eisenbahn über Derbent nach Baku, die den östlichen Kaukasus umgeht, und mit der Strecke Baku – Tiflis bestand seit 1873 eine durchgehende Eisenbahnverbindung. Damit ging der Verkehr auf der Poststraße stark zurück, und zeitweilig wurde der organisierte Postverkehr ganz eingestellt.

(28) Zu dieser Zeit steckten die Archäologie und die Erforschung der erhaltenen antiken und mittelalterlichen Bauwerke noch in den Anfängen. Die Erforschung der alten Zeugen armenischer Baukunst begann erst in der zweiten Hälfte des 19. Jh. vor allem durch M. F. Brosset. Noch später setzte die systematische Erforschung der Inschriften ein, die wesentliche, über die schriftlich überlieferte alte Geschichte Armeniens hinausgehende, Erkenntnisse brachte. Wegbereiter waren hier vor allem M. V. Nikolskij, W. Belck und C. F. Lehmann-Haupt.

(29) Tiflis, nach der kyrillischen Schreibweise Tbilissi, die Hauptstadt der damaligen Provinz Georgien, liegt an der Kura, am Fuß eines hohen Berges, worauf die Zitadelle steht. Der grusinischen Wortbedeutung würde im Deutschen »Warmbrunn« entsprechen. Zur Zeit von Parrot war die Stadt mit Mauern, Türmen und Forts befestigt und bestand aus Alt- und Neustadt und drei Vororten. Das Ortsbild wurde durch zahlreiche griechische, armenische und katholische Kirchen sowie Moscheen geprägt. Wirtschaftlich dominierte neben dem Nah- und Fernhandel die Seiden-, Woll- und Baumwollweberei. Um 1840 hatte Tiflis 19 000 Ew., 40 Jahre später bereits über 100 000, trug aber immer noch ein stark orientalisches Gepräge.

(30) »Der arabische Name der Georgier ist Gürdschi, woher wohl der russische Grusia kommen mag. Die Armenier nennen sie nach ihrem ursprünglichen Namen Wik, in der Mehrzahl Wirats oder Wrats, und weil Tan Haus oder Land heißt, sagen sie Wratstan« (F. P.).

(31) Rußland war an der Wende vom 18. zum 19. Jh. ein gutsherrliches Feudalreich voller Widersprüche. Einerseits kündigten die immer häufiger werdenden Bauernaufstände den Verfall der Leibeigenschaft an, andererseits verfügte Rußland in dieser Zeit über ein bedeutendes Wirtschaftspotential. Erst Anfang des 19. Jh. holte beispielsweise England Rußland in der Roheisenerzeugung ein. Die politische, ökonomische und militärische Stärke Rußlands führten Anfang des 19. Jh. zu einer bedeutenden Ausweitung des russischen Staatsgebietes. Unter Alexander I. (1801–1825) ließen liberale Maßnahmen und Reformen viele der von Persien und der Türkei unterdrückten Völker auf Rußland blicken und von dort ihre Befreiung erwarten. So unterstellte sich die feudale Oberschicht Georgiens 1801 dem Russischen Reich, das damit in Transkaukasien Fuß fassen konnte. Georgien bildete die militärische Ausgangsbasis für Rußland im russisch-persischen Krieg von 1803 bis 1813; 1804/06 wurden Nordaserbaidshan, 1810 Abchasien und 1813 Talysch russisch.

(32) Unmittelbar nach dem Frieden von Turkmantschai begann Zar Nikolaus I. (1825–1855), den der russische Demokrat Dobroljubow als einen Soldaten seiner Anlage nach, einen Soldaten seiner Bildung nach und einen Soldaten seinem Äußeren und Inneren nach charakterisierte, den Krieg gegen die Türkei. In Kleinasien konnte General Paskewitsch 1829 die strategisch bedeutsame Stadt Erzerum einnehmen; in Südosteuropa überschritt Diebitsch den Balkan und eroberte Adrianopel (Edirne). Im Frieden von Adrianopel erkannte jetzt auch die Türkei die Angliederung Transkaukasiens an Rußland an.

(33) Parrots Beobachtungen mit dem Pendelapparat dienten der Bestimmung der Erdschwere. Durch Feststellen der Länge des Sekundenpendels oder durch die Anzahl der Pendelschwingungen pro Tag läßt sich die auf das Pendel wirkende Erdbeschleunigung am Beobachtungsort ermitteln. Die angestellten

Beobachtungen vor und nach der Reise in Dorpat sowie während der Reise in Tiflis und am Ararat wurden von W. Struve ausgewertet und im Band II veröffentlicht. Aus dem Unterschied zwischen Dorpat und Tiflis bestimmte Struve die Abplattung der Erde zu 1:312,5 und zwischen Dorpat und dem Ararat zu 1:279,3. Für die damalige Zeit galt der von Schmidt berechnete Wert von 1:302 als beste Näherung (heute 1:298,25).

Die Ergebnisse der Pendelbeobachtungen in Tiflis und am Ararat waren für die damalige Zeit deshalb von besonderer Bedeutung, weil bis zu dieser Zeit fast alle Pendelversuche in Küstennähe ausgeführt worden waren. Man umging damit die Reduktion der Beobachtungen auf den Meeresspiegel und den aufwendigen Transport der stoßempfindlichen großen Geräte zu Lande. Struve schrieb: »Kaukasus und Ararat liegen fast genau im Schwerpunkt von Europa, Asien und Afrika«, aus den Ergebnissen schlußfolgerte er: »Die Veränderung der Schwere der Erde an der Oberfläche der Erde ist im Inneren des alten Kontinents fast genau dieselbe, wie sie bisher in der Nähe der Ozeane beobachtet wurde«. Für den Ararat speziell ergab sich, daß das Pendel 6,10 Schläge mehr gemacht hatte, als nach Beobachtungen in Tiflis zu erwarten war, woraus Parrot richtig die bedeutsame Einwirkung der Masse des Berges auf das Pendel ableitete.

(34) Die magnetischen Beobachtungen wurden mit einer als »Declinatorium« bezeichneten Bussole ausgeführt. Zur Bestimmung der magnetischen Inklination (Neigung) hatte Parrot eigens ein Gerät konstruiert, das mit einer Nadel von ca. 10 Zoll Länge ausgerüstet war und bei dem für die Lagerung erstmals das Prinzip der Messerschneide, wie es bei Feinwaagen üblich war, benutzt wurde. Magnetische Beobachtungen erlangen erst zusammen mit vielen anderen, möglichst gleichmäßig über die gesamte Erdoberfläche verteilten Beobachtungen zur Präzisierung der Theorie des erdmagnetischen Feldes Bedeutung. Die möglichst genaue Kenntnis der Veränderung der Deklination hatte aber auch schon damals große praktische Bedeutung. Seine Messungen in Tiflis und am Ararat waren damals vermutlich im weiten Umkreis die ersten.

(35) Die zaristische Regierung versuchte schon frühzeitig, das Anfang des 19. Jh. russisch gewordene Transkaukasien durch europäische Siedler wirtschaftlich zu erschließen. So wurden 1818 württembergische Kolonisten, die in Rußland ihr Glück suchten, nach Kaukasien gesandt. Nach einer zweijährigen mühseligen Reise kamen etwa 100 Familien in Tiflis an und erhielten in der Bortschala-Ebene, an der Straße nach Signachi, und in unmittelbarer Nähe von Tiflis sowie bei Elisawetpol Regierungsland zugewiesen. Die erste Gruppe deutscher Siedlungen umfaßte folgende Orte:

	Gründung	Höfe (Ende 19. Jh.)	Einw.
Alexandersdorf (3 km östl. Tiflis)	1818	26	700
Neu-Tiflis (Stadtteil von Tiflis)	1818		
Katharinenfeld (64 km sw. von Tiflis)	1818	95	2570
Marienfeld (36 km ö. Tiflis)	1817	31	600
Petersdorf (bei Marienfeld)	1820	17	250
Annenfeld (bei Dalliar)	1819	75	800
Elisabethtal (32 km w. Tiflis)	1818	72	2000
Helenendorf (bei Elisawetpol)	1818	118	2350

Weitere Tochtergründungen waren:	Gründung	Höfe (Ende 19. Jh.)	Einw.
Freudental (bei Marienfeld)	1842	10	100
Alexanderhilf (75 km w. Elisawetpol)	1860	32	650
Georgsfeld (bei Chamchor)	1887	85	800

Dörfer russischer Siedler wurden in Transkaukasien in größerer Anzahl erst mit der angestrebten durchgreifenden Russifizierung Ende des 19. Jh. angelegt.

(36) Der von F. Parrot hier als mineralogische Abhandlung bezeichnete Abschnitt heißt im Inhaltsverzeichnis zu Band II »Geognostische Beobachtungen«. In einem vorangestellten Anschreiben widmete M. von Behaghel diese Ausführungen seinem Lehrer Moritz von Engelhardt, Professor der Mineralogie in Dorpat. Der Abschnitt enthält im wesentlichen »Beobachtungen zu Formen und Felsenbeschaffenheit in denjenigen Landstrecken, durch welche unser Weg führte.« Es handelt sich ausschließlich um Einzelbeobachtungen. Erst spätere Forschungen ermöglichten es Abich, ein in den Grundzügen richtiges Gesamtbild von der geologischen Bildung Transkaukasiens zu entwerfen.

Aus Behaghels Darstellung sollen deshalb lediglich die zwei Abschnitte übernommen werden, die Exkursionen in die Umgebung des Ararat, nach Kulp und nach Bayazid schildern und an denen Parrot nicht teilnahm (vgl. 74 und 79).

(37) Reverberation bedeutet Rückstrahlung

(38) Kachetien war ein Teil des Königreichs Kartli-Kachetien, das bereits 1801 mit Rußland vereinigt wurde. Die Kachetier bilden eine der zahlreichen Völkerschaften der Ostgruppe der Georgier.

(39) Nach einer brieflichen Mitteilung von Ed. Imhof hat er bei seiner Reise zum Ararat 1954 solche Dreschbretter in der Umgebung von Bayazid noch in Funktion gesehen.

(40) Die Siedlung Sarepta wurde 1765 unter Katharina II. am rechten Ufer der Wolga unterhalb Zarizyn von Angehörigen der Herrnhuter Brüdergemeine gegründet. Sie entwickelte sich zu einer Musterkolonie für Acker- und Weinbau mit bedeutendem Handwerk und Handel. Sarepta ist heute ein Stadtteil von Wolgograd.

Die Lesgier oder Legier bilden eine relativ große Gruppe der kaukasischen Völker in Dagestan. Sie bewohnen an Steilhängen angelegte Dörfer und haben spezifische Formen einer Bergwirtschaft ausgebildet mit Bodenbau auf künstlichen Terrassen, Viehhaltung und einem oft nach Dörfern spezialisierten Handwerk. Das Lesgische wurde 1962 von 840 000 Personen gesprochen.

(41) »Im Jahre 1811 hatte ich auf der Nordseite des Kaukasus diese Grenze, ebenfalls von Birken bezeichnet, bei 6 300 Fuß (2050 m) über dem Meere gefunden. Im Jahre 1817 fand ich dieselbe Grenze in den Pyrenäen auf der Südseite bei 6 900 Fuß (2240 m) von Weißtannen, auf der Nordseite bei 6 450 Fuß (2 100 m) von Fichten (Picea abies) bezeichnet« (F. P.).

(42) Als Höhenlage für Tiflis wurden nach der trigonometrischen Messung um die Mitte des 19. Jh. meist 453 m ü. M. angegeben, ohne daß zu ermitteln ist, auf welchen Punkt der Stadt sich diese Höhe bezieht. Den 184 Toisen für die Kurabrücke in Tiflis, die Parrot durch barometrisches Nivellement zum Schwarzen Meer ermittelt hatte, würden nur 357 m entsprechen.

(43) Die Straßenentfernung für die von Parrot benutzte Route beträgt heute 270 km für die Strecke Tiflis—Etschmiadsin und 273 km für die weiter östlich verlaufende Fernstraße Tiflis—Jerewan. Die Streckenverlängerung gegenüber Parrots Angabe von 230 Werst erklärt sich z. T. aus dem Ausbau der Saumwege und Fahrwege zu Straßen mit bedeutend geringerem Gefälle. Die Luftlinie Tiflis—Etschmiadsin beträgt nur 185 km; die Strecke Tiflis—Großer Ararat in der Luftlinie 224 km und die Straßenentfernung Etschmiadsin—Arguri nach modernen Karten 54 km.

(44) Im 19. Jh. bestanden in Rußland eine Silber- und eine Papierwährung nebeneinander. Der Silberrubel stand 1884 zur Deutschen Mark im Verhältnis 1 Rubel = 3,24 M. Der Wert des Papierrubels lag zu dieser Zeit bei etwa 1 Rubel = 1 M.

(45) Auf älteren Karten Amamly, jetzt Spitak.

(46) Alagös oder Alagöz ist die türkische Form, die armenische ist Aragaz. Die Höhenangabe 12871 Par. Fuß, was 4183 m entspricht, ist zu hoch. Mit 4090 m ist der Aragaz das höchste Bergmassiv in Transkaukasien und damit auch der höchste Gipfel der Armenischen SSR. Der Aragaz ist mit ausgedehnten Bergweiden und einigen kleinen Gletschern bedeckt. Er ist eine schildartige Erhebung aus tertiären Andesiten und Basalten, denen ein Dazitkegel eines Vulkans quartären Alters aufgesetzt ist, dessen Krater zu einem Kar umgestaltet wurde. M. Wagner hat von Etschmiadsin aus zusammen mit Ch. Abowian auch das Alagözmassiv besucht und als erster beschrieben. Vor ihm hatte der in russischen Diensten stehende Bergbeamte Charteron den nördlichen Kegel der vier Gipfel des Aragaz bestiegen und auf ihm einen Krater von 18 bis 20 Fuß Durchmesser gefunden.

(47) Sonst meist Awaran, jetzt Kassach.

(48) In der älteren Literatur wird die Araxesebene als dicht besiedelt bezeichnet. Offensichtlich war im 18. Jh. und bis zur russischen Inbesitznahme im Zusammenhang mit der sich verschärfenden Unterdrückung der Armenier durch Perser und Türken ein tiefgreifender kultureller Verfall eingetreten. Tournefort rechnet das Araxesbecken, die historische Landschaft Ararat (Airarat) mit den Becken am oberen Euphrat (um Erzerum) zum Paradies der Bibel und vermutet hier ein uraltes Siedlungsgebiet. Spätere Forschungen haben tatsächlich ein sehr altes Bewässerungssystem erschlossen, das auf einen sehr frühen Feldbau hinweist.

(49) Die tatsächliche Höhe von Etschmiadsin beträgt statt 930 m nur 890 m. Die 40 m Differenz erklären sich aus der großen Länge der barometrischen Höhenübertragung vom Schwarzen Meer, wobei die Teilstrecken noch zu verschiedenen Jahreszeiten gemessen worden sind und damit zwangsläufig der Jahresgang des Luftdruckes Fehler verursachen muß. Etwa um diesen Betrag sind vermutlich auch andere Höhenangaben vor und nach Etschmiadsin, die nicht alle nachprüfbar sind, fehlerhaft.

(50) Der Gebirgsbau Armeniens ist komplizierter, als hier von Parrot dargestellt. So besteht der auf alten Karten als langer Gebirgszug verzeichnete Saganlug (Soghanli Dagh) aus einer Vielzahl hoher Gebirgszüge und isolierter Gebirgsstöcke. Der sich unmittelbar an den Großen Ararat über einen etwa 1700 m hohen Sattel nach Westen anschließende Gebirgszug mit Gipfelhöhen von über 3000 m heißt türkisch Agri dagh. Umfassende Feldforschungen zur

Aufhellung der Gebirgsstruktur Transkaukasiens und speziell Armeniens betrieb H. Abich.

(51) Der hier als Dorf bezeichnete Ort Wagarschapat wurde auch schon vor Parrot als eine armenische Stadt beschrieben. Im Altertum bestand an seiner Stelle die Siedlung Wardkessawan. Seit der Mitte des 2. Jh. heißt sie Wagarschapat und war im 3. und 4. Jh. Hauptstadt Armeniens. Später blieb ihre Bedeutung im Vergleich zu dem hier im 4. Jh. gegründeten Kloster gering. 1924 wurde der volkreiche Ort zur Stadt erhoben und 1945 in Etschmiadsin umbenannt.

(52) Das für Armenien bedeutende Süßwasserbecken des Goktscha oder Sewan liegt in 1902 m Höhe. Der Spiegel des 1360 km² großen Sees wurde durch Wasserbaumaßnahmen um 14 m abgesenkt. Trotz bedeutender Zuflüsse ist der Abfluß im Rasdan (früher Sanga) vergleichsweise gering, weil neun Zehntel des Zuflusses vom Seespiegel verdunsten.

(53) Parrot nimmt hier die Legende von der Sintflut wörtlich und bezieht sie auf das Becken am Araxes, die historische Landschaft Ararat. Die richtig als Flußsedimente erkannten Beckensedimente sind jedoch pleistozänen Alters. An anderer Stelle (im Nachwort) wird dargelegt, wie die babylonische Flutsage über die alttestamentliche Sintflut in christlischer Zeit auf den Ararat übertragen worden ist.

(54) Jean Chardin wurde 1643 als Sohn eines Juweliers in Paris geboren. Er reiste 1664 nach Indien, um Diamanten einzukaufen. Von dort begab er sich nach Persien und blieb, zum königlichen Kaufmann ernannt, 6 Jahre in Isfahan. Er brachte 1670 reiche Sammlungen persischer Kunst und Kultur und umfassende Kenntnisse des persischen Staates mit nach Frankreich. Von 1671 bis 1681 lebte er wieder in Persien und Indien und kehrte von dort nach London zurück. Später war er englischer Gesandter in den Niederlanden. Er starb 1713 bei London. Von dem zuerst 1686 in London publizierten Reisewerk erschien eine deutsche Ausgabe 1780.

(55) In unmittelbarer Verbindung mit der Einführung des Christentums in Armenien steht die von Bischof Gregor an der Stelle einer alten Residenz veranlaßte Anlage eines Klosters. Unter der heutigen Kathedrale fanden sich die Reste eines vorchristlichen Feueraltars, der vormals zu einem heidnischen Tempel gehörte.

Die Kathedrale war ursprünglich eine im 4. Jh. errichtete Basilika. An ihrer Stelle wurde um 480 der Kernbau der noch heute bestehenden Kreuzkirche errichtet, deren Kuppel wahrscheinlich seit dem 7. Jh. aus Stein ausgeführt wurde. 618 entstand die Ripsimekirche, und wenig später begann 630 der Bau einer dritten Kirche in Etschmiadsin, der Gajanehkirche. Ursprünglich als dreischiffige Basilika ausgeführt, wurde sie im 17. Jh. durch einen Vorbau äußerlich wesentlich verändert. Die in langjähriger Arbeit restaurierte Kathedrale ist eines der bedeutendsten armenischen Baudenkmale.

(56) »Ker Porter äußert sich über das Kleinod als echte Reliquie folgendermaßen: ›Hinsichtlich der Identität des Speeres des Soldaten des Pilatus stimmen die alten Schriftsteller nicht überein. Im 11. Jh. erzählen sie uns, wurde die wahre Speerspitze in Antiochien ausgegraben, und nachdem sie vor der Stadt für den berühmten Raimund von Toulouse eine wichtige Schlacht gewonnen, blieb sie im Besitz dieses Helden. 200 Jahre nachher hören wir von einer anderen Speerspitze, welche jahrelang in dem Besitz der Kaiser von Konstantinopel

gewesen war und durch Balduin II. als die wahre Waffe des heiligen Ludwig verkauft und nach Frankreich gesandt wurde!‹ Was die in Etschmiadsin bewahrte Speerspitze betrifft, konnte ich wenig von den besonderen Umständen ihres Herkommens aus den früheren Zeiten in die jetzigen herab erfahren, indem die Personen, welche sie bewahren, in ihren Mitteilungen über diesen Gegenstand mit Fremden zurückhaltend sind; aber da Armenien von den Kaisern von Konstantinopel in das Gebiet ihres Reiches gezogen zu werden pflegte, ist es nicht unwahrscheinlich, daß bei dem Umsturz dieses Staates und seiner Hauptstadt durch die Türken die heiligen Deposita zur sicheren Aufbewahrung in die entfernteren Mauern von Etschmiadsin gesandt sein mochten« (F. P.).

(57) Nachdem der Heilige Gregor 301 König Tiridates für das Christentum gewonnen hatte und es von diesem bald darauf zur Staatsreligion erklärt worden war, war die Armenische Kirche die erste christliche Staatskirche der Erde überhaupt. Seit dem Konzil von Chalkedon (Kalchedon) 451, das die von den Armeniern nicht angenommene Kalzedonische Glaubensformel aufstellte, wird das Oberhaupt der seitdem eigenständig weiterbestehenden Armenischen Kirche als Katholikos, was soviel wie »allgemeiner Bischof« heißt, bezeichnet. Er hatte mit geringen Unterbrechungen seinen Sitz in Etschmiadsin.

(58) Von dem Römer Agathangelos ist eine »Geschichte von Tiridates und St. Gregor« in armenischer Übersetzung aus der Zeit um 440 überliefert. Das armenische Alphabet bildete sich um 400 in den von Sahak und Mesrop gegründeten Übersetzerschulen heraus. Hier wurden 42 Bücher des Alten Testaments und 26 Schriften des Neuen Testaments und viele andere Kirchenschriften ins Altarmenische (Grabar) übertragen. Die armenische Schrift entstand auf der Grundlage der byzantinischen Schrift unter Einbeziehung syrischer und parthischer Elemente. Die schöne und praktische Schrift wird noch heute geschrieben und gedruckt. Das armenische Alphabet folgt dem griechischen und umfaßt 38 Schriftzeichen; davon sind 22 griechischer Herkunft, und 14 sind neue Zeichen.

Die »Geschichte von Armenien« des Moses von Chorene (Moses Chorenatsi) ist eine bis zum Jahre 412 geführte Chronik, die aber erst im 9. Jh. niedergeschrieben worden ist.

(59) Chatschatur Abowian, geb. 1805 im Dorfe Kanaker (Kanakir) bei Eriwan, war 1829 beim Eintreffen Parrots in Etschmiadsin Diakon im Kloster. Da er außer armenisch auch russisch, persisch und türkisch sprach, wurde der 24jährige Geistliche Parrot vom Katholikos für den Aufenthalt am Ararat beigegeben. Nach Abschluß der Arbeiten erwirkte Parrot für Abowian die Erlaubnis und die Mittel zum Besuch der Universität Dorpat. Hier wurde er nicht nur mit der deutschen Literatur und Kultur vertraut, sondern erhielt auch Einblick in das literarische Leben der Puschkinzeit. Nach sechs Jahren kehrte Abowian nach Transkaukasien zurück und gründete in Tiflis die erste armenische Schule mit Internat. 1843 wurde Abowian nach Eriwan versetzt. Er war Begleiter fast aller Reisenden, die Armenien in den 40er Jahren des 19. Jh. besuchten.

Im Revolutionsjahre 1848 verließ Abowian am 2. (14.) April seine Wohnung und kehrte nicht wieder zurück. Alle Nachforschungen nach ihm sind erfolglos geblieben. Abowian begründete die moderne armenische Literatur. Sein Hauptwerk »Werkh Hajastan« (Die Wunden Armeniens) ist ein während des russisch-persischen Krieges spielender Roman, in dem die für das armenische Volk lebenswichtige Freundschaft zwischen dem armenischen und russischen Volk entwickelt wird. Abowian übersetzte Homer, Goethe, Schiller, aber auch Karamsin und Krylow ins Armenische. Er hat alle seine Werke in neuarmenischer Sprache (Aschcharabar) geschrieben. Als Demokrat und Künder der Aufklärung hat er maßgeblich auf die neue armenische Literatur eingewirkt.

(60) Koschenille, eine Schildlausart mit karmesinrotem Körper, deren getrocknete Weibchen zur Gewinnung des Farbstoffs Karmin verwendet werden.

(61) »Die gemeinen Armenier sprechen Aghuri und die Tataren Achuri, daher sprechen und schreiben auch die meisten Fremden nach letzterer Art; aber die alten Schriftsteller haben Arghuri« (F. P.). Auch Arguri, Achury und Ahora (auf neueren türkischen Karten) geschrieben.

(62) Oder auch »... auf dem Berge Ararat«. Der verschiedentlich zu findenden Bemerkung einer unexakten Übertragung dieser Stelle durch Luther ist entgegenzuhalten, daß im 16. Jahrhundert generell noch nicht zwischen Berg und Gebirge unterschieden wurde. Erst Athanasius Kircher (1601–1680) unterschied in seiner »Mundus subterraneus«, in der er erste Vorstellungen eines globalen Gebirgssystems entwickelte, bewußt zwischen Berg und Bergkette.

(63) »Zu diesem Zweck bediene ich mich schon lange eines einfachen Mittels, das nicht neu ist, aber von Reisenden nicht oft genug gebraucht wird; es besteht in einem kleinen Rahmen aus steifer Pappe, am inneren Rande etwa drei Zoll lang und zweieinviertel Zoll breit, und nach jeder dieser beiden Richtungen durch acht dünne Fäden aus dunkler Seide in kleine Rechtecke geteilt. Im Portefeuille befinden sich Blätter, welche durch Bleistiftstriche in ähnliche, jedoch größere Rechtecke geteilt sind. Ist nun der Standpunkt genommen, so halte ich mit der Hand jenen Rahmen vor das Auge, bis er mir gerade den Teil der Landschaft einschließt, den ich zu haben wünsche. Während ich die Landschaft in den Rahmen gefaßt habe, trage ich auf dem eingeteilten Papiere nicht nur die äußeren Konturen von Faden zu Faden, sondern auch alle einzelnen Gegenstände im Inneren der Landschaft, Gebäude, Felsen, Bäume und Flüsse, in ganz naturgemäßen Lagen und Proportionen ein, wenigstens mit gleicher Genauigkeit als durch die Glasscheibe oder die Camera obscura.« (F. P.)

(64) Heute Sirwagan

(65) »Es ist etwas ganz Gewöhnliches, daß die Schätzung das Doppelte von der Wirklichkeit beträgt; der Grund davon ist die perspektivische Verkürzung der Entfernungen. Das auf solche Weise in unserer Vorstellung entstandene Bild von der Steilheit des Abhanges übertragen wir dann auch gleich auf die Profilzeichnung des Berges, und daher die übertriebene Form fast aller aus freier Hand gezeichneter Berge« (F. P.).

(66) Die Wiedergabe der bei Parrot im Original französischen Zitate von Tournefort erfolgt hier nach der deutschen Ausgabe (Nürnberg 1776/77).

(67) Bei späteren Besteigungen wird diese Stelle als kleiner See (Kopsee), umgeben von frischen grünen Wiesen, beschrieben.

(68) Johann Friedrich Eschscholtz nahm als Schiffsarzt an der 2. (1815/18) und 3. (1823/26) Entdeckungsreise Otto von Kotzebues teil.

(69) Die hier von F. Parrot gegebene Beschreibung des Klosters St. Jacob blieb wohl das ausführlichste literarische Denkmal dieses denkwürdigen Platzes. Ein Jahrzehnt später, 1840, wurde es unter Bergsturzmassen begraben. Wenige Jahre danach hat M. Wagner das verwüstete Tal von Arguri besucht und den neuen Zustand nach der Katastrophe in Wort und Bild festgehalten.

Auch H. Abich hat auf seinen mehrjährigen Reisen das Tal von Arguri besucht und aus den Befunden die durch das Erdbeben ausgelösten Vorgänge zu rekonstruieren versucht.

(70) 125 Jahre danach gab Ed. Imhof die folgende plastische Schilderung seiner Eindrücke vom Ararat: »Der Ararat ist ein unvergleichbarer Berg. Freilich nur 5 165 m hoch, aber einzigartig nach Gestalt und Lage. Der Ararat ragt als Riesenkegel frei über weite Ebenen empor. Sein Westfuß liegt 1 700 m, der Ostfuß aber nur 800 m über dem Meer. ... Seine Profillinie steigt von Westen zunächst sachte, dann steiler 3 500 m an und fällt jenseits, auf der Ostseite, 4 500 m zur Araxebene. Die ursprüngliche Spitze dieses Kegels ist offenbar in vorgeschichtlicher Zeit durch Eruption und Erosion vernichtet worden. Die heutige Gipfelregion zeigt die Form einer zerstörten und abgeschliffenen Stockzahnkrone. Ein Halbrund von wellenförmig ansteigenden und wieder absinkenden Firnbuckeln umschließt einen sich zur Hauptsache nach Nordwesten und Norden entleerenden Firn. Die beiden höchsten Buckel, die kuppelförmige Parrotspitze und der nur etwa 12 m niedrigere, plateauförmige Ostgipfel, sind durch ein Schneejoch voneinander getrennt. Nach allen Seiten hin überströmt das Eis diese bucklige Krone und sendet kleine Hängegletscher über die Flanken und in die Schluchten des obersten Felskernes. Steil, hoch und stark durchfurcht ist besonders die Nordostflanke. Ein gewaltiger Erosionskessel, das Jakobstal, ist hier tief, bis in die Eingeweide des Vulkans eingegraben, oben einen über 1 000 m hohen Felszirkus bildend.

Die unteren Hänge des Ararat sind flacher, denn hier ist der zentrale Felskern umhüllt vom Schutt einstiger Lavaergüsse. Was aber von weitem als ein wenig modellierter Saum von Geröllhängen und Weideflächen erscheint, erweist sich in der Nähe als ein Gelände mit Hunderten von Buckeln, Rücken und Kämmen. Da und dort erheben sich in erstaunlicher Unversehrtheit kleine Nebenkrater. Der Berg greift wie ein riesenhafter Polyp mit langen gewundenen Fangarmen nach allen Richtungen hin. Dies sind die längst erstarrten Lavaströme, wohl zwanzig an der Zahl. Manche stießen ihr schwarzes Gekröse weit in die umliegenden Ebenen vor und stauten dort die Flüsse, so daß sich Seen und Sümpfe bildeten. Der Ararat steht völlig nackt und baumlos vor uns. Bis zu halber Höhe aber wird das Schwarz der buckligen Gesteinsmassen unterbrochen durch Muldenzüge gelbbrauner Steppenweide. Aus der Ferne gesehen ein Berg von erhabener Größe und Ruhe, steht man aber auf seinen Flanken, so löst sich die Einförmigkeit auf in eine unerhörte formale und farbige Bewegtheit.

Der Ararat steht an der Kreuzung zweier weithinziehender Vulkanreihen. Nahe nordwestlich von ihm, einbezogen in seine Bergmasse, liegt die flache Kuppe des Kipgöl mit einem ausgetrockneten Kratersee. Im Südosten schwingt sich die Silhouette des Berges noch einmal empor zum schlanken, ebenmäßigen Kegel des 3 925 m hohen Kleinen Ararat. Alle drei Erhebungen liegen auf einer von Nordwest nach Südost streichenden Bruchspalte. Sichtbare Folge dieser Verwerfung ist der auffallende Höhenunterschied der Ebenen zu beiden Seiten des Berges. Auf der zweiten, von Nordost nach Südwest ziehenden Bruchspalte liegen außer dem Ararat die Vulkane Tendürek Dagi, Supahn Dagi und Nemrut Dagi am Wansee.

Entstehung und Haupttätigkeit des Ararat fallen ins Jungtertiär (Pliozän). Die vulkanischen Aufschüttungen überdecken und umhüllen in größeren und kleineren Massen ein alpin bewegtes, tertiäres Schollen- und Faltengebirge aus devonischem und karbonischem Material. Der Vulkan besteht aus einem schwarzen Gestein, zu 80% Glas; es nimmt durch Verwitterung dunkelviolettbraune oder rötliche Färbung an. An manchen Stellen finden sich darin große Mengen von Schwefelkies (Pyrit), der hell und mehlig verwittert. Wie die überlagernden Lavadecken zeigen, war der Ararat offenbar im Diluvium noch tätig. Aus historischer Zeit ist kein Ausbruch bekannt. Der oben erwähnte Tendürek, zu deutsch ›das rauchende Herdfeuer‹, nur 50 km südwestlich stößt heute noch Dämpfe aus.«

(71) Heute Oktemberjan

(72) Auf die ausführliche Darstellung der eidlichen Aussagen wurde hier verzichtet, da heute die Besteigung durch Parrot kaum noch angezweifelt werden kann. Interessant ist jedoch zu wissen, daß die ihn begleitenden Armenier aus Arguri, M. Pogossian und O. Aiwassian, die mit ihm zusammen auf dem Gipfel gestanden hatten, in ihrer eidlichen Aussage erklärten, den Gipfel nicht vollständig erreicht zu haben. Die beiden Soldaten Tschalpanow und Sdrowenko bestätigten hingegen Parrots Angaben, während sich Abowian dazu nicht geäußert zu haben scheint. Die Haltung der Bewohner von Arguri führt Parrot auf Vorurteile von der Unbesteigbarkeit des Noahberges zurück, und er schreibt dazu: »Auch bei späteren Reisen versicherten die Einheimischen immer wieder, daß den Gipfel noch niemand betreten hat. Der alte, tief verwurzelte Aberglaube verleitete sie zu Spitzfindigkeiten: Es sei möglich, daß schon jemand auf dem Schnee oben gestanden hat, aber noch keiner auf dem Gipfel selbst.«

(73) Die botanische Bestimmung der von F. Parrot mitgebrachten Pflanzen erfolgte durch Staatsrat Professor Karl Christian Friedrich Ledebour, dieser war Direktor des botanischen Gartens in Greifswald, bevor er 1811 als Professor der Naturgeschichte nach Dorpat berufen wurde.

(74) »Kulp ist ein recht großes Dorf; da auch hier ein großer Mangel an Holz ist, so bedienen sie sich ebenfalls des Mistes zur Feuerung, den sie anfeuchten, dann große, flache, rundliche Stücke daraus formen und an der Sonne trocknen. Hier nun hatten sie diese Mistkuchen an die äußere Wand ihrer Häuser zum Trocknen angeklebt, welches denselben ein eigentümliches Ansehen gab. Die Salzberge (es sind wirkliche Salzberge, denn unter einer nicht beträchtlichen Lage von Ton und Gips kommt man gleich auf Steinsalz) sind sehr ergiebig. Die Berge, aus denen das Salz gewonnen wird, haben über 15 Werst im Umkreis. Das Salz wird in großen viereckigen Stücken von 2 bis 3 Pud (80 bis 120 Pfd.) gehauen. 300 Menschen sind fast täglich dabei beschäftigt. Die Bewohner des hiesigen Dorfes sind verpflichtet, das Salz zu hauen, und bekommen Arbeitslohn für 5 Stücke 1 Abas. Es wird weißes und rotes Salz gewonnen. Seit einigen Jahren sind diese Bergwerke an einen armenischen Kaufmann aus Eriwan für 12000 Silberrubel verpachtet« (F. P.).

M. von Behaghel schreibt zur geologischen Situtation von Kulp: »Ungefähr 3 Meilen vor Kulp, wo wir einen höheren Standpunkt gewannen, traten die teils rundlichen, teils gezackten und zerklüfteten Höhen aus der Umgegend des Salzberges hervor, hier wird auch die Talweitung des Araxes von beiden Seiten stark zugeengt und schwindet darauf bald ganz, so daß dieser Strom sich in einem von Höhen eingeschlossenen Bette schlängelt.

Die Decke mehrerer Höhen bei Kulp bildet dunkelroter und gelblicher Ton, der fast ohne irgendeine Vegetation in der damals trockenen Jahreszeit in kleine Schüppchen und rundliche Stücke zerfallen war.

Die große Salzmasse, die seit 600 Jahren schon die ganze Gegend weit und breit versorgen soll und bis jetzt noch unerschöpflich scheint, liegt in einem Berge, der sich durch seine äußere Form von den übrigen nicht auffallend unterscheidet. Sein Gipfel ist von bedeutendem Umfange, flach mit rundlichen und trichterförmigen Vertiefungen, die wahrscheinlich durch das Nachstürzen in den ausgehöhlten Räumen entstanden sind. Die Oberfläche deckt gelber und roter Ton, mit gewundenen Gipslagen von sehr verschiedener Dicke wechselnd.

An den meist schroff ansteigenden Seiten sind ungefähr in der Mitte zwischen dem Gipfel und dem Fuß Stollen angelegt, die oft nach einer wenige Fuß mächtigen Ton- und Gipslage reines weißes Steinsalz erreichen, welches dieselben in den verschiedensten Richtungen mit sehr unbeständiger Breite, Höhe und Tiefe durchdringen.«

(75) Den Abschnitt »Astronomische und trigonometrische Arbeiten« (Bd. II, S. 143–162) hat W. Struve verfaßt nach ihm übergebenen Aufzeichnungen von W. Fedorow. Zu den Messungen wurden von Fedorow benutzt: ein Theodolit von Ertel mit 8-Zoll-Kreis für Horizontal- und Vertikalwinkel, der an Nonien Ablesungen von 10″ zuließ, ein 7-Zoll-Spiegelsextant von Troughton mit Quecksilberhorizont und künstlichem Glashorizont, ein Fernrohr von Dollond und zwei Chronometer von Arnold und Magnin.

In Tiflis wurde die Polhöhe mit dem Theodoliten als Mittel aus 10 Nachtbeobachtungen für das Haus des Kaufmanns Chachutow im höheren Teil der Stadt, südlich der katholischen Kirche zu 41° 41′ 27,4″ bestimmt. Zur Zeitbestimmung wurden korrespondierende Höhen der Sonne mit dem Spiegelsextanten und einem Quecksilberhorizont beobachtet und daraus der Gang der Chronometer für die Pendelversuche bestimmt.

Am Ararat wurde die Polhöhe des Klosters St. Jacob als Mittel aus Beobachtungen an 6 Tagen bestimmt zu 39° 46′ 10″, und aus Zeitbestimmungen am Kloster ergab sich die Länge $2^h\ 48^m\ 6^s$ von Paris, was 62° 1′ 30″ östl. Ferro entspricht.

Zur geodätischen Verbindung mehrerer Punkte in der Nähe des Ararats wurde ein örtliches Triangulationsnetz gemessen. Wenn auch die bei den trigonometrischen Messungen auftretenden Fehler vermutlich etwas größer waren als von Struve angenommen, übertrifft die Zuverlässigkeit der Lage- und der sich daraus gründenden Höhenbestimmungen die barometrischen Höhenmessungen bedeutend. Der Hauptmangel liegt darin, daß alle berechneten Höhen auf dem äußerst unsicheren Wert der barometrischen Höhenübertragung vom Schwarzen Meer über Tiflis zur Ebene am Araxes basieren. Parrot hat den auf einem einmaligen barometrischen Nivellement beruhenden Werten einen viel zu hohen Genauigkeitsgrad beigemessen und konnte sich deshalb den Widerspruch zwischen barometrisch gemessener Höhe und trigonometrisch bestimmter Höhe nicht erklären.

(76) Auffallend ist der Reichtum an Wild, der von Parrot und seinen Begleitern während ihres Aufenthaltes beobachtet wurde. Bei keinem der späteren Reisenden finden sich entsprechende Angaben.

(77) Der geschulte Blick des Naturforschers erkannte die regelhafte Abfolge der Verwitterungsdecke. Beim damaligen Kenntnisstand der geologisch-mor-

phologischen Prozesse war eine richtige Deutung nicht zu erwarten. Die Erklärung auf der Grundlage der biblischen Sintflut gibt einen tiefen Einblick in die Geistesverfassung progressiver Naturforscher in einer Zeit, als sich der von Kant und Lomonossow ausgesprochene Entwicklungsgedanke noch nicht allgemein durchgesetzt hatte. Auch war der Meinungsstreit um die von Cuvier verbreitete Katastrophentheorie, den von A. G. Werner in Freiberg gelehrten Neptunismus und die weiter verbreitete Lehre des Plutonismus noch nicht entschieden.

(78) Stadt und Schloß (Festung) Maku (Mako) liegen ca. 70 km südsüdöstlich in Persien in einer wildromantischen Felsregion am Abacikcayi (Maku).

(79) M. von Behaghel beschreibt in den »Geognostischen Beobachtungen« noch einen Ausflug nach Bayazid, der hier übernommen wird, weil darin mit knappen Worten das südliche Vorfeld des Araratmassivs geschildert wird, das von F. Parrot nicht besucht wurde. »Zuerst führte unser Weg westlich durch Schluchten und über Felskämme längs dem Abhange, bald näher, bald entfernter vom Fuße des Großen Ararat. In einer schon bedeutenden Höhe zeigten sich auf einer mit Felstrümmern wallartig begrenzten Grasfläche Überreste eines großen Dorfes; die Grundmauer einer Kirche und mehrere Steinhütten, wie man sie hier baut, waren unverkennbar. Leider konnte keiner von den Begleitern uns nähere Auskunft geben. Darauf wandten wir uns, die höheren Felswände umgehend, in einem Bogen nach Süden und neigten uns längs dem südlichen Fuße allmählich zu einer mehrere Quadratmeilen weiten Fläche. Nördlich wird diese vom Aladagh begrenzt, südlich und westlich von Gebirgszweigen des Taurus, die den Scheider zwischen den Quellen des Euphrat und der Alsas bilden, östlich soll sie sich der Araxes-Weitung anschließen. Wir durchzogen diese, bald mit Sand, bald mit Erde bedeckte und von mehreren Zoll breiten Spalten (als Folge der anhaltenden Dürre) durchkreuzte Ebene in südlicher Richtung. Von diesem südlichen Standpunkte aus erscheint der Ararat mehr kegelförmig als von dem nördlichen. Sein westlicher Abfall steigt in einzelnen Hauptabsätzen bis zum Gipfel, dessen höchste Spitze, einen kleinen Kegel bildend, sich an dem Ostende erhebt. Von dort senkt sich der Ostabfall ohne eine bemerkbare Unterbrechung anfänglich stark, darauf allmählich zu dem Verbindungsrücken des Kleinen und Großen Ararat. Auch bildet die Südseite mehr ein zusammenhängendes Ganzes; keine bedeutenden Schluchten waren hier sichtbar, statt dessen traten an dieser steil ansteigenden Seite schroffe Wände, zerklüftete Kämme und furchenartige Einschnitte in den verschiedensten Richtungen hervor, und wie auf der Nordseite, so erstreckten sich auch von hier nach Südosten trachytische Trümmermassen, zu bedeutenden Höhen angehäuft, weit in die Ebene hinein.«

(80) Professor Arzruni hat bei einem Vortrag in der Gesellschaft für Erdkunde zu Berlin einen »Begräbnisplatz« auf dem Kraterboden des Kleinen Ararat erwähnt. Dazu schreibt Max Ebeling: »Bei unserer Besteigung am 5. 10. 1897 erreichten wir den Gipfel des spitzkeglichen Vulkans gegen 16 Uhr. Hier galt das Interesse den zahlreichen Fulgariten (Blitzschlagspuren am Gestein), welche die Spitze der Kraterruine wie ein Netzwerk überziehen.« Ebeling stieg auch in den Krater hinab und fand hier 80 m südöstlich von der Spitze den »Begräbnisplatz«. Zahlreiche 1 bis 1,5 m lange prismatische Steintafeln aus Andesitlava bilden einen 2 m hohen Steinhügel, aus dem einzelne Steine aufrecht

herausragen. Das Ganze ist von einem Steinkreis mit 6 m Durchmesser umgeben. Er fand zwei Tafeln mit arabischer Inschrift, die er, ohne die Schriftzeichen zu kennen, teilweise abgemalt hat. Prof. Euting aus Straßburg erkannte darin das Ende der Inschrift, die den Namen »Ismail« und »anno 1180« (nach den Mondjahren der Mohammedaner zu 354 Tagen), was 1774 u. Z. entspricht. Der Zweck der Aufstellung ging daraus nicht hervor. Nach Ebeling könnte es sich um Erinnerungssteine an Verstorbene handeln.

(81) Der hier angegebenen Höhe für Eriwan (Jerewan) entsprechen 1 076 m. Die heutige Millionenstadt, die Hauptstadt der Armenischen SSR, zieht sich von etwa 950 m bis 1 300 m an den Hängen hinauf.

(82) Kanakir (Kanaker), 17 km nordöstlich von Eriwan in 1 360 m Höhe im Rasdantal gelegen, ist seit 1963 Stadt und Rayonzentrum und trägt jetzt den Namen Abowjan.

(83) Gumri, richtiger Gumry, war zu dieser Zeit noch ein Dorf auf einer Hochfläche nordwestlich des Alagöz. 1837 wurde hier eine geräumige russische Festung angelegt, die zusammen mit dem Ort 1840 den Namen Alexandropol erhielt; seit 1924 Leninakan.

(84) Jetzt Schaumjani.

(85) Jelisawetpol; Gjandsha; jetzt Kirowabad.

(86) Der wichtige Hafenplatz Batumi mit seinem Umland und ganz Adsharien wurden nach dem russisch-türkischen Krieg im Berliner Vertrag vom 13. Juli 1878 Rußland zugesprochen. Die Stadt hatte 1882 9 000 Einwohner und entwickelte sich rasch zum bedeutendsten russischen Hafen an der kaukasischen Schwarzmeerküste.

(87) Die drei Festungen wurden an der sog. Kaukasischen Linie 1818/19 angelegt. In der Folge entstanden um Nasran und Grosnaja zivile Siedlungen. Grosnaja wurde 1870 zur Stadt Grosny umgebildet und hatte 1884, bereits ein Zentrum der Erdölförderung, 8 500 Einwohner. Als Hauptstadt der 1936 gebildeten ASSR der Tschetschenen und Inguschen hatte es 1979 375 000 Einwohner. Das 90 km westlich von Grosny gelegene Nasran ist heute Rayonzentrum.

(88) Heinrich Friedrich Emil Lenz, geb. 1804 in Dorpat, studierte dort Theologie und Physik. Er nahm als Physiker an der 3. Expedition von Kotzebue 1823/26 teil und wurde 1834 Mitglied der Akademie der Wissenschaften und Prof. für Physik an der Universität in St. Petersburg. Er starb 1865 in Rom.

(89) Zum barometrischen Nivellement entlang der Wolga bis Zarizyn (heute Wolgograd) und donabwärts bis Alt-Tscherkassk (Starotscherkasskaja) vgl. Anmerkung 23.

(90) Christopher Hansteen, geb. 1784 zu Christiania (Oslo), studierte in Kopenhagen Jura und Mathematik. Seine wegweisenden »Untersuchungen über den Erdmagnetismus« (1819) veranlaßten entsprechende magnetische Beobachtungen auf fast allen seitdem durchgeführten Forschungs- und Entdeckungsreisen. Hansteen bereiste u. a. 1828/30 in Begleitung von Gustav Adolf Erman aus Berlin Sibirien bis Irkutsk und Kjachta. Auf dem von Hansteen und Erman zusammengestellten erdmagnetischen Beobachtungsmaterial gründete C. F. Gauß erstmals eine Theorie des Erdmagnetismus.

(91) Der Schriftsteller Adam Olearius, eigentlich Ölschlägel, geboren 1603 zu Aschersleben, seit 1630 Konrektor an der Leipziger Nikolaischule, ging 1633 als Bibliothekar nach Schleswig an den Hof von Herzog Friedrich III.

(92) Zu Aix in der Provence geboren, unternahm Tournefort nach Abschluß des dortigen Jesuitenkollegs botanische Sammelreisen in den Pyrenäen. 1683 wurde er Professor der Botanik am Jardin des Plants (Botanischer Garten) in Paris. Das von ihm aufgestellte Pflanzensystem fand vor Linné weite Verbreitung.

(93) Moritz Wagner, 1813 in Bayreuth geboren, war zunächst als Kaufmann von Marseille aus nach Algerien gekommen und studierte dann 1833–36 Naturwissenschaften und besonders Zoologie in Erlangen und München.

(94) Eduard Imhof, geboren am 25. Januar 1895 in Schiers (Graubünden), war Begründer und langjähriger Direktor des Kartographischen Instituts der Technischen Hochschule Zürich. Er bereiste unter anderem 1930 die Gebirge Südwestchinas und stand 1954 auf dem Gipfel des Großen Ararat. Als Kartograph betreute er über mehrere Jahrzehnte die Schweizer Schulatlanten, erarbeitete zahlreiche Schulhandkarten und -wandkarten mit brillanter Reliefdarstellung, gab den Schweizer Nationalatlas heraus und schuf detaillierte Reliefmodelle von Alpengipfeln. Auf zahlreichen Bergtouren hielt er das Gesehene in naturalistischen Skizzen, Zeichnungen und Gemälden fest. Er starb am 27. April 1986 in Erlenbach bei Zürich.

Literatur

*Mit * versehene Werke wurden von F. Parrot im Original zitiert.*

Abich, H.: Nachrichten über eine geognostische Reise zum Ararat und insbesondere über die Verschüttung des Thales von Arguri im Jahre 1840. In: Monatsber. über d. Verhandlungen d. Ges. f. Erdkunde zu Berlin. N. F. IV. Bd., 1841

Abich, H.: Die Besteigung des Ararat im Jahre 1845. In: Beiträge zur Kenntnis des russischen Reiches. Petersburg 1849, 13. Bd.

Abich, H.: Geologische Forschungen in den kaukasischen Ländern. 3 Bde. Wien 1878, 1882 und 1887; mit Atlas

Abich, H.: Aus kaukasischen Landen. Reisebriefe hrsgn. von dessen Witwe. 2 Bde., Wien 1896

Ainsworth, W. F.: Travels and Researches in Asia Minor, Mesopotamia and Armenia, 2 Bde., London 1842

Alpines Handbuch. Hrsgn. v. Deutschen und Österreichischen Alpenverein, Bd. 1, Leipzig 1931

Anderson, H.: Die Erstbesteigung des Ararat. In: Erdkreis, 19(1969)

Andrees, R.: Die Flutsagen. Ethnographisch betrachtet. Braunschweig 1891

*Artemi von Wagarschabad am Gebirge Ararat. Aus dem Armenischen und Russischen. Halle 1821

*de Beaujour, Baron Felix: Voyage militaire dans l'Empire othoman. Paris 1829

*Bélanger, Ch.: Voyage aux Indes orientales pendant les années 1825–1829

Bienemann, Fr.: Der Dorpater Professor Georg Friedrich Parrot und Kaiser Alexander I. Reval 1902

Blumenthal, M.: Der Vulkan Ararat und die Berge seiner Sedimentumrandung. Univ. Schrift Istanbul, T. 23, 1958

Bobrow, Je. A.: Brief A. von Humboldts an Friedrich Parrot. In: Warschawskije uniwersitetskije iswestija. Warszawa 1906, Bd. 3–4

Brentjes, B.: Drei Jahrtausende Armenien. Leipzig 1973

Brik, E. Ju.: Die Araratexpedition von J. J. Fr. W. Parrot. In: Woprossy istorii estestw. i techniki. Moskau 1970, Bd. 34

Brosset, M. F.: Les ruines d'Ani. 2 Bde. Petersburg 1860/66

Bryce, J.: Transcaucasia and Ararat. London 1877

Büdel, A.: Transkaukasien, eine technische Geographie. Petermanns Erg.-Heft Nr. 189, Gotha 1926

*Chardin, J.: Journal des Voyages du Chev. Chardin en Perse et autres lieux de l'Orient. Amsterdam 1711

* Drouville, G.: Voyage en Perse fait en 1812 et 1813. T. 2, 2. Aufl. Paris 1825
Ebeling, M.: Der »Begräbnisplatz« und die Inschriften auf dem Kleinen Ararat. In: Verhandlungen der Ges. f. Erdkunde Berlin, XXV, 1898
Ebeling, M.: Der Ararat. In: Z. d. Dt. und Österr. AV, Bd. XXX (1899)
Engelhardt, M. v., F. Parrot: Reise in die Krym und den Kaukasus. Berlin 1815
Freshfield, D. W.: Travels in the Central Caucasus and Bashan. London 1868
Ganin, Sh. I. und W. Stams: Verlauf und wissenschaftliche Ergebnisse der ersten Expedition zum Großen Ararat im Jahre 1829. In: Geograph. Berichte Nr. 106, 18 (1983) 1
Gernet, A. von: Die im Jahre 1802 eröffnete Universität Dorpat und die Wandlungen in ihrer Verfassung. Reval 1902
Goebel, F.: Reisen in die Steppen des südlichen Rußlands in Begleitung von Dr. C. Claus und A. Bergmann. Dorpat 1838, 2 Bde.
Haxthausen, A. Freiherr von: Transkaukasia. Leipzig 1856, 2 Bde.
Hoffmeister, E. von: Durch Armenien, eine Wanderung. Der Zug Xenophons bis zum Schwarzen Meere. Leipzig und Berlin 1911
Hofmann, H.: Der große Ararat und die Versuche zu seiner Besteigung. In: Mitt. d. Vereins f. Erdkunde zu Leipzig 1884, Leipzig 1885
* Ker Porter, Robert: Travels in Georgia, Persia, Armenia, ancient Babylonia etc. during the years 1817, 1818, 1819 and 1820. London 1821 (2 Bde.)
* Klap(p)roth, J. von: Reise in den Kaukasus und nach Georgien. 1812
Koch, K.: Die kaukasischen Länder und Armenien. Leipzig 1855
* Kotzebue, M. von: Reise nach Persien mit der Russisch-Kaiserlichen Gesandtschaft. Weimar 1819
* Kotzebue, O. von: Entdeckungs-Reise in die Südsee und nach der Beringstraße. Weimar 1821
* Kupffer, M.: Voyage dans les environs du mont Elbrouz an 1829. St. Petersburg 1830
Lehmann-Haupt, C. F.: Armenien einst und jetzt. Berlin u. Leipzig 1910, 1926 u. 1931. 2 Bde.
Markoff: Expèdition scientifique au Caucasus. In: Bull. Soc. R. G. Bruxelles 1888
* Morier, J.: Voyage en Perse, en Arménie, en Asie mineure et à Constantinople fait dans les années 1808 et 1809. Paris 1813
* Morier, J.: Second Voyage en Perse, en Arménie et dans l'Asie mineure fait de 1810 â 1816. Paris 1818
Navarra, F.: Ich fand die Arche Noah. Mit Weib und Kind zum Ararat. Darmstadt 1957
Olearius, A.: Beschreibung der Newen Orientalischen Reise. 1647
Oswald, A.: Eine Besteigung des Ararat. In: Jahrbuch des S. A. C. 1896
* Ouseley, W.: Travels in various countries of the east more particulary Persia ... London 1823
Pallas, P. S.: Bemerkungen auf einer Reise in die südlichen Statthalterschaften des Russischen Reiches in den Jahren 1793 und 1794. Leipzig Bd. I 1799, Bd. II 1801
Parrot, A.: Sintflut und Arche Noah. Der Turm von Babel. Ninive und das alte Testament. Zürich 1955
* Parrot, F.: Naturwissenschaftliche Abhandlungen aus Dorpat.
* Parrot, F.: Über das Rosa-Gebirge. In: Schweiggers Journal, 19. Bd., Heft 4

Peschel, O.: Geschichte der Erdkunde bis auf A. von Humboldt und C. Ritter. München 1865

Pastuchow: Die Besteigung des Ararat. In: Nachr. d. Kaukas. Abteilung d. Kais. Russischen Geograph. Ges. XI, Tiflis 1896

Rickmer-Rickmers, W.: Ararat. In: Z. d. Dt. u. Österr. AV, Bd. XXVI (1895)

Riem, J.: Die Sintflut in Sage und Wissenschaft. Hamburg 1925

Rikli, M.: Natur- und Kulturbilder aus den Kaukasusländern und Hocharmenien. Zürich 1914

Ritter, C.: Die Erdkunde im Verhältnis zur Natur und zur Geschichte der Menschen. Berlin 1818

Rose, G.: Reise nach dem Ural, dem Altai und dem Kaspischen Meer. 2 Bde. Berlin 1837, 1842

Seylaz, L.: Ararat. Le Tour du monde. 1911

Siilivask, K. (Red.): Die Geschichte der Tartuer Universität 1632—1982. (russ.) Tallinn 1983

Spasski-Autonomoff, K.: Eine Besteigung des Ararat oder Ferienwanderung von Tiflis zum Gipfel des Ararat. Moskau 1838 (russ.)

*Tournefort, P. de: Rélation d'un voyage du Levant par Pitton de Tournefort. 3 Bde. Lyon 1717

Wagner, M.: Reise nach dem Ararat und dem Hochlande von Armenien. Stuttgart 1848

Widerhold, J. G.: Beschreibung der sechs Reisen, welche Joh. Bapt. Tavernier, Freiherr von Aubonne, in Türkei, Persien und Indien innerhalb 40 Jahren verrichtet. Genf 1681

Yaşar Kemal Gökçeli: Die Ararat-Legende. Mit einem Nachwort von G. Kraft. Berlin 1985

Zedler: Großes Universal-Lexikon aller Wissenschaften und Künste. Halle und Leipzig seit 1732

*Zwick: Reise von Sarepta in verschiedene Kalmüken-Horden. Leipzig 1827

Bildquellen

Neben den Abbildungen aus der Parrotschen Erstausgabe wurden die Abbildungen folgenden Quellen entnommen:

Abich, H.: Geologische Forschungen in den kaukasischen Ländern. 3 Bde. und Atlas, Wien 1878–1887

Bienemann, F.: Der Dorpater Professor Georg Friedrich Parrot und Kaiser Alexander I. Reval 1902.

Chardin, J.: Journal des Voyages du Chev. Chardin en Perse et autres lieux de l'Orient. Amsterdam 1711

Dechy, M. von: Kaukasus. Reisen und Forschungen. 3 Bde. Berlin 1905–1907

Ebeling, M.: Der Ararat. In: Zeitschrift des Deutschen und Österreich. Alpenvereins, Bd. XXX, 1899

Lynch, H. F. B.: Armenia. Travels and studies. 2 Bde. London 1901

Silberschlag, J. E.: Geogenie oder Erklärung der mosaischen Erderschaffung. Berlin 1780

Stielers Handatlas. Gotha 1892

Struys, J.: Les Voyages de Jean Struys en Moscovie, en Tartarie, en Perse ... Amsterdam 1681.

Thielmann, Freiherr M. von: Streifzüge in Kaukasien, in Persien und in der asiatischen Türkei. Leipzig 1875

Tournefort, P. de: Rélation d'un voyage de Levant par Pitton de Tournefort. 3 Bde. Lyon 1717

Die Reproduktion der Abbildungen aus den Originalwerken ermöglichten freundlicherweise die Sächsische Landesbibliothek Dresden (6 Abb.) und die Universitätsbibliothek Leipzig (29 Abb.).

Prof. Dr. Eduard Imhof, Erlenbach (Schweiz), stellte dankenswerterweise 9 Originalzeichnungen und einen Druck eines Farbfotos zur Verfügung, die bei seiner Araratbesteigung im Jahre 1954 entstanden.